W0035630

Die Deutsche Bibliothek – CIP-Einheitsaufnahme

Innsbruck alpin : Vergangenheit, Gegenwart, Zukunft /
|Hrsg.: Akademischer Alpenklub Innsbruck.| – Innsbruck : Tyrolia/Athesia, 1994
ISBN 3-7022-1912-9
NE: Akademischer Alpenklub ‹Innsbruck›

1994

Herausgeber: Akademischer Alpenklub Innsbruck, Wilhelm-Greil-Straße 15, A-6020 Innsbruck
Projektteam: Karl Gabl, Konrad Hayek, Herbert Kuntscher, Wolfgang Nairz, German Schmid
Gestaltung: Athesia Advertising, Innsbruck
Druck: Athesia-Tyrolia Druck, Innsbruck

INNSBRUCK ALPIN

Vergangenheit, Gegenwart, Zukunft

Karl Gabl, Wolfgang Nairz

Tyrolia - Athesia

Inhaltsverzeichnis

Die Drucklegung des Buches wurde von folgenden Institutionen
in dankenswerter Weise unterstützt:

Land Tirol
Stadtgemeinde Innsbruck
Österreichischer Alpenverein Zweig Innsbruck
Kammer der gewerblichen Wirtschaft für Tirol
Kammer für Arbeiter und Angestellte für Tirol
Tiroler Landesversicherungsanstalt
Interunfall Versicherung AG
Wintersport Tirol AG
Raiffeisen Zentralkasse Tirol
Tiroler Sparkasse
Bank für Tirol und Vorarlberg
Creditanstalt Bankverein Landesdirektion Tirol
Tiroler Landeshypothekenanstalt
Tiroler Handels- und Gewerbebank

Vorwort

Vor hundert Jahren war Innsbruck noch ein kleines, vom Fremdenverkehr unberührtes Städtchen. Zwar waren die meisten umliegenden Gipfel bereits erstiegen, doch stand die Erschließung der Gebirge für den Tourismus noch am Beginn. Die große Begeisterung für den Alpinismus fand damals in der Gründung zahlreicher Bergsteigerklubs ihren Niederschlag. Zwei Mitglieder des jungen Akademischen Alpenklubs Innsbruck, Otto Ampferer und Heinrich von Ficker, gaben 1902 das erste Buch über Bergtouren und Wanderungen rund um Innsbruck heraus, reich bebildert mit Kunstdrucken des frühvollendeten Bergfotografen Otto Melzer.
Dieses Werk „Aus Innsbrucks Bergwelt" widmeten sie ihrer Vaterstadt, „denn die Tatsache, daß die Fremden noch immer die Gebirgsschönheiten der weiteren Umgebung mit ihrem Reichtum an touristischen Schätzen nicht zu würdigen vermögen, liegt wohl auch an dem Mangel eines Werkes, in dem die Eigenart der ringsum ragenden Hochgebirge in anschaulicher Zusammenfassung zur Darstellung gelangt."

Heute, 90 Jahre danach, wissen die in Scharen anreisenden Fremden die Reize der Stadt und ihrer Umgebung wohl zu schätzen. Wie aber sehen die Innsbrucker selbst ihre Stadt, die sich aufgrund ihrer Gebirgslage zur Alpin- und Sportmetropole entwickelt hat? Wie beurteilt man die Entwicklung des Bergsports, wie nützt man die naturgegebenen Möglichkeiten zur Gestaltung der Freizeit? Mit solchen und ähnlichen Fragen befaßt sich das vorliegende Buch, welches zum 100. Stiftungsfest des Akademischen Alpenklubs von Karl Gabl und Wolfgang Nairz herausgegeben wird. In 20 Beiträgen stellen fachkundige Autoren die Gebirge rund um Innsbruck vor. Sie schildern ihre Erschließung, berichten über bekannte Bergsteigerinnen und Bergsteiger, über Touren- und Freizeitmöglichkeiten einst und jetzt, über Klettergärten und Eiswasserfälle, Hütten und Wanderwege. Sie behandeln aber auch die geologischen und klimatischen Gegebenheiten, Fauna und Flora, Aspekte der alpinen Malerei und andere mehr, sodaß das Buch wie ein Mosaik die verschiedenen Facetten von Innsbruck als Sport- und Alpinstadt widerspiegelt.

Unser Dank gilt allen Sponsoren und jenen, die durch ihren Einsatz zum Gelingen dieses Buches beigetragen haben, allen voran unserem Schriftleiter Dr. Herbert Kuntscher. Der Athesia, besonders Herrn German Schmid, danken wir für die gute Zusammenarbeit und die vorbildliche Gestaltung des Werkes.

Innsbruck, im Mai 1994   Konrad Hayek

Innsbrucker Bergsteiger

Von Wolfgang Nairz

Innsbruck, die Landeshauptstadt von Tirol, die vielbesungene Stadt im Herzen der Alpen, Kongreßstadt, Sportstadt, Olympiastadt und Bergsteigerstadt - diese Stadt könnte man eigentlich als die heimliche Welthauptstadt des Alpinismus bezeichnen.

In kaum einer anderen Stadt sind die Berge so nahe, gehört Bergsteigen - sommers wie winters - einfach dazu. Kein Wunder - die Berge stehen wirklich vor der Haustüre, und den Innsbruckern ist das Bergsteigen ja fast sprichwörtlich in die Wiege gelegt.

Im Jahr 1902 schrieb Otto Ampferer im Buch „Aus Innsbrucks Bergwelt":

„.... Innsbruck ist bis jetzt nur für die Einheimischen, und zwar nur für einen kleinen, erfahrenen Kreis, das in alpiner Beziehung gewesen, was es durch seine Naturschätze zu sein berufen ist, eine Mittelstelle für eine sehr bedeutende Anzahl der verschiedenen Gebirgsunternehmungen, zu deren Genuß eine Menge von Menschen, auch Bewohner dieser Stadt, unbedingt glauben, in ferne Gegenden reisen zu müssen. Daß die Fremden noch immer die Gebirgsschönheiten der weiteren Umgebung mit ihrem Reichtum an touristischen Schätzen nicht zu würdigen vermögen, liegt wohl auch ganz besonders an dem Mangel eines Werkes, in dem die Eigenart der ringsum ragenden Hochgebirge in anschaulicher Zusammenfassung zur Darstellung gelangt ..."

Ampferer selbst war es, der mit vielen anderen bekannten Bergsteigern und Wissenschaftlern die Bergwelt um Innsbruck „anschaulich" dargestellt und beschrieben hat. Diese Bergsteiger waren es auch, die von den Innsbrucker Bergen aus die Alpen und die Weltberge erobert haben und viele dieser Namen haben die Alpingeschichte mitgeschrieben und mitbestimmt.

Bereits 1925 berichtete Professor Otto Stolz in der Festschrift zur Jahreshauptversammlung des Deutschen und Österreichischen Alpenvereins in Innsbruck über die „Bahnbrecher des Alpinismus aus und für Innsbruck". Es scheinen darin klingende und bekannte Namen auf. Wenigen dürfte der Name des Innsbrucker Bürgers Hans Georg Ernstinger bekannt sein, des ersten literarisch nachweisbaren Innsbruckers, der die Berge um ihrer selbst willen besucht hat.

Er schildert in seinem im Jahr 1579 verfaßten „Raisbuch" die drei Gebirge, die sich um Inns-

LUDWIG PURTSCHELLER

bruck erheben. Er sei auf allen gewesen: dem „Frauhüttberg, der schon mehrere Todesopfer gekostet", „die Waldrast sei sehr steil, auch der Zürschenberg (Patscherkofel) sei wegen der Zirbelkiefern und deren Nüsse zu erwähnen ...".

Einer, der die Bergwelt um und in Innsbruck auswendig kannte, der die meisten Gipfel in Innsbrucks Umgebung bestiegen hatte, darunter viele zum erstenmal, war Julius Pock (1840-1934). Pock, in Preßburg geboren, kam 1867 als Uhrmachergehilfe nach Innsbruck. Er gründete 1878 die „Wilde Bande", war lange Jahre im Ausschuß des Zweiges Innsbruck des Deutschen und Österreichischen Alpenvereins tätig und machte das Bergsteigen in der Stadt gesellschaftsfähig, ja zum Gegenstand einer selbständigen Betätigung.

Karl Gsaller (1851-1931), in Innsbruck geboren, hat vor und nach 1880 im südlichen Karwendel und in den Stubaier Felsbergen großartige Kletteranstiege begangen; man könnte Gsaller als einen der „ersten Felskletterer der Innsbrucker Bergsteiger" bezeichnen. Der „Gsaller-

Karl Gsaller

weg", ein schöner, versicherter Steig in den Kalkkögeln, wurde nach ihm benannt.

In Innsbruck geboren wurde der „erste deutsche Bergsteiger seiner Zeit" - Ludwig Purtscheller (1849-1900). Purtscheller lebte zwar als Turnlehrer in Salzburg, war aber den Innsbrucker Berggebieten, besonders den Stubaier Bergen, zugetan. Zu Purtschellers Seilgefährten zählten die Gebrüder Otto und Emil Zsigmondy. Gemeinsam gelangen ihnen großartige Besteigungen in den Ost- und Westalpen, wie zum Beispiel 1885 die erste Überschreitung der Meije. Mit Hans

Meyer erreichte er 1889 den Gipfel des Kilimandscharo in Afrika. In den Alpen hat Purtscheller etwa 1700 Gipfel erstiegen, davon gegen vierzig Viertausender. Purtscheller war ein hervorragender Fels- und Eisgeher, und er wirkte auch mittelbar auf die Innsbrucker Bergsteigerschaft mit der Schaffung einer festgefügten alpinen Technik und der Loslösung vom Berufsführertum ein.

Mit dem letzten Jahrzehnt des 19.Jahrhunderts beginnt eine neue Zeit in der Geschichte des Alpinismus in Innsbruck, gekennzeichnet durch selbständiges, führerloses Bergsteigen. In diese Zeit fällt auch die Gründung des Akademischen Alpenklubs Innsbruck (1893) und der Bergsteigerriege des Innsbrucker Turnvereins (1896), gefolgt vom Akademischen Alpinen Verein (1901), der Alpinen Gesellschaft „Karwendler" (1904), den „Gipfelstürmern" (1911) und den „Melzerknappen" (1919). Die Mitglieder dieser Vereine hatten das Glück, als Bergerschließer ein großartiges Betätigungsfeld vorzufinden. Neue Ziele, viele davon für unbezwingbar gehalten, werden mit Erfolg angegangen, und eine fast unübersehbare Reihe neuer Anstiege und Erstbesteigungen durchgeführt. Die Reichweite dieser alpinen Unternehmungen reicht von den Innsbrucker Bergen, dem Karwendel und den Stubaiern, über auf die Ötztaler und Zillertaler Berge, die Hohen Tauern, die Dolomiten, den Ortler bis zu den Westalpen. Das in den Bergen Erforschte und Erwanderte wurde in vielen Aufsätzen, in Beschreibungen ganzer Gruppen und in touristischen Führerwerken niedergelegt. Zu diesen Pionieren zählen u.a. Otto Ampferer, Karl Berger, Heinz von Ficker, Ingenuin Hechenblaikner, Franz Hörtnagl, Otto Melzer, Fritz Miller und Max Peer.

Man könnte sie als „Meister" der um die Jahrhundertwende beginnenden neuen Innsbrucker Bergsteigerei bezeichnen. Peer verunglückte 1897 durch eine Lawine, Otto Melzer starb 1901 zusammen mit Emil Spötl in der Praxmarerkarspitze-Nordwand, Karl Berger beendete 1915 sein Leben als Soldat.

Im erwähnten Buch „Aus Innsbrucks Bergwelt" würdigte Ampferer das Leben und Wirken von Otto Melzer. Seine Leidenschaft galt nicht nur den Bergen, sondern auch der Fotografie. Ampferer und Ficker haben in diesem Meisterwerk die Lichtbilder Melzers mit ihren Schilderungen der Innsbrucker Berggebiete begleitet. Die Hochgebirgsaufnahmen Melzers können auf eine Stufe mit Sella, Benesch und anderen Meistern der Fotografie gestellt werden.

Otto Ampferer (1875-1947) war ein hervorrragender Felsgeher. In seinem Tourenbuch sind zahlreiche Erstbegehungen im Karwendel, Wetterstein und den Mieminger Bergen zu finden. Unvergeßlich wurde Ampferer durch die Erstbesteigung der Guglia di Brenta, die ihm zusammen mit Karl Berger im Jahre 1899 gelang. Als Geologe leistete er später Bahnbrechendes für die Kenntnis des Baues der Alpen.

Karl Berger (1880-1915) vollbrachte in den Jahren 1895 - 1905 alpine Höchstleistungen. Über vierzig Erstbegehun-

Aufstieg zu den Schlicker Mandln. Die Aufnahme von Otto Melzer entstand vor 1900 mit einer 13x18 cm Plattenkamera.

Bergsteigertreffen 1953

11

gen im Karwendel, in den Stubaiern, den Ötztaler und Zillertaler Bergen, den Tauern und den Dolomiten stehen auf seiner Liste. Darunter auch die Nordwand der Marchreisenspitze in den Kalkkögeln (mit Karl Grissemann), die Überschreitung des Melzerturmes im Karwendel im Alleingang oder die erste Durchsteigung der Nordwand des Pflerscher Tribulauns in den Stubaier Alpen.

Ingenuin Hechenblaikner (1902-1932), hauptsächlich Felsgeher, hatte über vierzig Erstbegehungen im Karwendel, den Stubaiern und Kalkkögeln, im Kaunergrat, den Zillertalern, Tauern und Dolomiten aufzuweisen, darunter die Nordwände der Rumerspitze, des Großen Solsteins, neue Gratanstiege auf Karwendelgipfel, die Hochgall-Nordwand und viele andere. Hechenblaikner starb 1932, noch jung an Jahren, an einer Blinddarmentzündung.

Hörtnagl Franz.

1896

Das Tourenverzeichnis des damals 21 Jahre alten Franz Hörtnagl (1875-1957) ist umso bemerkenswerter, wenn man die vor fast 100 Jahren bestehenden umständlichen Anreise- bzw. Anmarschwege berücksichtigt.

Vom 15. Juni bis 9. Oktober 1896: Gratüberschreitung Arnspitzen, Gehrenspitze; Halltal - Roßkopf SO-Grat, Überschr. der drei Stempljochspitzen, Pfeis - Vintlalpe, Hoher Burgstall (2613 m), Schüsselkarspitze, Stubaier Villerspitze (3104 m) - Lüsener Villerspitze (3037 m), Drachenkopf, Olperer (3480 m), Großer Greiner (3203 m), Feldkopf (3085 m), Niederes Brandjoch (2350 m)- Pfeis, Katzenkopf - mittl. und südl. Jägerkarspitze, Erlspitze, Breithorn (4171 m) - Kl. Matterhorn (3886 m), Kl. Valbonkogel (2770 m) - Tschaminspitze - Gr. Valbonkogel - Vajolettspitze, Rosengartenspitze, Ruderhofspitze (3478 m), Winklerturm (2805 m).

Franz Hörtnagl (1875-1957) war wohl einer der erfolgreichsten Erschließer der Innsbrucker Bergwelt. Hörtnagl zog das Gehen im Eis dem reinen Felsklettern vor, weil seiner Meinung nach „Eis-

touren landschaftlich abwechslungsreichere Eindrücke vermitteln, weil sie ursprünglicher bleiben, da immer wieder alle Spuren der Begehung verschwinden und der Eisgeher derart allemal Neuland vorfindet..." - so schreibt Hörtnagl in seinen 1928 erschienenen alpinen-philosophischen „Erinnerungen". Schüsselkarspitze Südwand und Westgrat, Hohe Geige Nordgrat, Glocknerwand und viele andere Gipfel stehen als Neutouren in seinem Tourenbuch.

Hörtnagl war auch als Alpinschriftsteller erfolgreich. Ausführlich und erschöpfend beschrieb er in den Jahresberichten des Akademischen Alpenklubs Innsbruck in den Jahren 1897 bis 1904 die heimischen Berge; diese Monographien wurden wertvolle Führer für diese Berggruppen. Besonders hervorzuheben sind auch seine Beiträge im "Hochtourist" über die Ötztaler, Stubaier, Zillertaler und Tuxer Voralpen, über die Glockner-, Venediger- und Ankogel-Gruppe. Franz Hörtnagl war dreißig Jahre Stadtphysikus in Innsbruck und leitete auch das Allgemeine Innsbrucker Krankenhaus als Direktor. 1957 starb Hörtnagl mit 83 Jahren an den Folgen eines Herzinfarktes.

Doch nicht nur im Sommer, auch im Winter waren die Bergsteigerpioniere Innsbrucks unterwegs. Zu erwähnen sind hier vor allem Othmar Sehrig (1872-1966), Max Duregger und Siegfried Hohenleitner (1889-1969). Hohenleitner war die treibende Kraft, er führte eine stattliche Reihe von Erstbefahrungen mit Skiern durch. Auch Guido Machek (1900-1978) war nicht nur ein großartiger Fotograf, sondern auch einer der „fleißigsten" Innsbrucker Skibergsteiger.

Aus den prominenten Innsbrucker Bergsteigervereinen kamen auch die „prominenten" und weltweit bekannten Innsbrucker Bergsteiger: Hermann Buhl, Hans Frenademetz, Wastl Mariner, Kuno Rainer, Erwin Schneider und Hias Rebitsch. Nur einer der ganz Großen gehörte keinem Verein an: Mathias Auckenthaler (1906-1936), ein großartiger Kletterer, der unter anderem den nach ihm benannten Riß in der Martinswand durchstieg.

Hans Frenademetz (1908-1983) war einer der großen Felsgeher in der zweiten Hälfte der zwanziger Jahre. Mit 38 Erstbegehungen in den oberen Schwierigkeitsgraden in der Notzeit zwischen den beiden Weltkriegen zählte Frenademetz zur Spitze der Felskletterer im deutschen Sprachraum.

Schon zu Lebzeiten eine Legende war Hermann Buhl (1924-1957). Von den Innsbrucker Bergen, die Buhl schon als Bub kennenlernte, zog er hinaus zu den großen Wänden und Gipfeln der Ost- und Westalpen. Fast alle großen Wände in den Alpen hat Hermann Buhl durchstiegen, darunter die Eiger-Nordwand, zusammen mit Sepp Jöchler, bei einem wilden Wettersturz. Die großen Wände durchstieg Buhl im Winter als bewußtes Training für außeralpine Ziele, und zahlreiche Routen durchstieg er auch im Alleingang (Badile-Nordostwand, Watzmann-Ostwand im Winter) als letzte Herausforderung.

Hans Frenademetz

Mathias Auckenthaler

1953 ging Buhls innigster Wunsch in Erfüllung, es kam die Einladung, an der Deutsch-Österreichischen Willy-Merkl-Gedächtnisrundfahrt zum Nanga Parbat teilzunehmen. Der ersehnte Sprung zu den Bergen der Welt, zum Himalaya, war Buhl gelungen. In einem abenteuerlichen, in der damaligen Alpingeschichte einzigartigen Alleingang erreichte er den Gipfel des Nanga Parbat (8125 m). Trotz der Aufforderung der Expeditionsleitung war Buhl nicht umgekehrt. Unter äußersten Anstrengungen, von Hunger und Durst gequält, zwang er sich den Weg über das zweieinhalb Kilometer lange Hochplateau ab. Seinen Rucksack zurücklassend schaffte Buhl auch das letzte Stück des Weges. Um 7.00 Uhr abends am 3.Juli 1953 stand Hermann Buhl als erster Mensch am Gipfel des Nanga Parbat, des deutschen Schicksalsberges. Die Nacht überraschte ihn auf dem Rückweg 150 Meter unterhalb des Gipfels. Doch die Götter des Himalaya waren ihm gnädig gesinnt, und für die Höhen und Unbilden des Himalaya war es eine milde und windstille Nacht. Völlig ausgepumpt und innerlich ausgetrocknet, doch von seinem eisernen Willen getrieben und von Halluzinationen begleitet, konnte er den Abstieg vollenden und sank am Abend in die Arme seiner glücklichen Kameraden. Hermann Buhl war weltberühmt, er war über Nacht zum Star im Scheinwerferlicht der Weltöffentlichkeit geworden. Doch auch nach seinem Nanga-Parbat-Erfolg blieb Buhl den Bergen verfallen. Schwierigste Westalpenwände standen vor seinen weiteren Himalayaplänen. Zusammen mit Diemberger, Schmuck und Wintersteller gelang ihm im Juni 1957 die Erstbesteigung des Broad Peak (8047 m). Wenige Tage nach diesem Gipfelsieg stürzte Hermann Buhl am 27.Juni 1957 am Grat der Chogolisa (7654 m) mit einer Wächte in die Tiefe.

Viele Jahre vor Hermann Buhl, im Jahre 1938, war bereits einer der ganz großen Innsbrucker Bergsteiger am Nanga Parbat: Hias Rebitsch (1911-1990). Rebitsch, der „Hias", wie er überall respektvoll genannt wurde, zählte zu den großen „Felskünstlern" seiner Zeit, schwerste und

Hias Rebitsch

Wastl Mariner

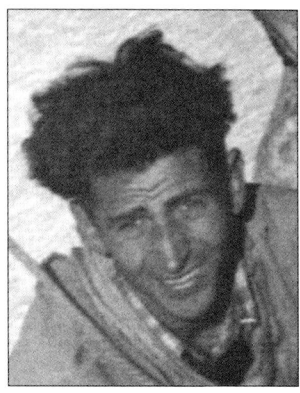

Hermann Buhl

Versuche in der damals berüchtigten Eiger-Nordwand beweisen es. Dieser Herausforderung kehrte er den Rücken, als er 1938 von Paul Bauer zur
Nanga Parbat Expedition eingeladen wurde. Die
Katastrophe des Jahres 1937, bei der sieben
Europäer und neun Sherpas von einer Lawine
getötet wurden, war noch in aller Erinnerung.
Auch dieser Versuch, den Gipfel des Achttausen-
ders zu erreichen, mißlang. Der frühe Monsunein-
bruch hinderte Rebitsch und Gefährten, den Sil-
bersattel zu erreichen.

Im Jahre 1952 war er in Peru, und 1954 leitete er
eine Expedition in das Karakorumgebiet zum
unerforschten Baltorogletscher. In den folgenden
Jahren konzentrierte sich sein Interesse auf
Argentinien und die Anden. 1956 war er zusammen mit K.Morghen in der Punta de Atacama
unterwegs, um nach Sonnengottopferstätten der
Inkas zu suchen. Daneben wird der Ojos de Sala-
do (6885 m) bestiegen. Dreihundert Kilometer
nördlich davon finden sie am Gipfel des Cerro
Gallan buntgekleidete Götterfiguren, Steinkeu-
len, Fellfetzen und verbrannte Knochenstücke. Es
ist der Beweis, daß die dortigen Steinsetzungen
Opferstätten waren.

Rebitsch wird nun zum leidenschaftlichen For-
scher. Im Jahre 1958 ist er, begleitet von Guzzi
Lantschner und Emo Henrich, neuerdings in diesem Gebiet. In einem Sattel in 6500 m Höhe entdecken sie die Ruinen einer ausgedehnten Wohn-
anlage. Kälte und Eis verhindern erfolgreiche
Grabungen. Drei Jahre später (1961) gelingt es
ihm zusammen mit einem Indio, drei Wohnräu-
me freizulegen und Keramik-, Stoff- und Strohre-
ste zu bergen. Mit diesen Funden kann belegt
werden, daß die Inkas Opferstätten bis in 6700 m
Höhe angelegt hatten. Diese waren zeitweise von
Menschen bewohnt. Maßgebliche Wissenschaftler bestätigten die Bedeutung der Funde und
würdigten das Ergebnis seiner Ausgrabungen als
kulturgeschichtlich außerordentlich wertvoll.

Seither gilt Rebitsch als Pionier des archäologi-
schen Andinismus. Für seine Leistungen und
sein Buch „Die silbernen Götter des Cerro Gallan"

schwierigste Anstiege in allen Berggebieten tragen seine Handschrift und lassen auch die jungen Felskletterer heute respektvoll aufblicken.
Rebitsch gilt als Pionier der Sportkletterei und
als Erschließer von gewagten und extremen Routen. Seine hohe Intelligenz erlaubte ihm das Risiko abzuwägen und dort, wo ein Weitergehen sich
als sinnlos erwies, den Rückzug anzutreten. Seine

Seine Heimatgemeinde Brixlegg widmete Rebitsch im dortigen Bergbaumuseum einen eigenen Raum mit Erinnerungsstücken, Fotos und Dokumenten.

verlieh ihm der Bundespräsident den Titel Professor. Hias verfaßte zahlreiche Aufsätze und war bis zu seinem Tode 1990 ein in der Alpinszene gefragter Gesprächspartner. Tat und Leistung ließen ihn zu einem Idol der Jugend werden.

Es würde den Rahmen dieses Beitrages sprengen, würde man auf alle von Innsbruck ausgegangenen Expeditionen in die Berge der Welt (Anden, Himalaya, Kaukasus, Afrika, usw.) eingehen. In den Jahresberichten der Innsbrucker alpinen Vereine sind ausführliche Chroniken veröffentlicht worden. Ein Höhepunkt war die Tiroler Mount Everest Expedition 1978. Wenn hier zwei Namen aus neuerer Zeit genannt werden, so sind diese stellvertretend für viele andere zu verstehen. Erwin Schneider ist nicht nur ein weltweit erfahrener Bergsteiger gewesen, sondern seine kartographische Tätigkeit ist international anerkannt, wie die „Schneider-Karte" von Nepal beweist. Ein Kenner der Weltberge war auch Wastl Mariner. Sein Hauptverdienst liegt im Aufbau des Bergrettungswesens und in der Entwicklung von Geräten für das alpine Rettungswesen. Auch Wissenschaftler aus Innsbrucks Alpenuniversität zog es zu den Bergen und Polen der Erde. Erwähnt seien hier Herfried Hoinkes (1916-1975), der 1957 ein Jahr am Südpol verbrachte und Hans Kinzl (1898-1979), dem die Erforschung der Anden zum Lebensinhalt wurde.

Die Bedeutung der Innsbrucker Bergsteigerschaft ist auch ihren Vereinen und alpinen Gesellschaften zu verdanken. Eine lange Liste verdienstvoller Gründer und Pioniere

H. Hoinkes

wäre zu nennen. Unvergessen im großen Alpenverein sind R. von Klebelsberg,H.Kinzl, E.Schneider, F.Ebster, Th.Hörmann u.a. Ebenso in der Führung des Zweiges Innsbruck Karl Forcher-Mayr, Karl Krall, Rudolf Pfeningberger, Gert Waizer, Guido Machek, u.a.

Im Jahre 1925 glaubte Otto Stolz, daß „eine weitere Steigerung der Technik des Bergsteigens wohl kaum mehr denkbar ist...". Er schreibt weiter: „....Die großen Innenwerte des Alpinismus, seine Wirksamkeit zur Stärkung und Veredelung von Geist und Körper, sind aber unausschöpfbar und vermögen immer wieder neue Jugend in ihren Bann zu zwingen. Die große Schar tüchtiger und eifriger Bergsteiger, welche die genannten und die zahlreichen anderen alpinen Gesellschaf-

ten unserer Stadt darstellen, sind uns zu dieser Hoffnung eine sichere Gewähr, und in diesem Sinne sind sie alle berufen, Wegbereiter einer großen Sache in die weitere Zukunft zu sein...".
Der Landeshistoriker Otto Stolz (1881-1957) hat mit Weitblick die Entwicklung des Alpinismus vorhergesehen. Neben den hier erwähnten verstorbenen Bergsteigern sind es viele junge, aktive, kreative und engagierte Männer und Frauen, die bis heute den Ruf Innsbrucks als Bergsteigerstadt begründen. Sie werden damit dem gerecht, was ich mir eingangs erlaubt habe, zu behaupten: Innsbruck, die heimliche Welthauptstadt des Alpinismus! Der mit Absicht weitgespannte Themenkreis dieses Buches liefert die Stichworte für die Bedeutung des Paradieses vor den Toren unserer Stadt!

Wolfgang Nairz

Dr. Oswald Ölz

Dr. R. Magreiter

Reinhold Messner   Peter Habeler

Everest '78
OEAV
Oesterreichischer Alpenverein

Helmut Hagner

Franz Oppurg

Horst Bergmann

Hanns Schell   Robert Schauer   Josl Knoll

„Sie" - aus Innsbruck - im Gebirge

Von Kathi Soier

„VEREHRTE GLETSCHERFRAU...

Mir wird vorgeworfen, ich könnte die bergsteigerische Frau nicht leiden. Aber ich versichere dir, liebes Mädel, daß du mir als ernsthafte Bergsteigerin willkommen bist.

Als ‚Haserl' allerdings, als Sportgigerl und Männersucherin mit zierlich vernickeltem Eispickel, bist du für mich nicht da. Eine rotbraun gegerbte Haut gefällt mir besser als ein Gesichtchen, das Puder und Schminke braucht, um anziehend zu wirken.

Ich glaube, daß du in deiner Bauart im Fels mehr leisten wirst als im Eis. Dir, verehrte Gletscherfrau, möchte ich raten, nach Männerart gekleidet zu gehen. Solltest du auf der Hütte scheel angesehen werden, weil du da den unpraktischen Rock ablegst, dann sag' es deinem großen Bruder ..."

(Franz Nieberl, 1875-1968, „Kaiserpapst" und langjähriger Vorsitzender der AV Sektion Kufstein, Verfasser mehrerer Bücher, u.a. „Das Klettern im Fels" und „Das Gehen auf Eis und Schnee", Mitglied des Österreichischen Alpenclubs)

Die Anfänge

Im Moment kann uns der „große Bruder" nicht weiterhelfen, denn es geht darum, ob und wieweit in den Bergen auch Frauen aktiv sind und waren. Dazu müssen wir nicht neidisch hinüberschauen zu berühmten Westalpenbergen oder gar bis in größte Höhen des Himalaya. Nein, auch hier im kleinen Innsbruck und seiner bergigen Umgebung vollzog und vollzieht sich eine Entwicklung, die der anderer alpiner Regionen stark ähnelt und daher stellvertretend für sie stehen kann.

Um 1900, als W. Stempfl, Innsbruck, die skifahrenden Damen in den Kalkkögeln fotografierte, empfahl der Skipionier M. Zdarsky anstelle der Röcke „Beinkleider", denn „es sieht peinlich aus, wenn eine Dame stürzt und der Rock über den Kopf fliegt."

Auch hier bei uns waren es zunächst natürlich die Männer, die Berge wie das Brandjoch oder den Großen Solstein bestiegen oder sich Durchstiege durch die Martinswand suchten und sich in alpinen Vereinigungen organisierten. Nach und nach haben auch Frauen eine bergsteigerische Rolle gespielt und die alpine Geschichte Innsbrucks ein bißchen mitgeschrieben. So gab es schon vor „sehr langer Zeit" Innsbruckerinnen, die In- und Auslandsalpinismus schärferer Gangart betrieben. Ein erstes „Unikum" auf diesem Gebiet dürfte wohl Cenzi von Ficker-Sild (1878-1956) gewesen sein. Ihr Name ist in Gertrud Pfaundlers „Tirol Lexikon" (Rauchdruck, 1983) zu finden. Daneben als nähere Bezeichnung „Alpinistin", was für diese Zeit schon sehr aussagekräftig ist. Auch sie zog anfangs mit ihrem Bruder Heinz in die Berge und galt „um die Jahrhundertwende als Innsbrucks kühnste Kletterin". Aus heutiger Sicht würde man sie wohl als „Allrounderin" einordnen. So war zum Beispiel sie es, die als erste Frau den Großvenediger mit Skiern bestieg. Sie machte bereits 1903 im Kaukasus und 1906 in Turkestan außeralpine Bergfahrten. Für heutige Verhältnisse hört sich das fast „normal" an, aber man bedenke im Kontext der damaligen Zeit: sie war eine Frau! Eine weitere Fast-Sensation war die Tatsache, daß Cenzi Mitglied des Österreichischen Alpenklubs (Wien) wurde. „Die Innsbruckerin war schon in Fels und

Cenzi Sild geb. Ficker,
Innsbruck - Wien

Eis erprobt, als man sie gleichberechtigt in den Kreis von neun ‚Halbgöttern' aufnahm, die über Odessa in das Land der Swanen aufbrechen wollten", schreibt die Journalistin Christine Schemann. Gemeint ist damit die Expedition in die südlichste Ecke von Georgien, deren Ziel die Erstbesteigung des Uschba (4698 m) war. Noch dazu wurde Cenzi dort bergretterisch tätig, als sie einen schwerverletzten Teilnehmer betreute. Der Fürst von Swanetien war so angetan von der jungen Frau, daß er seinen stolzesten Berg, den Uschba, an sie verschenkte und dies durch eine feierliche Urkundenverleihung untermauerte. Eine Kopie dieses Dokuments bezeugte diesen galanten Akt. Cenzi wurde in Swanetien wie ein Naturwunder behandelt, bei uns in Innsbruck verehrt und aufgrund ihrer hervorragenden alpinen Leistungen als erstes und bis heute einziges weibliches Mitglied in den Akademischen Alpenklub Innsbruck aufgenommen. Sie lebte später in Wien. Sie war mit dem Rechtsanwalt Dr. Sild verheiratet und hatte drei Söhne, die begeistert mit den Eltern bergsteigen gingen. Noch gegen Ende der dreißiger Jahre begingen sie den Grabenkargrat im Karwendel als echte Familienseilschaft. Etwa zur selben Zeit, als Cenzi von Ficker-Sild Richtung Uschba fuhr, wurde Maria Gräfin Gleispach geboren. Ihr Name ist unter der Bergsteigergeneration dieser Zeit kein unbekannter. Geboren ist Maria Gleispach zwar in der Steier-

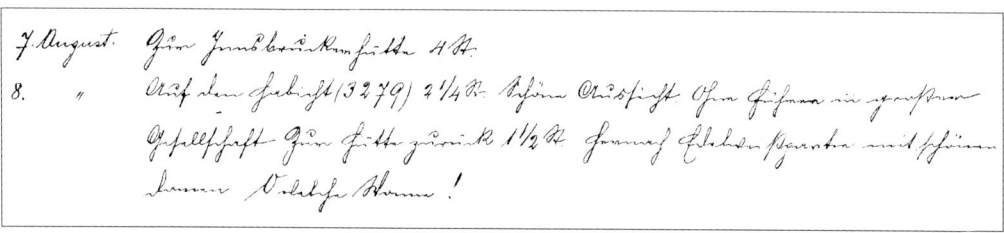

Aus dem Tourenbuch des AAKI 1893:
8. August: Auf den Habicht (3279 m) 4 1/2 Std. Schöne Aussicht. Ohne Führer in großer Gesellschaft.
Zur Innsbrucker Hütte zurück 1 1/2 Std. Hernach Edelweißpartie mit schönen Damen. O welche Wonne!

3. VIII. 1913. Marchreisen nordwand.

Gemischte Seilschaft 1913

mark, und sie hat auch dort von ihrem Vater das bergsteigerische Rüstzeug erhalten, ihre beiden letzten Lebens- und Bergsteigerjahrzehnte aber hat sie in Tirol verbracht.

Auch sie war eine leistungsfähige Bergsteigerin. Sie besuchte die Dolomiten, war 1929 im Berner Oberland und vor dem Zweiten Weltkrieg drei Sommer lang in Zermatt, wo sie große und namhafte Berge bestieg. 1937 wurde ihr Sohn geboren, und der kurz darauf einsetzende Krieg setzte dem Gipfelstürmen ein vorläufiges Ende. Danach aber nahm sie ihren Sohn in die Berge mit, wie damals ihr Vater sie. Es entwickelte sich eine Mutter-Sohn-Seilschaft. Schwierige Touren unternahm sie mit ihrem „Bergführer im Hause" im Kaiser, in den Dolomiten, wie auch mit sechzig Jahren noch in den Westalpen. Ihr letzter Westalpentraum aber, die Begehung der Monte Rosa Ostwand, blieb unerfüllt, weil sie 1964 von einer Tour auf den Hochgall nicht mehr zurückkehrte.

Nach Cenzi von Ficker und Maria Gleispach war Irma Gräfin Schmidegg seinerzeit kein unbeschriebenes Blatt im Innsbrucker Alpinismus. Um die Jahrhundertwende geboren, wuchs auch sie nicht gerade im „goldenen Zeitalter des Frauenalpinismus" auf.

Seitdem sie jedoch auf eigenen Füßen stand, zog es sie in die Berge, bis diese ihr völliger Lebensinhalt wurden.

Abgesehen von ihrer bergsteigerischen Neigung war Irma Schmidegg begeisterte Skirennläuferin. Trainiert wurde in der spärlichen Freizeit, wobei die Aufstiege meist zu Fuß erfolgten. Ihrer guten Ergebnisse wegen wurde Irma später geehrt und mit einer Freikarte für die Mutterer-Alm-Bahn

Irma Schmidegg

Marchreisenspitz- Nordwand   6. VIII. 33.
+Uli Sild A.A.K.J. Akad S. Wien D.Ö.A.V.
Cenci Sild Ö.A.K.
Henning Sild D.Ö.A.V.   D.T.B.
+Dr. Hans Sild A.A.K.J. Ö.A.K.

Hans und Cenzi Sild hatten bereits ihren Fünfziger überschritten, als sie mit ihren beiden Söhnen Uli und Henning im Sommer 1933 die Marchreisen-Nordwand durchkletterten.

bedacht. Ein Beinbruch im fortgeschrittenen Alter setzte den Aktivitäten ein Ende. Vor zwei Jahren verstarb sie in ihrer Heimatstadt.

In den extremen alpinen Bereich vorgedrungen ist Herta Eberharter. Ihre Bergfreunde entstammten fast ausschließlich der Hochgebirgsgruppe „Gipfelstürmer".

Herta war bereits zu einer Zeit Alpinistin extremer Richtung, als weibliche Wesen in Kletterhosen noch verpönt waren. Herta kletterte im V.Schwierigkeitsgrad als Seilerste. Die berühmtesten Bergsteiger der damaligen Zeit, Hermann Buhl und Kuno Rainer, verbanden sich Dutzende Male am Seil mit ihr. Hier ein kleiner Auszug aus ihrem Tourenbericht: Schüsselkarspitze SO-Wand VI (1943); Maukspitze Westwand „Spenglerkamin" VI; Lalidererspitz Nordwand „Auckenthaler" VI- (1945); (alle drei Touren als erste Dame); Scharnitzspitze „Welzenbach" im Vorstieg! .... (vgl. Wiedmann, Otto in: Festschrift der HG Gipfelstürmer zum 75-jährigen Bestehen, 1986).

Mit solchen Besteigungen ist klar, daß Herta Eberharter nicht nur im begrenzten Raum ihrer heimatlichen Umgebung herausragend war, sondern zu ihrer Zeit zur Weltspitze der Damenbergsteigerinnen zählte.

In ihren bergsteigerischen Fähigkeiten war Herta Eberharter eine Ausnahmeerscheinung. Eine ihrer Bergsteiger-Kolleginnen war Cilli Dejaco. Auch sie war gelegentlich Seilpartnerin Buhls, durch und durch Allroundbergsteigerin, und besonders am Gletscher und auf den Skiern zu Hause. Ihre angenehme und stets ausgeglichene Wesensart und ihre Leistungsfähigkeit wurden von ihren langjährigen Partnern besonders geschätzt.

Frauen in alpinen Vereinigungen

Die Bergsteiger Innsbrucks haben sich im Laufe der Jahre in den verschiedensten alpinen Vereinigungen formiert. Ungern, als Ausnahme oder einfach gar nicht, sind in diesen Vereinigungen Frauen geduldet. Eine Ausnahme bildet z.B. der Zweig Innsbruck des Österreichischen Alpenvereins, wo man der Damenwelt gegenüber immer aufgeschlossen war.

Der Akademische Alpenklub Innsbruck (AAKI) zum Beispiel war ein reiner Männerverein. Rühmliche Ausnahme in der Vereinsgeschichte des AAKI war die Mitgliedschaft Cenzi von Fickers. Der AAKI hätte es ansonsten wohl in 100 Jahren nicht geschafft, auch „fraulich" zu werden, hätte

man nicht schnell noch - sozusagen in letzter Minute vor der Hundertjahrfeier des Klubs - die Statuten geändert. Ab sofort haben also auch Damen Zutritt zum AAKI. Wir sind schon gespannt, wie gemischt sich der Klub dann bei seiner 150-Jahr-Feier präsentieren wird!

Der AAKI muß sich aber hier nicht als Außenseiterverein vorkommen. Auch die Hochgebirgsgruppe „Trans" kennt keine Dame als Mitglied, die „Melzerknappen" zogen es seit ihrem Bestehen vor, unter sich zu bleiben, und auch die „Alpine Gesellschaft Lustige Bergler" dürfte sich nicht gerade um Frauen gerissen haben: Männer unter sich auch dort. Bei den anderen HG's, wie „Kalkkögler", „Alpeiner", „Bergvagabunden", „Wettersteiner" und „Berglerbund Nordkette" finden sich auch bei intensivster Suche keine Damen im Mitgliederverzeichnis.

Und die anderen Vereine? Bei der „Jungmannschaft" sagt's jedenfalls der Name. Trotzdem, es formiert sich derzeit ein Verein unter der Leitung von Romana Fimml, der die zehnte und damit erste gemischte HG in Innsbruck werden dürfte.

Eine Freude für Mutter und Kind – Familienbergsteigen

Auch in - das heißt: vorläufig noch außerhalb - der Bergrettung Innsbruck stellt sich derzeit die Diskussion um weibliche Mitglieder. Eine potentielle Anwärterin gäbe es jedenfalls bereits.

Die „Karwendler" haben es in den späten sechziger Jahren gewagt, ein weibliches Wesen in die Reihen ihrer Mitglieder zu wählen, was so manches Unverständnis hervorgerufen hat. Obwohl es nicht um irgendeine Bergsteigerin gegangen ist, sondern um Veronika Sint. Sie ist heute noch einziges weibliches Karwendlermitglied.

„Übersiedlung" in die Neuzeit

Die „Gipfelstürmer" wurden 1986 ein dreiviertel Jahrhundert alt. Otti Wiedmann greift in der dazu verfaßten Festschrift ein heißes Eisen auf: die Gipfelstürmerfrauen. „Lange hat es ja wirklich gedauert, bis man in der Extremkletterei - die nur harten Männern vorbehalten sein sollte - auch anfing, die Frau zu akzeptieren. Für einige war dieser Durchbruch der Frau in eine Phalanx der Männerwelt geradezu katastrophal, war doch für sie die Korona der Männlichkeit angekratzt. ...

ganz gleichberechtigt als Vereinsmitglieder will man sie eben doch nicht anerkennen. Vielleicht liegt das aber auch an den Frauen, denen das Interesse dazu fehlt? Obwohl die Frauen ziemlich viele Gipfel stürmten und auch heute noch stürmen, wie recht gut am Beispiel von Gitti Spitzenstätter zu sehen ist.

Ihre alpine Karriere begann mit vierzehn Jahren, als sie mit ihrem großen Bruder ins Gebirge zog. Überhaupt scheint der „große Bruder" in der Alpinkarriere einer Frau nicht wegzudenken zu sein! Gittis Bruder hatte jedenfalls keinen Kletterpartner, und so mußte Gitti einspringen, die bald Gefallen an Berg und Natur fand. „Klettertechnische Einführung" gab es noch keine, und zum Anseilen tat es für's erste der „Packtlknopf". Nun war Gitti gerüstet, wanderte, kletterte, fuhr Ski und wußte auch in den sechziger Jahren schon mit Figln umzugehen.

Gitti Spitzenstätter ist heute genauso aktiv wie zuvor. Die Uhr hat sich weitergedreht, längst sind Lodenhosen und rote Stutzen Vergangenheit. Heute sind es nicht mehr die Grubreisentürme oder die „Leberle", die locken. Vor kurzem war Gitti am Cotopaxi in Ecuador, und ein Jahr zuvor

---

Frauenalpinismus

Erste Alpinistin der klassischen Zeit war Lucy Walker, die 1871 das Matterhorn bestieg. Erfolgreich waren Mabel Rickmers (1866-1939) und Cenzi Ficker-Sild (1878-1956). Um die Jahrhundertwende wurden die Ungarinnen R. und I. Eötvös (Dolomiten), die Amerikanerin Beatrice Tomasson (Dolomiten) und die Deutsche Eleonore Noll-Hasenclever (Westalpen) bekannt. Später unternahm die Boznerin Paula Wiesinger schwierige Dolomitenfahrten; ab 1950 waren die Genferinnen Loulu Boulaz und Yvette Vaucher tätig. Damals begann die Beteiligung an Himalaya- und Karakorum-Expeditionen. Zu den erfolgreichsten Bergsteigerinnen zählen: Hettie Dyrenfurth, Claude Cogan, Simone Badier (F), Bianca di Beaco (I), Nadja Fajdiga (Yug.), Luise Ivona (I), Christel Feederle (D), Sylvia Kysilkova (Tschechien), Helga Lindner (A), Veronika Menzel (A), Hermine Müller (D), Heidi Schelhart (CH). Mit Innsbruck verbunden war die Polin Wanda Rutkiewicz.
(Quelle: Alpen Lexikon von T. Hiebeler (1983)

Komplette Frauenseilschaften trifft man immer häufiger an, und wir armen, angekratzten Helden der Berge sollten dieser Entwicklung nicht skeptisch gegenüberstehen ...".

Auffallend aber ist, daß „Mann" zwar stolz ist auf seine „steilen Gipfelstürmer-Frauen", aber so

war es der Kilimandscharo. Auch Dom und Täschhorn waren Höhepunkte. „Die Ziele sind größer geworden, weil wir heute ja auch mobiler sind", sagt sie, „aber schöner war es früher, vor der ,Kinderpause'; es war beschaulicher und weniger hektisch. Ich möchte es jedenfalls nicht missen."

Mehr noch als Gitti Spitzenstätter durch und durch Bergsteigerin, aus dem Lager der „Karwendler" kommend, ist Veronika Sint-Menzel.

Ihr wurde, also sie 1949 geboren wurde, das Bergsteigen sozusagen mit in die Wiege gelegt. Bereits mit vierzehn zählte sie zu den „Extremen" im Kreise der Gleichgesinnten. Von da an ging es steil bergauf. Mit einer Selbstverständlichkeit stieg sie auch als Seilerste, verzeichnete so manche erste Damenbegehung - manchmal, ohne dies zu wissen, denn Damenbegehungen waren nicht genau aufgelistet - und war auch die erste Frau in der Route, die ihr Mann Sepp Sint mit Ernst Schwarzenlander in der Martinswand eröffnet hatte. Durch den „Ostriß" sei sie schon an die vierzigmal gestiegen, versichert Veronika Sint. Aber das waren eher Trainingstouren, zu denen man schnell mit dem Fahrrad noch hinfahren konnte. „Am Hechenbergpfeiler, da glaub' ich, war ich die erste". Aber ganz sicher sei sie nicht, und sie wolle niemanden beleidigen, es sei ja auch egal, meint sie. Angesichts der Tatsache, daß Frau Sint 1972 den Walkerpfeiler an der Grandes Jorasses geklettert ist, ist das wirklich egal.

Ihre extremste Bergsteigerzeit hat Veronika Sint zwischen vierzehn und sechsundzwanzig Jahren gehabt. Das war zugleich die Zeit, in der sie viel mit den „Karwendlern" beisammen war. Dabei hat sie nie selber um Aufnahme angesucht, das „müssen andere für mich gemacht haben. Trotzdem hat mich die Aufnahme sehr gefreut". Es ist schon ein Unterschied, ob man nur geduldet ist als Freundin eines Mitgliedes, oder ob man vollwertig dabei ist. Ein Problem hat es deswegen nie gegeben, aber leisten muß ich schon um einiges

Als die 44-jährige Henriette d'Angeville im Jahre 1838 den Montblanc Gipfel erreichte, war sie über ihren Erfolg begeistert. Sie wünschte auf die Schultern ihrer Begleiter steigen zu dürfen. Anderthalb Meter höher als alle Menschen Europas zu stehen bereitete ihr größtes Vergnügen, Dafür, so berichtete die Chronik, gab sie jedem ihrer sechs Führer einen herzhaften Kuß, so kräftig, daß man es bis nach Chamonix hinunter hören konnte!

mehr als die Männer, um anerkannt zu werden. Bei mir hat man meistens eine Spur genauer hingeschaut." Auch sie hat in den Bergen Freunde, Freude und Leid kennengelernt, hat ihren damaligen Bergpartner in den Bergen zurückgelassen, und auch ihren späteren Mann dort kennengelernt: „Ich hatte immer erfahrene Berg- und Seilpartner und ziemlich viel Glück, obwohl es manchmal auch gefährlich war." Innsbruck war der ideale Wohnort, hier studierte sie auch - passend zum Hobby - Sport und Geographie, stieg aber dann in den Bereich des Journalismus um. Unter anderem war sie Autorin für Zeitschriften wie „Alpinismus" und „Der Bergsteiger". „Meine extreme Zeit ist vorüber, die Interes-

Berge im Abendlicht.

Vortrag, gehalten von Frau Cenzi Sild am 18. März 1937 im Ö.A.K.

Liebe alte und junge Freunde, verehrte Klubgenossen, verehrte Gäste!

Sie können aus dieser ausgeklügelten Anrede schließen, daß ich das Bedürfnis habe, heute förmlich um die Gunst jedes einzelnen von Ihnen zu werben. Sie müssen mir zugestehen, daß Mut dazu gehört, nach dem schönen, alle Fernsehnsucht erweckenden Vortrag, den Püchler hier hielt, nach Zürcher, Schwarzgruber und Bauer meine bescheidenen Erlebnisse in diese großartige Vortragsfolge einzuflechten. Ich weiß, daß im Klub sprechen zu dürfen, heute selbständige Leistung voraussetzt. Ich habe also die Ehre, als Überbleibsel einer frauenfreundlicheren, anspruchsärmeren Zeit, im vollen Bewußtsein, mich in Ihren Reihen schon überlebt zu haben, vor Ihnen zu stehen.

Veröffentlicht in der Österr. Alpenzeitung im Mai 1937.

sen haben sich ein bißchen verteilt. Ich habe drei Kinder, aber bis zum letzten Jahr bin ich schon noch im VI.Schwierigkeitsgrad vorausgestiegen."

Die Zeit zwischem dem alpinistischen Einstieg und dem VI.Grad ist nicht ohne „Damen am Berg" verstrichen. Geklettert wurde, wo immer mit dem Fahrrad hinzukommen war, so auch seit einiger Zeit schon in der Martinswand, dem bergsteigerischen Wahrzeichen Innsbrucks. Dort versuchte als erste Frau die Wattenerin Zilli Haider im April 1972, die von Walter Spitzenstätter und Kurt Schoißwohl 1959 eröffnete direkte Route zu durchsteigen. Der Versuch endete tragisch. Zilli stürzte im Quergang ins Seil und schaffte es nicht mehr, in eine Prusikschlinge zu steigen. Der zufällig unten vorbeikommende Franz Sint verständigte in aller Eile die Bergrettung, während sich die Seilschaft Schwarzenlander/Lessiak bereits verzweifelt bemühte, zur Unfallstelle zu gelangen. Abends nach Einbruch der Dunkelheit konnte Zilli Haider zwar noch lebend geborgen werden, verstarb aber später in der Innsbrucker Klinik. Sie hing die ganze Zeit über nur in ihrem Brustgurt.

Erst drei Jahre später, im Jänner 1975, konnte die Hallerin Helga Pescoller Zilli Haiders begonnenes Werk vollenden. Sie war die erste Frau, die vollständig durch die „Direkte Martinswand", die sogenannte „Toni Egger Gedächtnisführe" stieg. Ihr damaliger Kletterpartner war Franz Oppurg. Möglicherweise war Helga eine Woche später die erste Dame im „Ostriß", der 1963 eröffnet wurde.
Helga wuchs auf der Bettelwurfhütte auf. In schärferer Gangart kletterte sie ab ihrem fünfzehnten Lebensjahr.

Frau Pescoller ist eine sehr unabhängige Frau und suchte sich, nachdem sie sich von der Haller Jungmädelschaft getrennt hatte, Damen als Seilpartnerinnen, um „schöne Vierer- und Fünfertouren abzuklappern".

Auch dies war nur eine vorübergehende Phase, der die Zeit schwieriger alpiner Routen folgte. Zwei ihrer anspruchsvollsten Touren: Civetta: „Philipp-Flamm" und Marmolada: „Vinatzer" mit „Messner-Aufstieg", die sie beide - inzwischen wieder etwas versöhnt - mit Männern ging.

Vom Alpin- zum Sportklettern

Später ist Helga Pescoller ins Sportklettermilieu eingezogen. Sie stieg dort bis zum VII. Schwierigkeitsgrad voraus. Nach zwanzig schönen Kletterjahren hat sie die Kletterei an den Nagel gehängt, „weil ich es heute nicht mehr brauche und mir andere Dinge wichtig geworden sind".

Eine ihrer Seilpartnerinnen ist bzw. war Gudula Gundolf, die sich dann dem Sportklettern zugewendet hat. Ursprünglich war sie als Halbwüchsige mit ihrem Vater unterwegs. Auf die Frage nach ihrer „alpinsten" Tour antwortet sie: „Die ‚Gogna'

Hinsichtlich der „Alpenausrüstung für Damen" findet man im Handbuch für Bergsteiger des Engländers C.D. Dent (1893) folgende Empfehlung: einen Rock aus stark gewebtem, möglichst dichtem Tuch, einen leichten Unterrock bis zum Knie, Kniehosen aus wasserdichtem mit Flanell gefüttertem Zeug, wollene Strümpfe, ein Jackett aus dichtem Tuch, aber kein Korsett „weil es beim Steigen allzusehr behindert".

in der Marmolada. Das war aber erst vor ca. drei Jahren. Wir hatten einen Schlechtwettereinbruch, und die Tour erschien mir ewig lang". Gudula klettert seit ca. 5 Jahren intensiv bis zum Schwierigkeitsgrad VII+/VIII-. Von Wettkampfteilnahme hält sie nichts: „Zu viel Streß, und ich mag es nicht, wenn mir viele Leute zuschauen."

Nun dürfte bei den Frauen der Übergang zur Sportkletterei vollzogen worden sein. Heute ist es nicht mehr verwunderlich, daß auch unter den Damen „Erstbegeherinnen" auftreten, daß Frauen Routen „aufmachen" und in Klettergärten Touren „einbohren". Auch in der Umgebung von Innsbruck sind Neueröffnungen von Routen nicht mehr reine Männersache, wenn auch - zugegeben - das Bild einer im Seil hängenden Frau mit Bohrmaschine in der Hand ein recht ungewohntes ist.

Zwei Vertreterinnen der Sportkletterrichtung sind Gerti Lessiak und Monika Leitner. Erstgenannte hat alpine Erfahrung im Hochschwab und den Dolomiten hinter sich, Monika Leitner trainiert seit ca. 5 Jahren regelmäßig und brachte es bis zum VII. Schwierigkeitsgrad im Vorstieg. Nicht, daß sie sich deswegen alpinen Touren verschließt, aber sie findet Sportklettern „lustiger, schöner und auch sicherer".

In diesem Kreis zu erwähnen ist auch Evi Pietersteiner, die vor ca. 10 Jahren ins extreme Berggeschehen eingestiegen ist. Ihre Leistungskurve zeigt einen stark steigenden Verlauf, was am Beispiel der ersten Damenbegehung des „Boulder Highway" in den Handegg-Platten (Schweiz), VII - zu erkennen ist.

Hielt man lange Zeit nichts von „berockten" und später emanzipiert „behosten" Kletter- und Bergweibern, wird die diesbezügliche Denkweise langsam aufgeschlossener. Heute finden wir z.B. selbstverständlich sowohl gemischte (das heißt: echt gemischte, nicht „Partner schleift

Partnerin") Seilschaften als auch reine Damenseilschaften in den Touren der Martinswand, wenn auch die klassischen Routen aus verschiedenen Gründen an „Extremismus" verloren haben.

Heute ist Klettern, Bergsteigen, Eisgehen und was es sonst noch auf der alpinen Spielwiese an Betätigungen gibt, auch in Frauenkreisen anerkannt. Die Seilschaften sind gemischt, und niemand denkt mehr an etwas besonderes.

Bei Kletterwettkämpfen gibt es Damen- und Herrenbewerbe. Zaghaft tasten sich auch hier die Damen aus Österreich nach oben, so, wie sich wiederum die Damen aus der Innsbrucker Gegend an die Wettkampfteilnahme herantasten. An dieser Stelle sind Dagmar Obendorf, Brigitte Schneider, Tanja Mayer, Kerstin Luze und Farida Neumayer zu nennen, die an Kletterwettkämpfen auf nationaler Ebene schon teilgenommen haben.

Wanda Rutkiewicz (1943-1992), *die „Königin der Höhenbergsteiger". Nach der erfolgreichen Besteigung von 8 Achttausendern kehrte sie vom Versuch, den Kantsch zu besteigen, nicht mehr zurück.*

Der sportliche Aspekt ist nur die eine Seite des Bergsteigens. Auch im alpinen Bereich gibt es immer mehr Frauen, die in den Bergen im Prinzip das gleiche suchen und finden wie die Männer. Es ist nicht möglich, in diesem Rahmen alle bekannten, ambitionierten, leistungsstarken, vielseitigen Kletter- und Bergdamen aufzuzählen, doch möchte ich es nicht versäumen, noch Christl Miller und Ulli Knapp zu nennen, die beide sowohl im alpinen als auch im kletterischen Geschehen aus reicher und langjähriger Erfahrung mitreden können.

Und weiter?

Die Frage nach der zukünftigen Entwicklung erscheint berechtigt. Möglich und wahrscheinlich ist aber, daß sich das Zahlenverhältnis Männer - Frauen noch etwas in Richtung Frau verlagert, es werden auch in der „Leistungsklasse" in Zukunft wohl mehr Damen als bisher dabei sein, denn die

Zeit, in der uns alle bergsteigerischen Möglichkeiten offenstehen, ist noch relativ kurz. Das Zahlen- und auch das Leistungsverhältnis zwischen Männern und Frauen soll hier aber nicht unter dem Aspekt der Wertung betrachtet werden, denn es ist ja schließlich egal, wievielen Frauen wir an einem schönen Sonntag im „Dschungelbuch", im Höttinger Steinbruch, in einsamen und bekannten Karwendeltouren, auf den Skitouren rund um Innsbruck oder auf den Hütten begegnen.

Auch geht es gar nicht so sehr um den Schwierigkeitsgrad. Wichtig ist nur, daß die Frauen (wie auch die Männer) nicht „einschlafen", daß zwischen Zirl und Wattens immer mehr Bergsteigerinnen hervortreten, um unsere alpine Geschichte zu vervollständigen, abzurunden und weiterzuführen. Schließlich leben wir ja hier in Innsbruck-Umgebung in und mit einer „kleinen alpinen Welt" mit all ihren Beschränkungen und auch Vorzügen. Was wäre eine solche ohne ihre eigene Geschichte?

Sportkletterin in einer Extremroute der Martinswand.

Artur Nikodem (1870-1940) - ein Poet der Farbe

Begleitworte zum Titelbild von Peter Konzert

Vergiß nie im Leben, daß es Märchen gibt - notierte der mit hoher Intelligenz und Unabhängigkeit im Denken ausgestattete Künstler im Sommer 1914 in sein Tagebuch. Im gleichen Jahr entstand das Gemälde „Stubai". Die fast quadratische Bildfläche wird im Vordergrund durch zwei streng vertikal angeordnete Birkenstämme bestimmt, die den Blick in die Tiefe leiten. Die satten Blautöne des Mittelgrundes stehen im Kontrast zu den vergletscherten Bergen, die in ihrem magischen Licht dem Bilde eine unwirklich anmutende Atmosphäre geben.

Damals war Nikodem 44 Jahre alt. „Der Poet der Farbe kam jetzt endgültig zum Durchbruch, dies wiederum in mehreren Etappen" stellt sein Biograph G.Hohenauer fest, „die Auflösung ins rein Malerische, die Einkehr in das reine Reich der Farbe ist sein letztes Ziel". Es verwundert nicht, daß der Maler mit Pinsel und Worten gleich gut umzugehen wußte. Die folgenden Zeilen schrieb der fast Fünfzigjährige nieder: „Der Bodengrund rostbraun von Heidrich - saftiges Grün. Die tiefen schrägen Schatten - Tannen und Lärchen ganz grün - in Sonne gebadet alles - die weißen Steinrunsen durch die Mahden - dann der graue und gelbe Kalk in der nackten Höh - Herbst ist es und unten im Tal reifen die dicken roten Hagebutten - und in den Wäldern werden die großen Farne rostig und gelb."

Die Landschaftsmalerei hat in Tirol so wie in ganz Österreich eine lange Tradition. Die Tiroler Künstler, die um 1900 jung waren, hatten es schwer. Sie standen der übermächtigen Erfolgsgeneration Defreggers und seines Kreises gegenüber, dessen Kunst nicht mehr überbietbar erschien und sich der höchsten Gunst der Gesellschaft erfreute.

Vom Beginn des Jahrhunderts bis zum Ende des 1. Weltkrieges fanden Einflüsse des Jugendstils, des Münchener Spätimpressionismus und des Wiener Sezessionismus Eingang in die Tiroler Kunst . Erst danach begann jenes Umdenken und jene Besinnung auf die Aussagekraft abseits des reinen Naturalismus, der in Tirol bis 1940 eine neue Blüte der Kunst entstehen ließ. Es war die Zeit des Umbruchs, verbunden mit dem Drang nach neuen Ausdrucksformen.

Drei Namen seien herausgegriffen.

Zuerst Albin Egger-Lienz, der durch seine Menschendarstellungen zu einem Erneuerer der tirolischen Kunst wurde. Dann Alfons Walde (1891-1958), dessen Berg- und Winterbilder aus dem Kitzbüheler Raum für viele ein Begriff für „Kunst in Tirol" wurden. Im Gegensatz zu den vorher Genannten zählt Artur Nikodem (1870-1940) zu den Stillen im Lande. Er gehört zu den wenigen Persönlichkeiten, die es sich aufgrund ihres „Brotberufes" leisten konnten, ihren künstlerischen Weg kompromißlos zu gehen.

Tiroler wurde Nikodem durch seinen Geburtsort Trient, wo sein Vater als österreichischer Offizier stationiert war. Artur besuchte die Oberrealschule in Innsbruck. Nach der Matura erfolgten Studienaufenthalte in München, Mailand, Florenz und Paris. Nach dem Tode seines Vaters 1892 trat er in den Postdienst ein. In dieser Eigenschaft wohnte er zuerst in Meran und ab 1907 in Innsbruck. Bis 1920 übte er seinen Beamtenberuf aus, und erst dann konnte er sich als freischaffender Künstler voll und ganz der Malerei widmen. Seine große Liebe galt der heimischen Landschaft, wobei sich die Malweise vom impressionistischen zum expressiven Stil wandelte. In seinem Spätwerk tritt die Form zugunsten der Farbe, der seine ganze Leidenschaft galt, zurück.

Nikodem gehört zu jenen Künstlern, denen die

Mitwelt wenig Aufmerksamkeit und geringe Hilfe zukommen ließ, ihn traf ein Ausstellungsverbot im Dritten Reich. Erst die Nachwelt weist ihm den gerechten Platz in der Kunstgeschichte zu: „Seine Kunst diente weder dem Historischen noch dem Alltäglichen, Zeitloses suchte er in seiner Malerei auszudrücken; weniger die offen zutage liegenden Schönheiten, als die verborgene Harmonie der Dinge in Landschaft, Berg, Blume und im Menschen, jene Harmonie, die ohne Zutun des Menschen da ist, die den Menschen mit seiner Umwelt geheimnisvoll verbindet" (G.Hohenauer).

Unser Titelbild „Stubai" gibt den Eindruck des Gleichklanges in vollendeter Ausgewogenheit wieder. Die bewußte Wahrnehmung einer künstlerischen Darstellung deckt sich mit der Erinnerung an persönliche Erlebnisse, Stimmungen und Eindrücke in der Berglandschaft. Zwischen Abbild und Bild schiebt sich die Kunst, die „geben muß, was die Natur nicht hat, alsdann nur ist sie schöpferisch", wie Tirols berühmtester Landschaftsmaler Joseph Anton Koch (1768-1838) uns wissen ließ.

Birgitzeralm, Farbstiftzeichnung von A. Nikodem, 1930.

Die Erschließung der Berge rund um Innsbruck

Von Henriette Klier

Kaiser und König

Daß unser Bergraum in vorgeschichtlicher Zeit nach dem Zurückweichen der großen Eiszeit-Gletscher keineswegs nur Öde und Tabula rasa war, wissen wir nicht erst seit der Auffindung unseres „Ötzi".

Spuren aus vorgeschichtlicher Zeit bleiben spärlich. Ein Pfad über den Brenner bestand um 2000 vor Christus und verband Nord mit Süd. Um 500 vor Christus wurde dieser gleiche Weg von den Etruskern benutzt. Sie legten kleine Depots entlang der Reiseroute an, von denen man Reste gefunden hat.

Aus historischer Zeit wissen wir von den Römern und ihrem Straßenbau, der über den Brenner dem alten Nord-Süd-Pfad folgte. Auf dieser gepflasterten

Aus dem Nordkettengebiet stammen Sagen und Überlieferungen von Geistern, Bergmandln, Nörggelen, Riesen, Unmenschen und Untieren. So soll die Felsgestalt der Frau Hitt aus einer für ihre Hartherzigkeit bestraften Königin entstanden sein. Hoch zu Roß hat sie einer bittenden Mutter einen Stein statt Brot gereicht. Die Wandbilder von Raffael Thaler auf der Hungerburg erinnern an die bekannte Sage.

Straße waren Fußsoldaten, Reiter, Kuriere und Post- und Reisewagen unterwegs.

Der Kaiser, wenn er je reiste, benutzte einen Pferde-Reisewagen, in dem auch geschlafen werden konnte. In der „carruca dormitoria" legte er in 24 Stunden 60 Kilometer zurück. Diese Reisegeschwindigkeit blieb für lange Zeit, für beinah Jahrtausende Weltrekord.

König Heinrich II schaffte 1013 bei seiner Alpendurchquerung auf dem Weg nach Rom gerade 20 Kilometer pro Tag. Da war die gepflasterte Römerstraße längst verfallen. Für Saum- und Reittiere war der Weg gerade noch passierbar, Unfälle waren kaum zu vermeiden - der Bischof von Freising stürzte 1342 samt Reittier am Jaufen zu Tode.

In dieser Zeit zwischen dem 10. und 16.Jahrhundert waren die Alpenwege durch Tirol durch die große Politik der Gekrönten aufgewertet, während dieses Zeitraums zogen Kaiser und Könige 144 mal durch die Berge gen Süden, davon 66mal über den Brenner an Innsbruck vorbei durch das Wipptal.

Für die Bewältigung der Strecke Augsburg-Verona brauchten Waren und Menschen mehrere Wochen. Die Alpen-Überschreiter von heute, auf den Pfaden der Europäischen Fernwanderwege unterwegs, brauchen auch ihre Zeit, genießen aber stets warmes Bett und kühles Bier am Rastpunkt.

Kleiterpartie in Tirol's Bergen
„Da herob'n ist's wirklich schian
Mecht gar nimmer ober gian."

Pfeife, Lodenhose und Nagelschuhe waren in den Anfangsjahren der Bergsteigerei üblich, als man „altmodisch oder bäuerisch, nicht aber herrisch" aufzutreten sich bemühte.

Auch J.W.Goethe, völlig aus dem Häuschen vor Süden-Sehnsucht, mußte noch 1786 Ungemach in der engen Kutsche und langsames Vorankommen während der Reise Mittenwald-Innsbruck-Brixen ertragen.

Obwohl seit mehr als hundert Jahren ausgebaut, präsentierte sich die Brennerstraße 1920 ohne Asphalt und mit Steinmäuerchen begrenzt; die Eisenbahn verkehrte bereits seit 1867 über den Paß, die Karwendelbahn seit 1912.

1930 baute man die Brennerbundesstraße aus. Aber den seit Mitte des 19.Jahrhunderts immer stetiger wachsenden Verkehr konnten Straße und Bahn nicht bewältigen. Die Autokolonne reichte in den fünfziger und sechziger Jah-

ren im Sommer fast von Innsbruck bis Bozen. Der Bau der Brenner-Autobahn brachte zwar zunächst merkbare Entlastung, das rauhe struppige Wipptal war mit Betonbändern sanft-gewalttätig geglättet, die Orte südlich von Innsbruck und die abzweigenden Täler sind für Reisende nun leicht zu erreichen, aber mit dem weinenden Auge sehen wir die Transitlawine in unser Tal hereindonnern.

Über den Brenner
Paradigma Bettelmann

Außer Kaiser und König waren Händler, Hirten, Sänger, Jäger, Erzsucher, Soldaten, Flüchtlinge, Vertriebene in diese oder in die entgegengesetzte Richtung seit je zu Fuß unterwegs.

Die alten Berichte erzählen von schlechten Pfaden, tiefem Morast, Räubern, wilden Tieren, wie den Scheuchzerischen Bergungeheuern mit Flügeln und ohne Flügel, von Drachen, die „Blut sprützen" (R.Oppenheim), von Kobolden und Gespenstern und dem Teufel, der am Wege hockt. Im Stubai soll 1870 in einem Stadel ein dreiköpfiger Lindwurm gesehen worden sein. „Zwei Metzger... obgleich sonst beherzte Männer, ergriffen gleichwohl (bei solchem Anblick) mit ihrem Hund die Flucht..." (L.Steub). Wer kein Geld besaß, mußte zu Fuß laufen, mußte der alten Göttin Rätia, nach der unser Land benannt worden sein soll, opfern, wenn er halbwegs ungeschoren davonkommen wollte.

Noch am Beginn des zwanzigsten Jahrhunderts war es üblich, daß man eine Bergtour, sei es ins Karwendel, sei es ins Stubai, von der Haustüre aus begann.

„Am 12.VII.1905 gingen Pepi, ich, Brugger, Bargher und Bucher nachmittags um 2 h von hier fort

(Glasmalereistraße 6), und gingen auf der Brennerstraße bis zur Stefansbrücke und von dort nach Schönberg und auf die Gleinsermähder. Um 8 Uhr abends kamen wir an. Wir übernachteten im Freien. Obwohl die Nacht kalt war, fror uns nicht, weil wir ein großes Feuer angezündet hatten, um welches wir lagerten. Wir machten Witze und waren sehr gut aufgelegt ... am 13.VII. kamen wir um 6 h nach Maria Waldrast ... in 2 3/4 Stunden waren wir auf der Spitze (der Serles)" (Tourenbuch Prohaska).

Brandjoch Südgrat

Vierzig Jahre später, 1945, ging ebenfalls alles - durch die Zeitläufte bedingt - zu Fuß, nach dem Motto von 1624:

„...Die Toten ruh'n.
Und was noch nicht gestorben ist
Das macht sich auf die Socken nun"
(B.Brecht, Mutter Courage).

Erlebnisse wie die folgende Tagebuchnotiz gibt es unzählige. Die Grenze zwischen Nord- und Südtirol ist gesperrt. Der Übergang muß während der Nacht erfolgen. Ein Führer wird uns irgendwo westlich des Brennerpasses über die Grenze bringen. Dort ist das Risiko gering, einer bewaffneten Patrouille zu begegnen.

Wir erreichen den kleinen Ort Schelleberg/Moncucco an der Brennerstrecke und steigen zu den Häusern von Gigglberg hinauf. Es ist Abend und beinahe dunkel. Eine Gruppe von Männern hat sich dort bereits eingefunden. Sie sprechen nicht, marschieren in raschem Tempo los. Mühselig ist das. Jenseits auf der anderen Talseite gäbe es breite Wege, die auch nicht so hoch hinaufführen, wo man die blockierte Grenze viel bequemer umgehen könnte. Aber dort gehen auch die Bewacher spazieren, fahren mit Jeeps auf Almwegen.

Im August 1945 bei unserer letzten Grenzüberschreitung hat ein Uniformierter auf italienischer Seite meine goldenen Fingerringe dafür genommen, daß er uns laufen ließ. Zur Unterstützung seiner Forderung hat er uns seine Schußwaffe in den Rücken gestoßen...

Die Männer finden den Steig. Er führt zum Dorf hinunter ins Tal. Die Tür eines Hauses wird aufgestoßen, Frauen sind da, eine Lampe an der Wand. Es ist vier Uhr früh, in einer Kammer können wir schlafen. Die Taxe für das Drüberführen kassieren die Töchter drei Wochen später in Innsbruck. Sie stecken das Geld in die Taschen ihrer neuen Pelzmäntel.

Die Innsbrucker und ihre große Karwendel-Mauer

Die Innsbrucker stehen mit dem Rücken zur Wand. Die Wand ragt hinter ihnen auf; zum Glück, denn Blick und Sehnsucht richten sich in unserem Klima nach Süden.

Unsere große Mauer ist die südlichste Karwendelkette, wir nennen sie Nordkette. Dahinter gibt es noch andere Bergketten, Mauern, eine immer noch höher als die andere, aber die sind weit weg, man sieht sie von der Stadt aus nicht.

Haben die Berge der Nordkette noch das Maß einer Sonntagsunternehmung, so zeigt ein Blick von der Hafelekarspitze, die man per Bahn und im Sommer in Gesellschaft ausländischer Freunde erklommen hat, schon andere Dimensionen: ein enges, spärlich begrüntes Tal tief drunten, das irgendwohin führt, ohne Anfang und Ausgang. Gipfelzacken wie kecke Hüte überragen die grau-dunkelgeriffelte Gratschneide. Schuttstreifen zerteilen die schroffen Flanken, oben noch ein dünner Strahl, weiter drunten immer breiter und mächtiger werdend, ergießen sie sich unaufhaltsam in die Tiefe; Weißes blinkt am Rand der Reißen, in ihren Tiefen und Schluchten, Schneebänder, eisharte Beläge, die nie schmelzen. Grünes Flechtwerk der Latschen, in das Gemsen untertauchen. Vom Hafelekar aus kann ich zwar auf den schönen Doppelgipfel der Praxmarerkarspitzen hinweisen, kann die Namen der angrenzenden Gipfel nennen, aber bereits versagen die Worte vor der Wirklichkeit: wie soll ich die nach Norden, jenseits der Zackenkrone gräßlich abbrechenden Wände dieser so nett von der Sonne angestrahlten Berge beschreiben?

Ein kleiner Schritt trennt den warmen trockenen Grund der Südseite vom kalten oft eisüberzogenen glatt-glitschigen Nordwandkalk, eine besondere Herausforderung für Kletterer.

Nie ist dies deutlicher als im Oktober, wenn man von Zirl hemdsärmelig über die Südhänge hinauf zur Kuhljochscharte wandert, und mit einem kleinen Schritt in einen anderen Kontinent hinüberwechseln muß. Über ausgefrorenen Schutt tastet man mühsam hinab zu den Nordwand-Einstiegen der Kuhljochspitze. Durch diese Wand führen mehrere Routen, die immer noch und wieder begangen werden: vor allem die Gerade Nordwand von E.Solleder (1925) und der verwegene Schiefe Riß (V), begangen 1946 von H.Klier und W.Purtscheller.

Westlich davon ragt der Freiungzahn auf, ebenfalls ein kühn-kaltes Ziel der Karwendel-Nordfluchten; als spitze Plattentafel ist er von der Eppzirler Alm gut auszumachen.

Der Nordwandriß, erklettert 1946 von H.Klier und W.Purtscheller (VI), fand 1983 im Dornröschenweg durch diese Nordwand von S.Sint und A.Meßner (V+) eine ebenbürtige Schwester.

Und erst die nächste Kette hinter der Nordkette, die eigentliche Hauptkette, Hinterautal-Vomper-Kette genannt, von deren Gipfelmauer die kilometerlangen, tausend Meter hohen Laliderer Nordwände abbrechen! Kalt, brüchig, griffarm, wasserüberronnen, schaurig-schön; was fiele einem dazu ein? Vielleicht: Der Urgrund des Schönen besteht in einem gewissen Zusammenklang der Gegensätze (Thomas von Aquin).

Ist das unser Karwendel? Wie ist es eigentlich?

Der Eindruck von Unberührtheit, Unzugänglichkeit, Einsamkeit, von hier aus, an einem Sommertag, ist eine hübsche Theaterkulisse, eingerichtet von einem beflissenen Fremdenverkehrsarrangeur. Und das bleibt so für die meisten, die dort vorbei- und hineinschauen ...

Le Mur St. Martin.

Quelle: Stadtarchiv

Der berühmte erste

Das Karwendelgebiet umfaßt eine Fläche von etwa 900 Quadratkilometern; obwohl ein sehr großes Berg- und Jagdreich mitten in Europa, blieb es viel länger als andere Alpengebiete touristisch unerschlossen.

Sicher haben, wie überall in den Alpen, Hirten, Jäger, Schmuggler, Schürfer die höheren Regionen schon lange vor den Kraxlern betreten, Bauern die Weidegründe seit den Zeiten der ersten Besiedelung genutzt. Schriftliches darüber fehlt.

Der erste, der in diesem Gebiet seinem Freizeitsport nachging, war Kaiser Maximilian. Er ging auf die Jagd, er ritt, er kletterte, zog Falken und anderes Getier, und von ihm gibt es die ersten authentischen Berichte vom Karwendel.

Sein Klettererabenteuer in der Martinswand, 1484, fand dank der Bergrettung durch einen Unbekannten/Engel ein gutes Ende. Im Halltal entging er nur knapp einer Lawine, und ebendort blieb er mit dem Zacken seines Steigeisens so unglücklich stecken, daß er ohne fremde Hilfe verloren gewesen wäre...

Man sagte von Maximilian, daß er besser hätte klettern können als alle seine Gemsjäger. Zu seiner Ausrüstung gehörten Steigeisen mit sechs Zacken sowie ein Seil; gegen den in diesem Berggebiet stets zu fürchtenden Steinschlag empfahl er eine „Hirnhaube".

In seinem Jagdschloß in Martinsbühel hielt er sich des öfteren auf, Kletterei und Jagdwild (weiblich-menschliches und tierisches, wie der Volksmund überliefert) waren dort jederzeit zu erlangen; am Rechenhof über Innsbruck und anderswo wurden wohl die Reachen/Rehe in einem Gehege gehalten. Sein Buch „Theuerdank", 1517, vielzitiert, wenig gelesen, ist als Sportbuch seiner Zeit voraus.

Aus ähnlich früher Zeit, 1579, berichtet Ernstinger aus Innsbruck von seiner Ersteigung der Frau Hitt. In seinem Raisbuch vermerkt er:

„Nit ohne große gefahr und müe, weil gar sorgklich und zwarsamb dahin zu staigen, also daß sich etlich zu todt darob gefallen haben...", weil dieser Felszacken eben ein „sehr hohes gebürg und das höchst, so darumb ist, ain lauter Felsen, sich in der Höh etwa zuspizet und auf der steilen sich naigt, als ob er in das thal fallen wolt, welches schröcklicher tiefen ..."

Erst im 19.Jahrhundert - wir befinden uns gerade im großen Bergtouristen-Boom - treffen auch im Karwendel die Gipfelbesteiger ein:
Es werden erstiegen:
Speckkar, Pleisen, Lamsenspitze vom Berg- und Salinenpraktikanten M.V.Lipold, 1843
von L.Pfaundler 1859 die Vordere Brandjochspitze, als erster Tourist und allein. Im selben Jahr mit Gefährten alle Spitzen zwischen Solstein und Lafatscher, so unter anderem: das Gleirschtaler Brandjoch (nördlich der Mannlscharte), und die Mannlspitze, das Hafelekar,
1867 von J.Pock, teilw. mit C.Wechner: Kleiner Solstein, Brandjochspitze (2.Besteigung) Östl.Sattelspitze, Rumer Spitze, Großer Lafatscher, Großer Bettelwurf,
von Karl Gsaller nicht weniger als 60 Karwendelberge in den Jahren bis 1870,
1886 die Erlspitze von Dr.A.Lieber und Sohn.
Schließlich ist es amtlich: C.J.Kernreuter erklimmt 1890 die Spitze der Frau Hitt (Alpenvereinsführer Karwendel).

Ein Topograph aus Bayern

Hermann von Barth erkundete die Berge um Berchtesgaden und im Allgäu, im Wetterstein und im Karwendel. Er starb, erst 31-jährig, an einer Tropenkrankheit

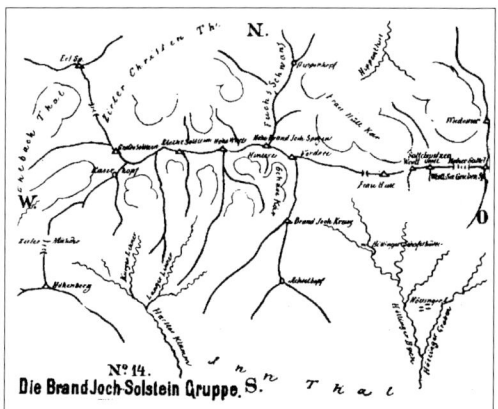

Die Solsteingruppe nach einer Skizze von Barth.

Der erste gründlichste und hartnäckigste Erforscher unseres Gebirges war Hermann v. Barth, er stammte aus Bayern (1845-1876). Mit der Ersteigung des Brandjochs über Innsbruck am 31.Mai 1870 begann Barth seine zwar kurze, aber intensive Tätigkeit in den „Nördlichen Kalkalpen".

Mit dem Zug reist er nach Innsbruck. Ein Gepäcksträger mit Karren bringt ihn mit seinen Siebensachen in seine Unterkunft im damals schäbigen Stadtteil am linken Innufer, welcher in Innsbruck aber immer noch die „Koatlacke" (St.Nikolaus) heißt; Barth will dort nächtigen, weil er sich nicht in seinem „wenig eleganten Bergkostüm von ganz Innsbruck ... begaffen ... lassen" will, wenn er nach der Tour wieder in die Stadt zurückkehrt; der Gasthof „Goldener Greif" erweist sich als Quartier bescheiden, aber gut.

Der Anstieg beginnt am nächsten Tag von der Haustüre weg: in der Höttinger Gasse. Es geht „zwischen armseligen, schmutzigen Häusern ... aufwärts," wobei der weitere Weg führt, wie auch heute, über den Gramartboden und die verschlungenen Waldsteige, wo er sich fast verirrt, zur Höttinger Alm. Dort, er hat jetzt zwei Stunden „angestrengten Bergmarsch" hinter sich, macht er sich Gedanken darüber, ob es nicht bequemer

Teilnehmer: A. Hintner, Peer, Renner, Hörtnagl, Guido Albinger, Mohapel, Gampl, Augustini, Jesser; als Gäste: Lieut. Sternbach, Forcher jun.. Bei dieser Besteigung fand zugleich die Hinterlegung eines Fremdenbuches und Taufe des Westkamins in „Alpenclub-Einstieg" statt, welcher für größere oder geübtere Touristen leichter zu begehen ist als das Band an der Südostseite. Ein an der Südseite befindlicher, senkrechter, teils überhängender Kamin wurde von Renner das erstemal durchklettert. Der Aufstieg erfolgte in zwei Teilen um 10 Uhr und um 13 Uhr. Abstieg gemeinsam, Ankunft in Innsbruck um 19 Uhr 30.

INNSBRUCK – Frau Hitt-S

Eine Ansichtskarte von 1910 zeigt die Frau Hitt-Figur mit einer Blechfahne am höchsten Punkt. Eine andere Überlieferung berichtet von einem Spiegel, der oben gestanden sein soll. Wer die Spitze erkletterte und in den Spiegel sah, war künftig den Bergen verfallen.

wäre, hier in der Höhe den Stützpunkt für Touren zur Nordkette zu beziehen. Auf der Schäferhütte weiter droben will er vom verwildert aussehenden Hirten Auskunft über den Weiterweg, bekommt aber keine: „Die plumpen Klötze, die vom Brandjoch-Grat auf mich niederschauten, mutheten mich vertrauter an, als er."

Die Beschreibung des Erklimmens der höchsten Spitze und des Übergangs zur hohen Warte nimmt zwölf Druckseiten in Anspruch, mit Akribie beschreibt er jede Wandstufe, jede Runse, fast jeden Schritt des Anstieges ... anscheinend auch für den Leser und Rucksack der damaligen Zeit zu ausführlich, sein „Karwendelführer" hatte 950 engbeschriebene Manuskriptseiten, er blieb unveröffentlicht.

Hermann von Barth erstieg meist allein 88 Kar-

wendelberge in nur wenigen Sommern, als Erstbesteiger fallen ihm mindestens 12 Gipfel zu: Risser Falk, Larchetkar-, Seekar-, Moserkar-, Schafkar-, Nördliche Jägerkar-, Westliche Seegruben-, Östliche Karwendel-, Dreizinken-, Nördliche und Südliche Sonnenspitze, Großer Lafatscher. Auf 40 Gipfeln fand Barth Spuren von Vorgängern.

Berühmt ist der von ihm als erster gemachte Gratübergang vom Katzenkopf zur Jägerkarspitze, der Barthgrat.

Schneesturm auf der Kaltwasserkarspitze, wilde Gewitter nahe der Praxmarerkarspitze, das Hinaufstemmen im Barthkamin an der Lamsenspitze, wo sein Begleiter streikte, der Gratübergang vom Lafatscher Joch zum Stempeljoch, viele Biwaks irgendwo in den Latschenstauden, ein Herumirren, hungrig und fast verdurstend im Vomper Loch, haben ihm die Befriedigung verschafft: „dort kenn' ich jeden Zacken und keiner kennt ihn als ich", für ihn war das das einzige Resultat seiner Entdeckungsreisen geblieben. (F.Schmitt).

Seine abenteuerlichen Ausflüge unternahm er mit einfachster Ausrüstung: grobe Schuhe, eine Art Steigeisen für das steile rutschige Gelände, ein langer Bergstock. In seinen Rucksack packte er Fernglas, Feuerzeug, Trinkbecher, Farbfläschchen und Pinsel, um auf die Gipfelfelsen seinen Namen zu malen, eine Pistole für das Notsignal, Kaffeemaschine, Spiritus, Liebigs Fleischextrakt, ein Giftfläschchen, als „letzten Trost", wenn er einmal unrettbar abstürzen sollte., (F.Schmitt). Sein Denkmal steht auf dem kleinen Ahornboden im Karwendel, sein Grab liegt in Afrika in Loanda.

Die jungen Innsbrucker im Karwendel

Im Karwendel sind um die Jahrhundertwende alle Gipfel mit Stangen, Visitkärtchen, Steinmauern und ähnlichem verziert. Jetzt kommen junge Bergsteiger aus Innsbruck, sie sind vor allem Kletterer, sie suchen ihren Erfolg in unbezwing-

baren Wänden und Graten. Zu ihnen gehören Otto Melzer, Otto Ampferer, W.Hammer, E.Spötl, M.Peer, H.v.Ficker, F.Hörtnagl, K.Forcher-Mayr, H.Schwaiger.

Der Brandjoch-Südgrat wird 1894 von H.Schwaiger und C.Santner erschlossen, eine Kletterei gerade über Innsbruck, bis heute beliebt bei jung und alt, mit dem Vorteil, daß man ihren Verlauf vom hinteren Küchenfenster aus vorher und nachher betrachten kann, als Kind leicht schaudernd, wenn man den Berichten des Bruders lauscht, mit Wohlgefühl den Berg betrachtend, wenn man selber oben herumgestiegen ist; man erfreut sich eines zweifachen Genusses, welcher nur bei den wenigsten Kraxeleien auch vom Küchenfenster aus zu haben ist. Den Nordgrat des Hinteren Brandjochs begehen O.Melzer, Spötl und Gef. im Jahre 1899. Dieser kann, obwohl ernster und schwieriger, in keiner Beziehung mit dem Brandjochgrat mithalten.

1899 erklomm Melzer den Mittleren Grubreisenturm, heute heißt er in Literatur und Volksmund Melzerturm. Damals als recht schwierig klassifiziert, ist er heute wenig begangen. Der Melzerturm, zu einem unbedeutenden Anhängsel nach der Begehung des Südturm-Südgrates degradiert, bietet eine sehr kurze, mit einer abdrängenden Stelle garnierte Kletterei.

Nach der erfolgreichen Saison 1901 (u.a. Solstein-Nordwand, Grubenkarspitze-Nordgrat) versuchten sich Melzer und Spötl noch Anfang Oktober an der Östlichen Praxmarerkarspitze. Die Nordwand, heute Melzerwand genannt, stellt eine der gefürchtetsten Karwendeltouren dar. Der Versuch der beiden endete tödlich.

Melzer brachte es auf 600 Bergfahrten, darunter 20 Erstbegehungen.

In diese frühe Zeit fällt eine besondere Begebenheit: zwei Maler aus München, O.Bauriedel und A.Holzer durchkletterten 1902 die Nordostwand/Schiefer Riß der Spritzkarspitze; immerhin III bis IV und eine Wandhöhe von 900 Metern, heute noch eine öfters begangene Route.

Die ersten Extremen: Otto Herzog und Angelo Dibona

Otto Herzog, von seinen Freunden „Herzog von Ladiz" genannt, ist der erste, der sich die großen Wände vornimmt. Wie ein Herzog hat er von der Ladizalm aus geplant und erobert:

Allein begeht er den Nordgrat der Grubenkarspitze, die Nordwestwand der Lalidererspitze.

Mit seinen Geschwistern Paula und Christian eröffnet er die schönste Karwendelkletterei im mittleren Schwierigkeitsbereich, die Nordkante der Lalidererspitze (1911), die heute noch relativ häufig begangen wird.

Herzog beginnt die Laliderer Nordwand zu erkunden und bezwingt die Schlüsselstelle, die „Ramboplatte", da muß er wegen eines Gewitters zurücksteigen, sein Gefährte zieht ab.

Da erscheint die Gruppe M. und G.Mayer, A.Dibona, L.Rizzi, und sie ersteigen die Wand auf dem vorgezeichneten Weg, er wurde zur bekannten „Dibona-Mayer".

Seinem Kletterkönnen gemäß suchte und fand Herzog nach dem Ersten Weltkrieg seine größte Herausforderung an den Wänden der Dreizinkenspitze. Mit Gustav Haber, später mit Bruder Willi, eröffnete er Wege im VI.Grad. Dort klettert aber heute kaum mehr einer. Nach der Herzogkante gelang ihm die wohl bekannteste Erstbegehung in der Schüsselkar/Wetterstein mit der „Fiechtl-Herzog" - wobei im üblichen Sprachgebrauch der Name Herzog immer vorangestellt wird, die Führe also immer die „Herzog-Fiechtl" bleibt.

Otto Herzog war der erste, der einen Stahlkarabiner benutzte, der „Herzog" erfreute sich einer langen Bergsteigerlaufbahn und brachte es auf 178 Erstbegehungen und 28 Erstersteigungen.

Die Schwierigkeiten der „alten Nordwand" der Westlichen Praxmarerkarspitze konnten erst 1922 durch die Müncher P.Diem, H.Schneider, K.Schüle, H.Theato überwunden werden.

Zehn Jahre später war die Zeit für den Meisterkletterer Mathias Auckenthaler gekommen: Direkte Anstiege durch die Nordwände beider Praxmarerkarspitzen waren für ihn kein Problem. Er stammte aus Mutters bei Innsbruck, von Beruf Kaminkehrer, turnte er Kamine hinauf und hinunter, auf den Dachfirsten wandelte er sicher und barfuß dahin.

Er hat eine klassischen Route im Karwendel erschlossen: die große Verschneidung in der Nordostwand des Kleinen Lafatscher (1930), VI-.

Mit Hannes Schmidhuber, einem Innsbrucker, durchkletterte er die Nordwand der Laliderer Spitze (VI-) auf neuem Weg, mit H.Frenademetz 1931 die Nordwand der Westlichen, mit H.Schmidhuber 1935 die der Östlichen Praxmarerkarspitze (VI).

Er stürzte 1936 in der Südwand der Schüsselkarspitze ab, nachdem er 1931 dort einen neuen Einstieg zur Südverschneidung gefunden hatte, ein tragischer Unfall. Ein ausbrechender Block bringt Hias zum Sturz und zermalmt das Seil. „Hias schlägt einige Male hart auf und verschwindet in der Tiefe." (Schilderung eines Tourengefährten nach F.Schmitt).

Den Namen „Karwendler" wählte eine Bergsteiger-Gruppe aus Innsbruck. Sie ist noch immer so elitär wie einst, zu ihnen gehörten bzw. gehören einige der besten Bergsteiger Tirols: Peter Aschenbrenner, Hermann Buhl, Hans Frenademetz, Rudl Seiwald, Hugo und Luis Vigl, Wastl Mariner und manche andere, deren Namen in der Ersteigungsgeschichte aufscheinen.

Die Arena der Dreitausender

Die Arena mit den großen Weiten, den Dreitausender Gipfeln, den Eiswänden, den hohen Jöchern, den langen, mit dem Samt der gepflegten Wiesen ausgekleideten Täler liegt im Süden unserer Stadt. Der erste, von dem wir sicher wissen, daß er einen hohen Gipfel, „den höchsten in Europa", in den Stubaier Alpen bestiegen hat, war Kaiser Maximilian. Welcher Gipfel, ist unbekannt. Für den kaiserlichen Jagdherrn gab es reitbare Wege in fast alle Täler südlich von Innsbruck. Ortschaften und Wildbestände lagen in seiner Reichweite.

Viele Berge und Jöcher waren um 1500 begangen, die Wälder durchstreift, das Gelände erkundet.

1429 war am Nordfuß der Serles die beliebte Wallfahrtskirche Maria Waldrast entstanden. In der zweiten Hälfte des 18.Jahrhunderts wanderten bis 40.000 Leute dort hinauf. Bergsteiger, Wanderer, Gläubige, Rodler, Langläufer sind es heute. Manche fahren auf der Mautstraße zur Waldrast; dort ist dann der Ausgangspunkt für den nachmittäglichen Berglauf.

Wilde Leck (3361m) *mit Sulztalferner (Stubaier Alpen)*

Hochfernerspitze (3463m) Nordwand mit Griesferner von der Rotbachl-spitze (2897m); Zillertaler Alpen

Britannia first

Als Reisende in und um die Alpen waren Engländer vorne. Von Lord Byron wird berichtet, daß er dorthin reiste, mit sieben Dienern, fünf Kutschen, neun Pferden, einem Affen, einem Hund, zwei Katzen, vier Pfauen und einigen Hühnern (H.C.Heidrich).

In Chamonix kreuzten sie als erste auf, es waren Pococke und Windham, 1741, lange vor der Montblanc Ersteigung (1789).
Stets höflich, von immer gleichbleibendem Gemützustand, trugen sie ihren Sportgeist und ihre Erobererlust nach dem Kontinent, bezahlten ihre Führer und Träger gut und waren als Touristen beliebt und willkommen.
In England war die Bewegung „Zurück zur Natur" schon vor Rousseau erwacht, die Flucht hinweg von der Kultur in die unverdorbene Natur begann, vor allem für die Reichen und Müßiggänger. Daniel Defoe schrieb 1719 seinen Roman Robinson Crusoe, die Geschichte des ersten Abenteurers.

Um die Mitte des 19.Jahrhunderts brachen sich die Wellen dieser neuen Lebenshaltung an unseren Dreitausendern:
Ein Führerwerk, „Sight-seeing in Germany and Tyrol" von John Forbes erscheint 1856,

Im 16. Jahrhundert blühte der Bergbau, im 18.Jahrhundert hatten das Stubai, das angrenzende Ötztal und Zillertal bereits einen guten Namen und Besucher von höherem und auch niedrigerem Rang kamen; Geographen, Vermesser gingen bis in höhere Regionen: der Botaniker Hargasser drang am 20.September 1821 fast bis zum Gipfel des Schrankogel vor. Dort traf er allerdings auf keine Vegetation mehr. 1840 bestieg Pfarrer Schöpf aus Sölden den Schrankogel.

Zwischen 1830 und 1840 waren Ludwig Schneller, Arzt in Mieders, und Ludwig Heufler aus Hohenbühel im Stubai unterwegs, ihr Interesse galt den Pflanzen und Heilpflanzen, dabei besuchten sie mehrere Gipfel des äußeren Stubais (Serles) und wanderten in die innersten Täler.
Peter Carl Thurwieser, aus Kramsach/Unterinntal, als Theologe in Salzburg, bestieg 1833 die Ötztaler Wildspitze (als erster Tourist) und den Similaun, den Strahlkogel, 1836 die Nockspitze, den Lüsenser Fernerkogel, den Habicht und den Schrammacher. Er betrieb das Bergsteigen als Ausgleich für seinen geistlichen Beruf.

1865	Die bekannten Alpinisten F.F.Tuckett und F.A.Y.Brown (mit Schweizer Führern) besteigen den Schrankogel über den Ostgrat
1865	bestiegen G.H.Fox, D.W.Freshfield, F.F.Tuckett mit Begleitern/Führern den Großen Möseler, 3418 m
1869	versuchen Engländer eine Ersteigung des Pflerscher Tribulaun

37

1872	betraten W.H.Hudson, C.Taylor, R.Pendlebury mit den Führern Gabriel Spechtenhauser und dem Steinklauber Josele (Georg Samer) den Turnerkamp, 3418 m
1872	überschritten dieselben das Löfflerjoch
1880	stand R.Starr mit J.Eberl auf dem Gipfel des Fußstein, 3381 m
1890	finden wir M.Leigh-Clare mit M.Schweiger an der Stubaier Wildspitze, sie begehen als erste den SO-Grat.

Ein fettes Murmeltier

Trotz Erschließung neuer Verkehrswege blieben Reisen in die Alpentäler bis zum Beginn unseres Jahrhunderts ein mühseliges Unterfangen. Ludwig Purtscheller mußte am 24.August 1886 um 2 Uhr früh von Neustift aufbrechen, um den Gipfel des Schrandele, 3393 m, um 12 h 30 über den Nordgrat zu erreichen; eine gute Leistung, der Grat (III) war nicht gerade eine gemähte Wiese.

Die Überschreitung des Bildstöckljochs (die Verbindung zwischen Stubaital und Ötztal) kostete Dr.Th.Petersen am 25.September 1871 einige Nerven und den Führer Andreas Pfurtscheller aus Ranalt einige Stücke Haut an den blutig geschundenen Händen und mehrere Beulen am Kopf. Der Ander war knapp unter dem Joch in eine Spalte gestürzt, er konnte sich ein Stück an der Innenwand der Spalte emporarbeiten, „mit dem Messer Stufen machend", dann aber wurde der Spalt breiter. „Auf die Frage, was denn nun zu thun, antwortete Anderl: Nehmen Sie vor Allem einen recht tüchtigen Schluck aus der Flasche, denn es gibt noch harte Arbeit." Erst nach langwierigen Bemühungen konnte Ander wieder ans Tageslicht befördert werden. „Herr S.meinte, man werde besser thun, zurückzugehen, Anderl fand dazu keine genügende Veranlassung" (G.Gröger).

Aus einem Bericht über eine Alpenpaßüberquerung lesen wir: „Wir mochten etwa einen Weg von drei Stunden gemacht haben, als die Führer uns sagten, wir müßten nun auf sieben Stunden

Getränke-Angebote aus einer Einladungskarte zum Alpenvereinsfest im Februar 1905

kein Dorf mehr erwarten ... abends nach vier entdeckten wir ... eine Sennhütte in dichtem Nebel. Es war ein Palast für uns, die wir seit zehn Stunden auf der Straße waren und keine eigentliche Mahlzeit gemacht hatten. Zwei Mannspersonen, die wir darin fanden, suchten Holz und Reiser zusammen, die sie mit vieler Mühe herauftrugen, und nie war mir ein Feuer willkommener. Sie hatten kein Brot und auch sonst nichts ... sie boten aber mit viel Gutherzigkeit alles an, was sie hatten, und das war ein fettes Murmeltier, das sie auf einem Brett aufgespannt zeigten und braten wollten. Uns allen schauderte vor dem Gedanken, ohne Brot von so einem Tier zu essen, das fast ganz aus Fett bestand." (R.Oppenheim)

So angenehm wie Lord Byron reisten die wenigsten Alpentouristen.

Wissenschaftler und Bergsteiger

Wissenschaftlich und touristisch tätig waren die Professoren Ludwig von Barth und Leopold Pfaundler, sie verfaßten die erste Monographie der „Stubaier Gebirgsgruppe" (1865); auf vielen Gipfeln standen sie als erste Touristen: 1863 bestiegen Pfaundler und Gef. die Pfaffenschneid, „die Priorität der ersten Ersteigung des höchsten Stubaier Gipfels", des Zuckerhütls, verlor er. Das Zuckerhütl trug eine Nebelhaube, „fürchtend, daß wir dort keine Messungen machen könnten, wenn der Nebel sitzen bliebe, verblieben wir auf der Schneide und machten viele Messungen." U.a. bestieg er in diesem Sommer die Östliche Seespitze.

Bei seiner Ersteigung des Brandjoch im Jahr 1859 hißte Pfaundler am Gipfel eine Fahne, die ihm zur Beobachtung der Windrichtung dienen, sollte. Im Schwimmbad von Büchsenhausen ließ er danach eine Bemerkung fallen: Ein „Kothlackler" stieg flugs ebenfalls zum Gipfel, er machte aus Pfaundlers Fahne Fußfetzen (35.Jahresbericht 1893-1928 des AAKI).

Beim Rotmoosferner im nahen Ötztal erbaute er ein Hüttchen, um das Fortschreiten des Gletschers zu beobachten, „bis eine Muhr uns während der Nacht die Hütte zerstörte und uns nach Gurgl vertrieb".

Er siedelte sich 1862 in Volderau an und bestieg dort zahlreiche Gipfel, querte Gletscher und Jöcher.
Die wissenschaftliche Untersuchung des Karl von Sonklar, „Die Ötztaler Gebirgsgruppe mit besonderer Rücksicht auf Orographie und

Zwei Kletterer auf den Grubreisentürmen fotografierte Otto Melzer vor der Jahrhundertwende mit seiner schweren Großformat-Plattenkamera.

Gletscherkunde, nach eigenen Untersuchungen" erschien 1860. Uns beschäftigen die Zusammenhänge zwischen Gletscherstand und Witterung noch immer. Carl Gsaller hat zwischen 1882 un 1894 die Berge südlich von Innsbruck erforscht und beschrieben. Ein dicker Band, worin man alles Wissenswerte über das Stubai findet, erschien 1891 in Leipzig. Wir erfahren aus Gsallers Bericht, daß in den vergangenen zwei Jahrhunderten, so weit reicht außer einzelnen Dokumenten die schriftliche Überlieferung zurück, Lawinen, Hagel- und Wasserkatastrophen das damals sehr arme Tal heimsuchten:

„Überschwemmung vom 1.August 1873.
Nach einer schwülen Nacht brach am 1.August gegen 6 Uhr Abends ein furchtbares vom Hagel begleitetes Unwetter los, das sich vorzüglich gegen den Oberberg hin entlud ... Muren und tobende Seebäche stürzten in den Talbach und stauten ihn ... Unter Gekrache und Getöse, das den Donner weit übertönte, wälzte sich der Oberbergbach als ein Ungethüm von zähem Schlamm mit Holzmassen und riesigen Steinen ins Haupttal auf den Weiler Mieders zu... Im Oberberg verschwanden indessen die Brücken, wo sonst der Weg sich befand, tobte nun der Bach ... . Weiter

brach zur gleichen Zeit bei der Kirche in Neustift im Bachertal ... eine mächtige Mure los ... und sich über Felder und auf die Häuser mit solcher Schnelligkeit stürzte, daß ein Bursche, der die Kelleröffnung verrammeln wollte, nur mit Zurücklassung eines Stiefels und des Mantels mit einem kühnen Sprung sich retten konnte...,,.

Gsallers Aufzeichnung listet von 1772 bis 1890 an die dreißig größere Verwüstungen durch Muren und Überschwemmungen auf, die Schäden durch abgehende Lawinen sind dabei nicht erwähnt.
Unter dem Kapitel über Pflanzen und Tiere findet man den Bericht über eine meterlange schwarz-weiße Schlange...

Ludwig Purtscheller

Ludwig Purtscheller aus Innsbruck (1849-1900) trampte in den sechsundzwanzig Jahren seiner aktiven Bergsteigertätigkeit von Tal zu Tal, von Berg zu Berg. Die Anzahl der von ihm bestiegenen Gipfel hat kein anderer erreicht, es waren an die 1700.
Er wurde zum besten Kenner der Ostalpen. Hier gelangen ihm zahlreiche Erstersteigungen. Im Stubai beging er bereits 1877 den Nordgrat des Lisenser Fernerkogels im Abstieg, später u.a. als erster 1880 den Hinteren Brunnenkogel, 1890 Nördliche und Mittlere Kräulspitze. Im Sommer 1887 bestieg er im Stubai allein innerhalb von zwölf Tagen Dutzende von Gipfeln, im Sommer 1890 im selben Gebiet in drei Wochen 40 Berge. Im Karwendel war er ebenso präsent wie in den übrigen Alpengebieten. Die sportliche Seite allein wollte er nicht betont wissen, für ihn zählte das Ken-

nenlernen der Bergregionen, er schwelgte im Naturgenuß: „Und wenn die untergehende Sonne die weißen, kahlen Fronten der Kalkzinnen vergoldet, wenn die alten, wetterdurchfurchten Gestalten in tief kohlen-glutroter Beleuchtung erglänzen, wenn hell lodernder Feuerschein auf den Bergen liegt - dann fühlen wir so recht die Größe, den bestrickenden Zauber, den wunderbaren Reiz dieser Bergwelt".

Ludwig Purtscheller besaß die Eigenschaften, die sich jeder von seinem Bergpartner wünscht: nie ermüdende Leistungsfähigkeit, Geschicklichkeit in Fels und Eis, Mut, aber auch Besonnenheit, Orientierungsfähigkeit, Bescheidenheit, Hilfsbereitschaft. In kritischen Situationen fand er aufmunternde Worte und wußte sofort, was zu tun war; mit seinen Unternehmungen prahlte er nicht, er redete, außer mit seinen Tourenkollegen, nie darüber, „er wählte den schlechtesten Platz am Herdfeuer, den exponiertesten beim

Die Hafelekar-Seilbahn wurde in den Jahren 1927/28 gebaut und ermöglicht im Sommer wie im Winter einen günstigen Zugang ins Karwendel.

Biwak ... war überhaupt durch keinerlei Widerwärtigkeit aus seiner guten Stimmung zu bringen..." Tragisch war sein Bergunfall: der sichere Geher, der oft allein, führerlos unterwegs gewesen war, wurde nach der Ersteigung der Aiguille du Dru durch den aus seinem Stand stürzenden Führer - dem war der Pickel beim Einstoßen ins Eis abgebrochen - in eine Spalte gerissen und schwer verletzt. Das geschah am 23.8.1899. Er starb an den Folgen dieser Verletzung ein halbes Jahr später.

Die Epigonen

Die meisten Gipfel unserer Bergregion waren nach der Jahrhundertwende bestiegen. Weitere Aufgaben ergaben sich durch das Begehen der Grate und Wände. Viele haben sich damit einen Namen gemacht:
H.Delago,   J.Pock,   B.Tützscher,   C.Wechner, K.Hagspül,   G.Pfeifer,   F.Miller,   L.Treptow, G.E.Lammer, O.Ampferer, O.Melzer, um nur einige unter den frühen Bergsteigern zu nennen.
In den Wänden des Goldkappl und dessen Türmen, am Pflerscher und Gschnitzer Tribulaun, in der Serles, in den Wänden der Ilmspitzen, des Elfers, der Elfertürme wurde und wird geklettert.

Le glacier nommé Alpeinerferner.

Quelle: Stadtarchiv

Nicht zu vergessen die Eiswände des Olperer (Eisweg, W.Mariner und Cilli Dejaco, 1940), auch Hochferner und Hochfeiler, mit ihren langen Graten und Wänden, Fußstein, Sagwand und Sagzahn müssen hier genannt werden. Hier hat die Erschließung bis in unsere Zeiten angedauert. Wie in den großen Wänden im Norden der Stadt haben auch die

Besten der Kletterzunft Spur und Namen zurückgelassen, und - die Schwierigkeiten immer noch steigernd - ein Limit gesetzt, das viele frühere Unternehmungen in ein alpines Nähkästchen verbannt.

Die langen Schatten - Bergrettung
Praxmarerkarspitze 1901

In der Praxmarerkar-Nordwand gibt es keinen Rettungsversuch für O.Melzer und E.Spötl, die in Bergnot geraten waren.
Am 6.Oktober 1901 waren die beiden in leichter Bekleidung - es herrschte warmes Föhnwetter - eingestiegen. Ein Wettersturz folgte in der Nacht. Hatte es noch am Abend in Innsbruck 20 Grad Wärme, schneite es am nächsten Tag bis auf 1000 Meter herab. Um die Wand tobte ein fürchterlicher Schneesturm. Ein Jäger hörte die Hilferufe, konnte sie nicht deuten. Was sich weiter ereignet hat, wissen wir nicht. Spötl wurde mit einem 15 m langen Seilrest tot am Fuß der Wand gefunden. Erst am 18.August 1902 entdeckten Grissemann und Berger, die Freunde der beiden, den toten Melzer an einer unzugänglichen Stelle der Wand. „Unser Freund hatte sich an einem Mauerhaken und einem Felszacken angeseilt und in schlafender Stellung, den Kopf zurückgelehnt, den Tod erwartet." (zitiert nach F.Schmitt).

Praxmarerkarspitze 1921

An der Nordwand der Westlichen Praxmarerkarspitze verbringen 1921 Karl Aichner, Luis Netzer und Konrad Schuster, Mitglieder der alpinen Gesellschaft „Gipfelstürmer" ein unfreiwilliges Biwak bei Schnee und Kälte, nachdem sie bereits 17 Stunden geklettert waren. Ein Sturz Netzers hatte ihr Vordrängen jäh gestoppt und auch ihren Rückzug unmöglich gemacht: bei dem Sturz war ihr gesamtes technisches Material in Verlust geraten. Drei Tage saßen die Männer in der Wand fest, ohne Nahrung, ohne Wasser, ohne irgendwelche Biwakausrüstung. Zeitungspapier dient als Wärmeisolierung gegen die Kälte.

Am dritten Tag hofften sie, daß Freunde, wie vereinbart, von Innsbruck kommen würden. Ein Jäger konnte durch Zurufe verständigt werden. Aber eine vierte Nacht mußte überstanden werden. Inzwischen bemühten sich zwanzig Männer, vom Gipfel aus zu den Verunglückten zu gelangen. Erst am siebten Tag gelang es, die Kletterer lebend aus den Felsen zu holen. Die erste geglückte Bergrettung in einer so schwierigen Wand! Bisher hatten Freunde, die Mitglieder der alpinen Klubs, für die Rettung und Bergung ihrer Mitglieder Sorge getragen. Nun traten organisierte Bergrettungsinstitutionen auf den Plan (zitiert nach F.Schmitt).

Laliderer Nordwand
(1931 und 1979)

1939 barg eine große Rettungsaktion - Leiter Wiggerl Gramminger - zwei Kletterer aus der Laliderer-Nordwand. Am nächsten Tag kamen die Retter durch die Dibona-Mayer-Führe zu den beiden heran, die, an Haken gesichert, auf einer schmalen Leiste kauerten. Die Felsplatte unter ihnen war „auf fünf Quadratmetern im Umkreis mit Blut gefärbt„ (zitiert nach F.Schmitt). Gramminger verwendete zum ersten Mal in dieser Situation seinen von ihm konstruierten Trag- und Abseilsitz. Mittels Seilgeländer und diesem Sitz, den sich Gramminger selbst umschnallte, gelang die Rettung. Die aufwendigste Rettungsaktion fand ebendort im Jahr 1979 statt. Zwei

Die Methoden der Bergrettung wurden im Laufe der letzten Jahrzehnte erheblich verbessert.

leicht ausgerüstete Kletterer blieben infolge eines Wettersturzes im Juni in der Schmid-Krebs 400 Meter über dem Wandfuß hängen. Es standen drei 800 m Stahlseile zur Verfügung. Aber wegen des schlechten Wetters konnte der Hubschrauber zum Transport des Berge-Stahlseils auf dem Gipfel nicht eingesetzt werden. Am Gipfelgrat war der Schnee zwei bis drei Meter angeweht. Akute Lawinengefahr bestand für die aufsteigenden Mannschaften, die aus Scharnitz, Seefeld, Innsbruck, Hall und Leutasch zusammengekommen waren.

Zwei Tage lang versuchten sie, durch Abseilen zu den Burschen hinabzugelangen. Zwei der langen Spezialseile mußten zurückbleiben. Am vierten Tag seilten sich K.Hoi und W.Sucher nochmals ab. Zwei Stunden später hatten sie die noch Lebenden gefunden und nach einer weiteren Stunde gerettet. Klaus Hoi bezeichnet diese Aktion als „eine der schwierigsten und aufwendigsten Rettungsaktionen in den österreichischen Bergen". (zitiert nach F.Schmitt).

Noch immer zu haben: große Wände

Jede Zeit findet ihre Herausforderung. In den Laliderer Nordwänden haben sich die besten unter den Kletterern ab 1930 die Zähne ausgebissen.

Toni Schmid und Ernst Krebs eröffneten 1920 die „Schmid-Krebs", (VI-/A0), einen der großen, noch immer aktuell-großartigen Laliderer-durchstiege. Hias Rebitsch, der Superkletterer, war hier von den dreißiger Jahren bis in die späten vierziger Hausherr:

1937 gelang ihm der Direktdurchstieg zum Lalidererspitz-Gipfel, (Unterer Teil mit S. .Spiegl, oberer Teil mit K.Rainer)

1947 die Nordverschneidung mit F.Lorenz, Schwierigkeiten bis VII
Auch noch unberührte Wandzonen der Laliderer fanden ihre Bezwinger:

1966 die Erdenkäufer/Sigl Route (links der Schmid-Krebs)

1976 der Klaus-Werner-Gedächtnisweg (noch weiter links davon).

1977 durchstiegen H.Mariacher und Peter Brandstätter die Plattenzone (Großer Plattenschuß) rechts der Rebitsch-Verschneidung: „Charly Chaplin", VII.

1981 kletterten L.Rieser und H.Schmalzl eine Verbindungs-Führe zwischen Auckenthaler und Charly Chaplin,VI: „Hias Chaplin".

1979 R.und G.Pickl überstanden ihren „Alptraum" von 20 Stunden in der Laliderer Wand, VI+/A3, VI/A2, zwischen Dibona-Mayer und Schmid-Krebs.

Auch in den hochalpinen Wänden der Nordkette wurden bis in die jüngste Zeit neue Routen eröffnet, so z.B. die Westwand der Kumpfkarspitze („Neue Westwand,"), die 1984 von W.und H.Klier in schnurgerader Linie in festem Fels durchstiegen wurde.
Die Kumpfkarspitze mit ihrer quergestellten Mauer, von weitem als silbergraue kanellierte Säulen- und Pfeilerflucht zu sehen, hat damit einen Durchstieg gefunden, der mit IV+/V- (400 Höhenmeter) zu den schönsten Touren im Umkreis von Innsbruck zählt.
Die ausgedehnten Nordwandfluchten der Speckkarspitze machten den Halleranger zum Klettererdorado. So ziemlich alles, was nach 1945 Rang und Namen hatte, versuchte sich an diesen Wänden, die wie eigens für Kletterer gemacht zu sein scheinen.
Neben den Kletterrouten (u.a.Pechverschneidung, Buhldurchschlag, Burattipfeiler, Jungmannschaftsriß, Tschechenplatte, Tacitus), bekamen die verschiedenen Wandabschnitte der 2 km langen Felsflucht ihre Namen: Nordwesteck mit Flötenturm, Schnitlwände, die eigentliche Nordwand mit Überschallwand und Hallerangerwand. Von der Seilschaft E.Streng/W.Purtscheller, 1945, Gombocz/Vigl, 1946, H.Buhl/L.Vigl, 1947, K.Pittracher/H.Buratti, 1958, über W.Spitzenstätter / K.Schoißwohl, 1963, F.Kuen/W.Haim, 1964, F.Sint/A.Meßner, 1977, M.Kienpointner/H.Klier, 1978, S.Jöchler/G.Valtingojer, 1981, A.Orgler/ M.Schell/M.Orgler und M. Orgler/F.Larcher, 1981 und 1982, bis H.Zak, 1982, sind alle bedeutenden Klettergrößen der letzten Jahrzehnte hier verewigt.

Die Erschließung findet aber nicht nur im Karwendel, sondern auch im Wetterstein und in den

Im Jahre 1950 entdeckte Toni Gaugg, Erbauer der Pleisenhütte (1757 m), im Karstgebiet der Pleisenspitze (2569 m) im Karwendel, Schächte und Höhlen. In der Vorderkarhöhle wurde das Skelett eines Elchkalbes, das ca. 10.000 Jahre v. Chr. lebte, gefunden. In den Folgezeiten wurde die Tiroler Höhlenforschung intensiviert, die Hundsalm Eishöhle im Inntalkamm bei Wörgl zugänglich gemacht und eine mehr als 1,5 km lange Höhle beim Spannagelhaus (2531 m) in der Olperergruppe erforscht.

Stubaier Bergen statt, wo immer sich geeignete, noch unbegangene Wände vorfinden, u.a.: Ilmspitzen, Elfer und die zahlreichen Wände der Kalkkögel.

Über die erste Begehung des Habicht-Nordgrates im Jahre 1901 schrieb O.Ampferer:

„Die größten Mühen und Fährlichkeiten (im IV. Grad, über 10 Stunden von der Karalm) unserer Aufgabe lagen jetzt hinter uns, und der Gipfel des Habicht stand nahe und glänzend ... vor uns ... wundersam und entzückend war die Wanderung am Rande dieses Firndaches ... über den wir rasch gegen den Gipfel hinschritten ...". Von der Erkletterung des Südwestgrates der Innersten Ilmspitze kamen am selben Tag, es war der 30.Juni 1901, K.und H.Grissemann, O.Melzer, E.Spötl, abgekämpft, mit „nassen, abgeschundenen Seilen und Kletterpatschen" zurück zur Karalm, derweil Ampferer bereits beim vom Senner fachmännisch zubereiteten Milchmus saß.

Heute ist die Melzer-Spötl-Führe identisch mit dem neuen Ilmspitz-Klettersteig.

An der Kalkwand und an den Ilmspitzen hat vor allem Andi Orgler mit Gef. oder allein (M.Orgler, Angelika Stern, F.Larcher) den VI bis VII Grad erklommen, pars pro toto: Miß Pinnis, bis VII (fester Fels!!) 1982, United Artists, bis VII, 1982.

Und mit den Schwierigkeiten von IV - VII, VIII turnen sie bis zum jetzt erreichbaren Kletterhimmel.

Im Wetterstein hat die Natur zwei besonders schöne Kletterberge geschaffen: Scharnitzspitze und Schüsselkarspitze.

Schon 1898 erkletterte der unternehmende O.Ampferer diese beiden Berge über ihre Grate.

Die guten alten Wege durch die Scharnitzspitze Südwand, die „Leberle" (Leberle/A.Schulze, 1905) und die „Hannemann" (Hannemann/Hoesch, 1920), sind noch immer überaus beliebt, beide fast solide Damen-Touren.

Die erste große Route durch die Schüsselkar-Südwand zog die Seilschaft Fiechtl/Herzog, 1913, noch vor der Spindler-Führe, 1927. In den dreißiger Jahren begann die Extrem-Erschließung in diesen beiden Südwänden: Schüsselkar, Direkte Südwand durch Aschenbrenner/Rainer, 1939. Scharnitzspitze, Direkte Südwand, „Spitzenstätterführe", 1957. Scharnitzspitze, Eberharter/Streng, 1946. Schüsselkar,

Karwendel:

Laliderer Wand. — Zweite Begehung der direkten Nordwand (Schmid-Krebsroute) am 15. August 1932 durch Rebitsch Hias und (Adi Meusburger).

Laliderer Nordwand.
(Schmid-Krebsroute, 2. Begehung.)
Von Hias Rebitsch.

Zum erstenmal sah ich sie vor ein paar Jahren — als „Tourist". Neuschneeüberzuckert, von Nebelschwaden umbrandet, eine düstere, abschreckend wilde Mauer. In dieser Stimmung sah sie unnahbar aus und das Knattern und Summen des Steinschlags warnte vor jeder Annäherung. Und diese Wand sollte schon durchklettert worden sein? Mir graute. — Vor zwei Jahren, als ich zu klettern begann, sah ich sie wieder. Diesmal heller Kalk in grellem Sonnenschein, immer noch abschreckend, immer noch Warnung, doch unwiderstehliche Lockung zugleich. Aber ein mir unerreichbar scheinendes Ziel. — Voriges Jahr im August wurde es Ernst. Mittags, bei großer Hitze zog ich per Rad von Brixlegg los, in der Nacht kam ich in der Falkenhütte an. Adi Meusburger war von Scharnitz hereingetippelt. Obwohl noch einige Bergkameraden anwesend waren, konnte keine Fröhlichkeit aufkommen, hatte doch heute die Wand ein Opfer gefordert. Infolge Ueberfüllung der Hütte war von Schlaf keine Rede.

Ein richtiger Klettermorgen brach an.

Um 9 Uhr stiegen wir ein. Ich habe schon das Kletterfieber, dieses leise Fiebern nach dem Unbekannten, nach den Gefahren und Schwierigkeiten, die uns erwarten. — Eine riesige 150 Meter hohe Verschneidung durchreißt den ersten Wandgürtel. Mit einem Ueberhang beginnts eigentlich schon. Durch Kaminstücke, über Platten, brüchige Wandstellen und Verschneidungen arbeiten wir uns flott empor. Brüchig gelb und grau ist der Fels. Eng, glatt und überhängend wird die Verschneidung. Der erste Stift fährt ins Gestein. Ich quere ausgesetzt rechts heraus, dann gehts schon zünftig gerade hinauf und im Verschneidungsgrund weiter.

Ein gelber, ungemein morscher Ueberhang versperrt mir den Weiterweg. Ich könnte ihn durch einen Plattenquergang links umgehen. Doch da sticht mich der Hafer, ich lasse mich in dieser Wand zum ersten-

Aus: 40. Jahresbericht des AAKI, 1932/33

Südostwand, Peters/Haringer, 1934 u.a.m.
So wurde in diesem Gebiet bis 1939 die Sechser-Zone erreicht.

In den siebziger Jahren begann hier die Renaissance des Freikletterns. Es wurden nun die großen Führen ganz oder teilweise Rotpunkt begangen, gerade in diesen Wänden kein Wunder: guter Fels, südliche Lage, gute Abstiegsmöglichkeiten. Dazu kamen neue, wie z.B. in der Schüsselkar: "Hexentanz" Zak/Leis, 1980, bis VII, "Bayerischer Traum", Heinl/Gilgenrainer, 1980, VI+, "Morgenlandfahrt", Schiestl/Rieser, 1979, VI - VII, "Locker vom Hocker", Albert/Güllich, 1881, VIII.

Eine Verbindungsvariante zur Fiechtl/Herzog, A.und M.Orgler, VII, VII-. Eine "Heiße Nummer" von Beulke/Gilgenrainer, 1982, ebenfalls VIII. Auf weiteres darf man gespannt sein.

Winterbergsteigen

L.Purtscheller bestieg im Winter 1882 die Speckkarspitze und den Hochnißl. Bereits vorher unternahmen Julius Pock und Kameraden Wintertouren im südlichen Karwendel, wie aus seinem Beitrag im Abschnitt "Karwendel" zu entnehmen ist.

In den dreißiger Jahren unseres Jahrhunderts entdeckte man neuerlich das Winterbergsteigen. W.Mariner und P.Aschenbrenner überschritten im Jänner 1938 die Bettelwurfkette.

Schwierigkeiten der Route an sich und die Schwierigkeiten durch die Witterung bedeuteten die Herausforderung, die die Bergsteiger in den Karwendelwänden fanden.

Hier nur einige der über zwei Dutzend Winterbegehungen:

H.Klier/W.Gruber: Gerade Südwand auf den Hechenberg bei Innsbruck am 31.1.1947. H.Buhl/W.Gruber: Herzog-Kante, 1948. Manfred Bachmann/K.Stöger, Schmid/Krebs vom 21. bis 23.Dezember 1951.

H.Buhl/J.Knoll, Gratüberschreitung über 25 Gipfel der Gleirschkette, 1948. W.Larcher/K.Wagner, Bettelwurf Gerade Nordwand, März 1961.

R.Walter/H.Wagner, Laliderer Gerade Nordwand (Rebitsch), 23. bis 25.Jänner 1964,

W.Haim/F.Oppurg, Speckkar-Nordwand-Binderführe, Februar 1977.

Grate und Wände der Kalkkögel wurden ebenso

2. Bemerkenswerte Bergfahrten.

Lechtaler Alpen:

Maldongrat (2552 m). — Erste Wintererfteigung durch Hans Pircher, (Pert Fankhaufer und Lois Rehaček) im März 1935.

Wetterstein:

Schüffelkarfpitze (2538 m). — Erfte Winterbegehung der Südverfchneidung am 4. April 1934 durch Hias Rebitfch und Guftav Radinger.

Karwendel:

Martinswand. — Dritte Durchkletterung am 12. November 1934 durch Hias Rebitfch und Felix Pircher.

Schüffelkar-Südverfchneidung.

(1. Winterbegehung).

Von Hias Rebitfch.

Oftern trafen wir uns auf der Erinnerungshütte: Hans Frenademetz, Guftl und meine Wenigkeit. Statt jeglichen Trainings hatten wir mächtigen Auftrieb mitgebracht.

Die Südverfchneidung, fie fchaute nicht nach Winterbegehung aus. Blauer Himmel, lau die Luft und die Wand leuchtete fo warm im grellen Sonnenfchein. Nur winzige Schneeflecken lagen darin.

Ueber die fteilen Hänge des Puiten, die teilweife fo trügerifch aber waren und doch fo voll verborgener Tücken, ftapften wir erft fpät am Vormittag zum Einftieg: Auckenthalerriß. Er fah verdammt eng, glatt und fteil aus. Uns war nicht wohl zu Mute. Zweifelnd prüften wir ihn, während wir uns rafch fertig machten. Nach einer ungemein eleganten, aber auch fchweren Seillänge gelangte ich zu einem halbwegs guten Stand. Hier trieb ich einen Haken ein, fo daß Hans und Guftl nachkommen konnten. Dann luftig links hinauf und Querung zu einem überhängenden Kaminftück. Wir zwängten uns durch, überkletterten die folgenden fchweren Wandftellen und kamen auf das leichtere Gelände des Spindlerweges. Ueber fchneegefüllte Rinnen gelangten wir unter den gelben Ueberhang. Ein fchöner Quergang brachte uns nunmehr zur Schlüffelteile unferer Route: Eine fenkrechte, glatte Platte, durchzogen von Rillen, weiter oben ein Graspolfter, von dem ein Riß weiterzieht.

Aus: 41. Jahresbericht des AAKI, 1933/35

45

Bergfahrt unter Expeditionsverhältnissen: Die erste Winterüberschreitung des Karwendels

In der Tiroler Tageszeitung berichtete Franz Sint über diese siebentägige Unternehmung im März 1969. Das Bergsteigertrio Josl Knoll, Klaus Gürtler und Franz Sint überschritt den Karwendelhauptkamm von der Pleisenspitze bei Scharnitz bis zur Fiechterspitze bei Schwaz.

im Winter begangen: Überschreitung des Schlicker Südturms durch K.Rainer und W.Mariner; Kleine Ochsenwand, Nordpfeiler/Auckenthalerführe, durch K.Schoißwohl und W.Spitzenstätter; die Kalte Kante durch H.Buhl und J.Knoll, um nur einige herauszugreifen.

Viele der größeren Gipfel rund um Innsbruck, über dem Stubaital, Wipptal, Sellrain werden im Winter häufig mit Skiern erstiegen, so u.a. das Brandjoch und die Rumer Spitze.

Das Winterbergsteigen bzw. -klettern wurde und wird vielfach dazu benützt, sich für größere Unternehmungen in den Weltbergen vorzubereiten.

Gehschule - Klettergarten

Laufen - sprich klettern - lernen die Innsbrucker Bergsteiger und andere seit vier Generationen am Höttinger Steinbruch.

Trotz vieler Versuche, anderswo durch Abputzen von Felsbrocken und Wandln Klettergärten zu schaffen, hat der Steinbruch seine Besucherzahlen immer noch steigern können. Mit dem Steinbruch in Hötting können sie alle nicht konkurrieren, schon was das Flair betrifft. An der Straße zur Hungerburg gelegen, auch zu Fuß über einen Steig von der Stadt aus zu erreichen, weist er ab Schwierigkeit IV beinahe alles auf, was das Kletterherz begehrt:

Eine 40 m hohe Brecciewand, Quergänge in Bodennähe, gut und speckig geworden wie alles Alte, Sicherungsmöglichkeiten von oben. Seit 1983 gibt es auch Sicherungen in der Wand.

Am „Stoanbruch" findet man meist Gesellschaft, Zuschauer, Fachsimpelei, Unterhaltung und eben den Kletter-Sport.

Diese familiäre Five-o'clock-Stimmung kann man in den Klettergärten am Westfuß der Martinswand nicht so locker genießen. Nicht, daß es dort ernsthafter zuginge, nur gestattet das Gelände keinen Austausch von Bergsteiger-Höflichkeiten, es ist zu weitläufig; steiles Staudendickicht verhindert ein Picknick zwischen Seil, Schlosserei und Kinderwagen wie auf der wandumrahmten Wiese über Innsbruck.

Dafür gibt es an der Martinswand den AV-Klettersteig, großzügig angelegt, mittels Stahlseilen und Klammern fast kindersicher gemacht, nicht weit davon Kletterwände in allen Schwierigkeitsgraden. Im westlichen Teil, unmittelbar neben dem Schotterabbau, wurden ebenfalls Felsstellen zum Üben erschlossen.

Schlicker Ostturm (2550 m),

Schwierigkeitsgrade VI- -VI+ gibt es im oberen Stock. Beim Blättern im „Dschungelbuch", wo Monika und Gerti die „Damenwelt" u.a. eröffnet haben, stockt dem unbedarften Wanderer sowieso schon der Atem.

Zum Abschluß: das Stadion

Ein Sportstadion für fast jede Jahreszeit liegt ganz in unserer Nähe, die Wand der Wände, die Martinswand.
Seit H.Auckenthaler und H.Frenademetz 1932 die „Auckenthaler" (Südwandriß) gelegt haben, ist in dieser so auffälligen glatten Wand beinah keine Zone unbegangen geblieben.

Ist schon die Auckenthaler eine Route, die manch einem, wenn schon nicht das Fürchten, so doch das Keuchen lehrt, so haben es auch alle übrigen Wege in sich. R.Scherer berichtet in einem eigenen Kapitel dieses Buches darüber.

Die ganze Wand, eine unfruchtbare Felstafel, wo „die Erde nichts als Stein ist" (Leitgeb), die unsere bekannten Gegensätze von Schön und Schrecklich so augenscheinlich macht, ist das geblieben, was sie - und wie alle Berge ringsum - seit langer Zeit schon waren: Freude und Traurigkeit, Hochgefühl, Abenteuer, zuletzt das Scheitern.

Die leicht zugängliche Maximiliansgrotte schmückt ein Kruzifix des Bildhauers Johannes Obleitner.

Schrifttum und Anmerkungen

Akademischer Alpenklub Innsbruck (AAKI), 35.Jahres-
bericht 1893-1928. Alpenvereinsführer, Karwendel-
Gebirge, H.Klier, Bergverlag R.Rother. Alpenvereinsführer, Ötztaler Alpen, H.Klier/W.Klier, Bergverlag
R.Rother. Alpenvereinsführer, Stubaier Alpen,
H.Klier/W.Klier, Bergverlag R.Rother. Alpenvereinsfüh-
rer Zillertaler Alpen, H.Klier/W.Klier, Bergverlag
R.Rother. Ampferer, O., Bergtage, Bergverlag R.Rother,
1930. Barth, H.V., Aus den Nördlichen Kalkalpen, Bava-
ria Reprint, Süddeutscher Verlag, München 1984 (Am-
thor, Gera 1874) Bätzing, W., Die Alpen, Sendler Verlag,
Frankfurt/M. 1985. Gröger, G., Die Entwicklung der
Hochtouristik in den Alpen, 1890. Gsaller, C., Stubai,
Thal und Gebirg, Land und Leute, Verlag Duncker &
Humboldt, Leipzig 1891. Heidrich, C.H., Die Alpen,
Österr.Bundesverlag Wien, 1971. Oppenheim, R., Die
Entdeckung der Alpen, Verlag Huber, Frauenfeld und
Stuttgart, 1974. Prochaska, J., Tourenbuch I (1904-08)
und VI (1908-1910) Mein Vater, Dr.Josef Prochaska,
dessen Tourenbuch hier zitiert wird, lebte von 1888 bis
1974. Er war Bezirksrichter und dann Rechtsanwalt.
Neben aktiver sportlicher Tätigkeit war er mehrfacher
Tiroler Meister im Eiskunstlauf, Skitourengeher und
Bergsteiger, Fußballer und Leichtathlet. Tätigkeit in
verschiedenen Sportvereinen: Vorstand der Sektion
Innsbruck des ÖTK, Innsbrucker Eislaufverein, TWV,
AAVI. Der Akademische Alpine Verein Innsbruck (AAVI)
wurde im Jahr 1900 gegründet. Er hatte im Jahr 1910 an
die dreißig Mitglieder, heute ca. 100. Purtscheller, L.,
Über Fels und Firn, Bergwanderungen: F.Bruckmann
Verlag, 1901 Schmitt, F., Bergsteigen im Karwendel.
Episoden aus der Erschließungsgeschichte: In: Alpen-
vereinsjahrbuch 1981 Stolz, O., Kenntnis der Hochge-
birge Tirols vor dem Erwachen des Alpinismus; In:
Zeitschrift des DuÖAV, 1927.

*Die Illustrationen für das Lehrbuch für Bergsteiger von
Anton Tschon, das 1938 vom Alpenverein herausgegeben
wurde, stammen von Max von Esterle (1870 - 1957). Er
war als Maler und Zeichner sowie als Präsident des Tiroler Künstlerbundes jahrzehntelang ein selbstloser Förde-
rer der darstellenden Kunst.*

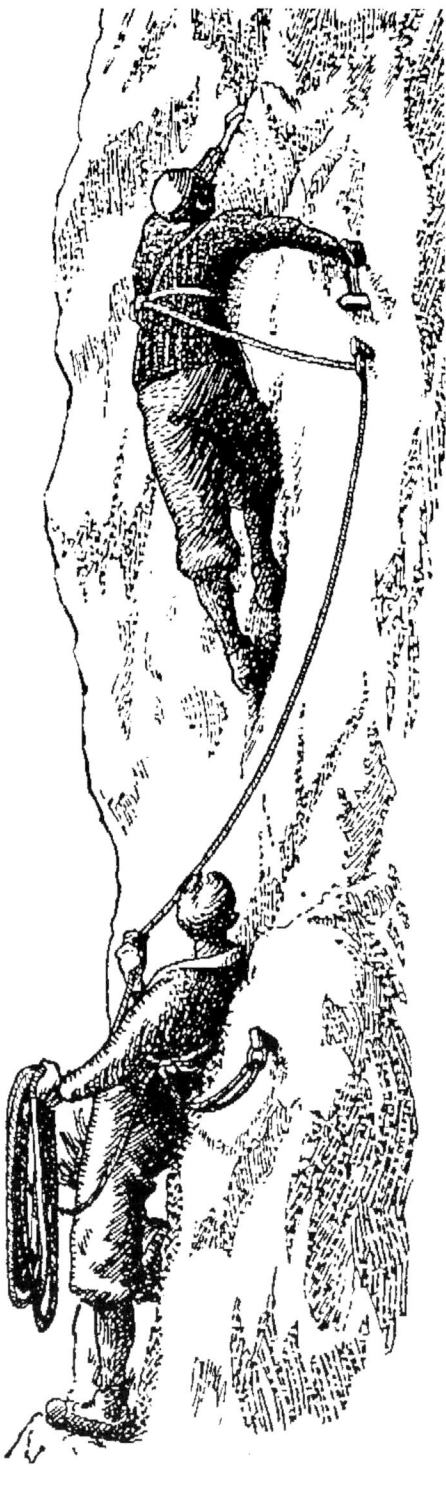

Hütten, Wirtshäuser und Almwirtschaften

Von Herbert Kuntscher

I m Prospekt „Karwendel... von Hütte zu Hütte", der die Stützpunkte zwischen der Nördlinger Hütte im Westen und der Lamsenjochhütte im Osten beschreibt, heißt es im englischsprachigen Kommentar: „Everywhere the customer is welcomed, in the gasthäuser of the valleys as well as in the „hütten" (huts) in extreme places, and everywhere food like „bergsteigeressen" or other tyrolean specialities are offered".

Welche eine Wandlung in einem Jahrhundert! Im Jahre 1859 wußte man, wie sich Prof.L.Pfaundler (1839-1920) erinnerte, „in Innsbruck sozusagen noch nichts über das, was hinter der Frauhütt war". Als sich der Karwendelerschließer Hermann von Barth mit dem Gebiet Solstein-Brandjoch zu beschäftigen begann, klagte er über das Fehlen eines Stützpunktes auf der Nordkette. Die Höttinger Alm ließe eine Übernachtung infolge des „mehr als tirolischen Schmutzes und dem ungastlichen Charakter ihrer halbwilden Bewohner, der nur

durch eine reichliche Branntweinspende zu besänftigen sein soll ... als nicht ausführbar erscheinen". Die Pioniere des Alpinismus führten ihre Unternehmungen vom Tal aus durch.

Ansichtskarte des alten Kaiser-Franz-Josef-Schutzhauses am Patscherkofel (1979 m); *ÖAV Sektion Touristenklub Innsbruck.*

Andernfalls boten sich Almen, Heustadel oder Biwak an. Gelegentlich benutzte man Jagdhütten, sofern man den Schlüssel erhielt, oder Forst-

49

unterkünfte wie z.B. die Amtssäge im Gleirschtal. Weitere Möglichkeiten waren die ganzjährig bewohnten Herrenhäuser des Salzbergwerkes im Halltal oder das Kloster Maria Waldrast. In den Anfangszeiten des Tourismus hatten die Siedlungen an den Bahnlinien (Unterinntal 1858, Brenner 1867, Arlberg 1884) Vorrang; die Seitentäler waren schwer zugänglich.

Damals wies Innsbruck 30.000 Einwohner auf. Der Wunsch der Bürger, die Umgebung ihrer

Bettelwurfhütte (2077 m); ÖAV Zweig Innsbruck

Stadt kennenzulernen, war gering. Wohin die Sonntagsausflüge des biederen Stadtvolkes führten, hat der Chronist Prof.Hugo Klein ausführlich beschrieben. Die Bequemen blieben bei Braten, Wein, Bier und Graukas in den Gasträumen und Schankgärten von Breinößl, dem Adambräu, dem Stamser, dem Pinzger oder Templ in Wilten, dem Brückenwirt in Pradl oder dem Bierwastl am Innufer hängen. Am nördlichen Stadtrand lag der Löwenhausgarten und am südlichen der Bretterkeller. Mit Kindern wanderte man zum Peterbrünnl, nach Mentlberg, zum Hußlhof, Klarerhof oder Eichhof. Jenseits des Inns waren Büchsenhausen und die Weiherburg beliebt. Über die Kettenbrücke, mit ihrer imponierenden Eisenkonstruktion, ging man nach Mühlau, wo man sich beim Dollinger, beim Zapfler oder beim Koreth niederließ. Der Arzler Kalvarienberg lockte nicht minder wie der Rechenhof mit seinem

Spielplatz oder der Schillerhof. Dem Flungerwirt vom Rößl in der Au in Hötting gehörte die Buzzihütte. Dort erklang die Zither, und man trank und sang nach Herzenslust bis nach Mitternacht. Tagesausflüge unternahm man zu den Dörfern im Mittelgebirge, nach Götzens, Birgitz, Axams, Lans, Sistrans, Vill und Igls. Heiligwasser war wegen des würzigen Klosterweines und der schmackhaften Speckknödel berühmt. In Judenstein ergötzte man sich am Schicksal des Anderl von Rinn, und nach Windegg und Volderwildbad ging man weniger des heilkräftigen Wassers wegen, sondern um sich mit Speis und Trank zu laben. Nach der Jahrhundertwende wurde die Hungerburg entdeckt, 1906 das Hotel Mariabrunn erbaut und die Drahtseilbahn eröffnet. Später kamen der Gramartboden hinzu, der Planötzenhof, der Stangensteig, der Kerschbuchhof und die Gaststätten am Eingang der Kranebitterklamm. Manche der genannten Einkehrstätten bestehen noch und sind um- und ausgebaut, andere längst verschwunden.

Die Schutzhütten eröffneten in dieser biederen Welt neue Perspektiven. Nachdem die 1870 gegründete Sektion Innsbruck des Alpenvereins vier Jahre später „wegen gänzlichem Mangel an Interesse an der alpinen Sache" aufgelöst, aber im selben Jahr 1874 neu gegründet wurde, setzte eine stürmische Entwicklung ein. Sie begann mit Wegbauten und Markierungen im Gebiet der Ser-

Ansicht des Solsteinhauses (1805 m), am Fuß des Großen Solstein (2542 m) um 1910.

les, des Solsteins, des Hafelekars, des Habichts und im Vomperloch. Dann wurden die ersten Hütten gebaut: 1885 die Franz-Senn-Hütte, 1888 die Solsteinhütte und 1894 die Bettelwurfhütte. Es folgte 1914 das Solsteinhaus und 1926 die Pfeishütte. In Innsbruck rührte sich allerhand. Auch andere örtliche Vereine gingen mit Feuereifer daran, alpine Unterkünfte zu errichten. Der Österreichische Touristenklub, der damals noch keine Sektion des Alpenvereins war, baute 1884 die Innsbrucker Hütte am Fuß des Habicht, 1885 das Patscherkofelschutzhaus und später die Edmund-Graf-Hütte im Ferwall und die Peter Anich-Hütte am Hocheder. Der Akademische Alpenklub weihte 1904 die Adolf-Pichler-Hütte in den Kalkkögeln ein. Die erste Hütte des 1895 gegründeten Touristenvereins Naturfreunde war das Padasterjochhaus im Jahre 1907. Später folgten Tribulaun- und Birgitzköpfl-Hütte.

Die Aktivitäten im Raum Innsbruck waren eine Folge dessen, was im Ostalpenbereich durch die Tat- und Finanzkraft vieler Vereinsgruppen begonnen worden war. Die Hütten waren einfache Unterkünfte und meist als Selbstversorgerhütten geplant. Das zunehmende Interesse und der steigende Besuch führten zu Bestandserweiterungen, Verbesserungen der Zugänge und Wege und zur Notwendigkeit einer saisonalen Bewirtschaftung. Seit diesen Anfangszeiten wurden Alpinunterkünfte Teile des Wirtschaftsgeschehens. Der Beruf des Hüttenwirtes, der meist

Adolf-Pichler-Hütte (1960 m) des Akademischen Alpenklubs Innsbruck gegen Riepenwand.

Bergführer war, wurde geschaffen. „Die Ausbreitung des Alpinismus als neue kulturelle Begegnung wirkte wie ein warmer Sommerregen auf den Alpenverein" und „löste eine Hütteneuphorie der Gründerzeit aus". So schreibt L.Oberwalder, der den gegenwärtigen Hüttenbesitz als „Lust und Last des Alpenvereins" bezeichnet, im Jahrbuch 1992. Ein gewaltiger Einschnitt erfolgte 1918, am Ende des Ersten Weltkrieges, denn die neuen Staatsgrenzen führten zum Verlust von 93 Hütten in den Südalpen. In den folgenden Jahren wurden den betroffenen Sektionen und anderen Bauwilligen neue Arbeitsgebiete zugewiesen. Ein Bauboom setzte ein, allein in den Jahren 1923 bis 1928 entstanden 78 Hütten. Zu Recht heißt es, Hüttengeschichte sei Alpenvereinsgeschichte. Dazu gehört, daß nach Ende des 2.Weltkrieges von Innsbruck aus

Pfeishütte (1941 m); ÖAV-Zweig Innsbruck.

(Prof.Busch) möglich wurde, die deutschen Hütten ihren rechtmäßigen Eigentümern zurückzugeben. Blättert man im Verzeichnis der Berggaststätten rund um Innsbruck, so bemerkt man, daß die Vereinshütten gegenüber privaten Anbietern in der Minderzahl sind. Das schmälert keineswegs ihre Bedeutung, beweist aber, wie im Laufe der Entwicklung des Fremdenverkehrs neue Existenzmöglichkeiten geschaffen wurden. Angefangen hat es mit der Abgabe von Milch, Butter und Käse auf den Almen, später kam eine Gaststube und die Erlaubnis des Ausschanks von Getränken dazu. Durch Zubauten entstanden Unterkünfte.

Innsbrucker Hütte (2369 m) am Fuß des Habicht, ÖAV Sektion Touristenklub.

Birgitzköpflhaus (2098 m); Naturfreunde Österreich, Ortsgruppe Innsbruck.

Auch die hygienischen Verhältnisse besserten sich, nicht zuletzt dank der Kritiker: „Da meint einer, wenn er über den Misthaufen am Haus einen Käfig hängt und macht einen Sitz mit einem Loch, dann wärs geschehen ... von so einem Stinkkäfig läuft jeder weg, so schnell er kann." Die Privaten halten sich zwar nicht an die strengen Hüttenordnungen der alpinen Vereine, welche auf die Interessen der Bergsteiger abgestimmt sind. Sie bemühen sich, hinsichtlich Gastlichkeit, Gemütlichkeit und Sauberkeit all das, was zum „Hüttenleben" gehört, zu bieten.
Hubert Mumelter hat es in der „Bergfibel" beschrieben:

Am Hüttenleben findet allerseits
Das Publikum sehr großen Reiz,
Denn erstens tut sich allerhand,
Weil man auf Bergen sehr kulant.
Man rückt zusammen, kommt auch eher,
So unbekannten Mädchen näher.
Qualmt dann die Stube voller Dampf
Greift sicher jemand auch zur Klampf,
Und wenn man erst ein bißchen singt,
Man gerne auch das Tanzbein schwingt.
So endet die Gebirgsmoral
Häufig in einem Bachanal.

Amtssäge, Forsthaus im Gleirschtal (1193 m). Ein Stützpunkt im Karwendel, der bereits vor dem 1. Weltkrieg gerne aufgesucht wurde.

Heutzutage rührt die Beliebtheit alpiner Gaststätten auch daher, daß durch den Verfall der einheimischen Gasthauskultur und deren Ersatz durch aufgemascherlte Hotels und schicke Restaurants sich zwischen Mittelgebirge und Gipfelflur solche Betriebe angesiedelt haben, welche das gemütliche traditionelle Umfeld unverfälscht pflegen. Ein paar Beispiele aus Innsbrucks Umgebung seien genannt.

Fangen wir bei der Nordkette an. Das Seegrubenhotel (1905 m) deklariert sich mit Recht als solches. Der anläßlich des Baues der Nordkettenbahn 1928 entstandene Komplex beeindruckt, ebenso wie die Stationsgebäude, durch die von Franz Baumann gestaltete wuchtige und der Umgebung angepaßte Architektur. Im Laufe der Jahrzehnte wurden viele Almen zu Einkehrstätten umgeformt. Durch die guten Wege werden sie von Wanderern und Bergradlern gleichermaßen gerne aufgesucht. Die Zeit, in der auf der Umbrüggler Alm das Kasermandl geisterte, ist lange vorbei. Die Höttinger Alm (1487 m), die Bodensteinalm (1661 m), die Arzler Alm (1067 m), die Rumer Alm (1243 m), die Vintlalm (1587 m) und die Thaurer Alm (1464 m) sind Jausenstationen geworden. Auf der Westseite der Nordkette ist der Alpengasthof Rauschbrunnen (1088 m) zu nennen. Oberhalb liegt die an Wochenenden bewirtete Aspachhütte (1534 m). Verbindungswege führen zur Neuen Magdeburger Hütte (1633 m, DAV S.Geltendorf) und zum Solsteinhaus (1806 m, ÖAV S.Innsbruck). Auf der Ostseite und dem Bettelwurfstock vorgelagert, liegt die mit dem Auto erreichbare Hinterhornalm (1524 m).

Auf Fußwegen kommt man zur Alpensöhnehütte (1345 m) und zur Walder Alm (1501 m). Große Anziehungskraft geht vom Halltal aus. Die Herrenhäuser (1483 m) wären nach der Einstellung des Salzbergbaues 1967 beinahe verfallen und wurden durch Haller Bürger gerettet. Heute besteht ein Gastbetrieb mit Übernachtungsmöglichkeit für 100 Personen und ein schönes Bergbaumuseum. Romantisch ist der unterhalb gelegene Gasthof St.Magdalena. Lange Jahrhunderte bestand hier ein Kloster. Hoch über dem Talgrund liegt die Bettelwurfhütte (2077 m), die durch Höhenwege mit dem Hallerangerhaus (1800 m, S.Schwaben) und der Hallerangeralm sowie der Pfeishütte (1922 m) verbunden ist. Hier nicht erwähnt sind die vielen Privat- und Vereinshütten, im Gebiet der Zirler Mähder gibt es Dutzende derartiger „Kochhütten".

Auf der Südseite des Inntales sind die Muttereralm (1608 m) und die Raitiseralm seit Jahrzehnten bekannt und beliebt. Am Birgitzköpfl erbauten die Naturfreunde die gleichnamige

Plakat (Größe 89 x 68 cm) der Franz Senn Hütte von 1904

Hütte, die nach dem Liftbau zum Haus umgebaut wurde. Nur kurz hingewiesen sei auf das Ranggerköpfl und das Sellraintal und dessen Seitentäler wie Fotsch (Potsdamerhütte 2008 m), Lüsens (Westfalenhaus 2276) und Kühtai, (Dortmunderhütte 2017 m).

Bleiben zum Abschluß unseres Streifzuges durch die stadtnahen hochgelegenen Einkehrstätten noch die Tuxer Berge übrig. Patscherkofel (2246 m), Viggarspitze (2306 m), Morgenkogel (2607 m) und Glungezer (2677 m) sind die Richtpunkte. Das Patscherkofelschutzhaus (1981 m) hat durch den Seilbahnbetrieb und das Berghotel seine Bedeutung verloren. Man sollte sich daran erinnern, daß beim Bau der ersten Unterkunft vor fast 110 Jahren die Welt anders aussah als heute, wo viele Almen zu Jausenstationen umgebaut wurden: Patscher Alm (1694 m), Sistranser Alm (1608 m), Rinner Alm (1394 m), Tulfein Alm (2035 m)...

Die immer besser werdenden Alm-, Forst- und Güterwege bieten neue Möglichkeiten für Bergradler.

Unterhalb des Glungezer Gipfels liegt die Glungezer Hütte (2610 m, ÖAV S.Hall). Sie ist nicht nur die höchstgelegene Hütte im nahen Innsbrucker Bergkranz, sondern hat im Winter bei Föhnsturm schon manchem das Leben gerettet.

Südlich des Kofels ist das Viggartal eingefurcht.

Dort liegt das Meißnerhaus (1720 m, DAV S.Meißen bzw. Ebersberg), das man über den Almgasthof Boscheben (2028 m) vom Patscherkofel aus oder durch das Tal von Mühltal her erreicht. Heute denkt kaum jemand daran, daß dieses stille Gebiet anläßlich der ersten Olympiade in Innsbruck in Konkurrenz zur Erschließung der Axamer Lizum stand!

Ins Voldertal kommt man über den Gh.Windegg, in dessen Umkreis sich weitere Betriebe angesiedelt haben. Die Aussichtsterrasse des Gh.Halsmarter (1359 m) ist zu Zeiten des Frühjahrsskilaufes von pulsierendem Leben erfüllt. Im Voldertal lädt die Naturfreundehütte (1376 m) ein. Im Wattental steht die Lizumerhütte (2019 m, ÖAV S.Hall), im Weertal kommt man vom Gh.Innerst (1283 m) zur Weidener Hütte (1856 m, DAV S.Weiden).

Brennergebiet und Stubaital sind weitere, aus dem Innsbrucker Raum gerne aufgesuchte Gebiete. Einst benötigte man von der Eisenbahnstation Patsch zu Fuß durch das Stubaital zur Franz Senn-Hütte fast 8 Stunden. Heute spaziert man vom Straßenende bei der Oberrißalm in einer

gemütlichen Stunde hinauf!
Innsbruck hat eine derart zentrale Lage, daß man Jahrzehnte braucht, um alle leicht erreichbaren Hütten und Berggasthöfe kennenzulernen. Anerkennend ist festzustellen, daß alle Besitzer, Pächter und Bewirtschafter sich nach Kräften bemühen, die Gäste zufrieden zu stellen. Ihr schönster Lohn ist das Wiederkommen:

Um oans ös liabm Leut, tatn enk die Wirtsleut bitten:
Kemmts wieder oamal auer auf die Alm,
Die Sorgn laßts im Tal:
Weards sechn, schianer weards von Mal zu Mal!
(Adalbert Köllemann)

Alttirolische Speisekarte

Ös kriagt's

A holbs, brot'ns Mischtkratzerle mit öppes Süaßn
(½ Brathuhn mit Kumpott) — K 1.80

An bluatig'n Fetzn Fleisch
(Englisches Roftboeuf) — 1.20

A Kolbsbratl
(Kalbsbraten) — 1.—

A g'furts Schweinernes
(Kaiserfleisch) — 1.—

A Boch'ns mit Zwäschbn
(Gebackenes Kalbfleisch mit Kompott) — 1.—

A Schweinsbratl — 1.—

A dunkelroats Gollasch
(Rindsgullasch) — —.60

Skistadt Innsbruck:
Tourenzentrum und Sportmetropole

von Herbert Kuntscher

Wer hätte je daran gedacht, daß das kindliche Kugel- Rutsch- und Hupfvergnügen im Schnee in hundert Jahren zu einem Nationalsport und zu einem bedeutenden Wirtschaftsfaktor werden würde? Welchen Beitrag Innsbrucks Naturliebhaber und Sportfreunde dazu geleistet haben und wie im Laufe einiger Jahrzehnte die winterliche Bergwelt Tirols entdeckt, genützt und schließlich so weit erschlossen wurde, daß man nach Grenzen zu suchen gezwungen ist, soll im Folgenden skizziert werden.

In 100 Jahren Skigeschichte hat sich vieles ereignet über das wir heute schmunzeln. Aber: was wird man in 100 Jahren über uns sagen?

Als die Skifahrer Schneeschuhläufer hießen und Rodeln und Schneereifenstapfen Vorrang hatte

Überliefert wird, daß vor 1890 im Englischen Garten von München Versuche mit Skiern, die man aus Norwegen erhalten hatte, stattfanden. Allgemein bekannt wurde das neue Gerät durch F.Nansen und sein Buch „Auf Schneeschuhen durch Grönland". Wer in Innsbruck der erste war, der sich mit den langen Holzscheitern beschäftigte, ist nicht eindeutig festzustellen. Angeblich soll es 1890 Julius Pock gewesen sein. Jedenfalls war er von den neumodischen Dingern schwer enttäuscht. Rückblickend verwundert das nicht,

Wintertag, Gemälde von Max von Esterle (1870 - 1947)

denn Pock (1840-1911) war zwar ein erfahrener Bergsteiger, aber damals schon 50 Jahre alt. Gelenkigkeit war in jenen Tagen, als man von der Skitechnik keine Ahnung hatte, die wichtigste Voraussetzung. Die Meinung jüngerer Leute war übrigens auch nicht anders. Eine Notiz in den Innsbrucker Nachrichten vom 24.März 1892 beweist es:

„Am Samstag, den 19. und Sonntag den 20.März begaben sich mehrere Mitglieder der Sektion Innsbruck des D.und Ö. Alpenvereins auf die Waldrast, um dort praktische Übungen mit den von Herrn Jul.Zambra gütigst zur Verfügung gestellten ‚Skis‘ vorzunehmen, über deren Verwendbarkeit nachfolgendes Urteil gefällt wurde: Auf ebenen oder nur sanft geneigten Schneefeldern leisten die Ski treffliche Dienste, rasch und gefahrlos geht die Fortbewegung vonstatten, besonders bei ‚harschem‘ Schnee. Dagegen ist das Abfahren über stark geneigte Hänge, z.B. von 20 - 30 Grad Steigung und gefrorenem Schnee nicht harmlos; einmal in Bewegung, geht es mit ungeheurer Schnelligkeit dahin, Bremsen mit dem Stocke bleibt völlig wirkungslos. Droht

Kleidung und Ausrüstung eines
„Schneeschuhläufers" um 1905

Gefahr, an ein Hindernis geschleudert zu werden, so kann man nur dadurch, daß man sich zu Boden wirft, der rasenden Fahrt Einhalt tun. Das Aufwärtsgehen über abschüssige Hänge ist mühevoll und zeitraubend. Gänzlich unbeholfen fühlt man sich, wenn man auf den Rücken fällt: ohne wenigstens einen Schuh abzuschnallen, ist das Wiederaufstehen fast unmöglich. ein plötzlicher Ruck während der Fahrt abwärts bewirkt ausnahmslos einen Sturz gegen vorne. Freilich dürften sich manche dieser Übelstände durch öftere Übungen beseitigen lassen. Aus dem Gesagten läßt sich folgern, daß die Ski hauptsächlich für das Flachland geeignet sind, dagegen auf selbst mittelmäßig steilen Bergen kaum zu verwenden sein werden. Es ist nicht anzunehmen, daß es selbst der gewandteste ‚Skiläufer‘ wagen würde, von einem unserer Berge z.B. vom Hafelekar, mittels dieser Schneeschuhe herabzufahren."

Den ersten Vortrag über den „Schneeschuh in Tirol" hielt Otto v. Unterrichter im Dezember 1893 im Rahmen des Akademischen Alpenklub (AAKl). Der volle Wortlaut wurde später im Amtsblatt der Stadt Innsbruck 1962, Nr.2 abgedruckt. In der Zusammenfassung wird der Ski als Hilfsmittel für Wintertouren empfohlen: „Meiner unmaßgeblichen Meinung nach ist der Schneeschuh in Tirol gut zu gebrauchen, sowohl für Talbummel und Mittelgebirgspartien, als auch für Hochtouren, um den langweiligen Teil, das Eindringen in die Täler und das Erreichen der Schutzhütten in wesentlich kürzerer Zeit und interessanter zu gestalten". Zweifel und Nichtglaubenwollen sind bekanntlich die Triebfedern des Fortschritts. Im März 1893 erstieg Franz Reisch das Kitzbühler Horn (1994 m) mit Ski. „Die Abfahrt war grandios zu nennen" schrieb er später und fügte hinzu „so genußreich eine Abfahrt auf freiem Plan ist, so unerquicklich, wohl auch gefährlich ist diese auf schmalen Waldwegen ... ich brauchte zur ganzen Abfahrt 1 Stunde: 57 Minuten kamen auf die Waldtour, die bei freier Bahn kaum 10 Minuten in Anspruch nehmen würde". Sein Urteil: „Bei uns und ich möchte behaupten, überhaupt im

Gebirge, hat das Schneeschuhlaufen nur den Sportswert." In diesem Sinn wurde an anderen Orten fleißig geübt. Ab 1887 war es Viktor Sohm, zuerst im Bregenzerwald und dann am Arlberg, ab 1889 begannen Kleinoschegg und Schruf in Mürzzuschlag und Graz.

Der Chronik ist zu entnehmen, daß der Student Max Peer im Winter 1894/95 den Glungezer mit Ski erreichte. Einen Bericht über diese Fahrt gibt es erstaunlicherweise nicht. Laut anderen Angaben könnte es auch der Haller Maler Alfons Silber (1860-1919) gewesen sein, der als Skilehrer wirkte. Immerhin zählt Peer zu den damals namentlich bekannten Skifahrern, er wurde im Februar 1897 bei der Abfahrt von der Nockspitze von einer Lawine verschüttet. Die meisten Anhänger der neuen Sportart vergnügten sich in ungefährlicher

Talnähe. Am 9.Jänner 1895 fand ein vom AAKI veranstaltetes Preisskifahren auf der Strecke Sistrans-Amras statt. Es war das erste Skirennen Tirols!

Während in den alpinen Vereinen das Skifahren gleichrangig zum Gesellschaftsvergnügen Rodeln betrieben wurde, hatten die Wintertouren einen hohen Stellenwert. Es wurden gewaltige Leistungen vollbracht. Beispielsweise 6 Stunden Schneewaterei auf den Patscherkofel: 5 1/2 Stunden Auf- und 3 1/2 Stunden Abstieg für den Zischgeles von Praxmar. In 9 1/2 Stunden wurde von Matrei aus die Serles erstiegen, und der Weg von der Eisenbahnstation Patsch zur Franz-Senn-Hütte erforderte 11 Stunden. Im militärischen Bereich hatte man die Bedeutung des Skilaufes schneller erkannt. Verschiedene Unternehmungen in den Tuxer Bergen und im Zillertal wurden durchgeführt. Vorwegnehmend sei bemerkt, daß der spätere Oberst Georg Bilgeri bei der Ausbildung führend war. Seine praxisnahe Einstellung, die zu seiner Vorrangstellung in Technik und Ausrüstung führte, ist bekannt.

Im Tourenbuch des AAKI werden im Winter 1894 sowohl Rodel- als auch Skitouren verzeichnet. Beim Preisskifahren Sistrans - Amras am 9. Jänner 1895 handelt es sich um das erste Skirennen in Tirol. Rund 15 Konkurrenten nahmen teil, den 1. Preis erhielt Duregger; es sind zwar 4 Starter, leider aber keine Zeiten angegeben.

Auf die Frage, wieviele Arten von Bogen ein Skifahrer beherrschen müsse, antwortete er militärisch kurz: „Zwei: einen nach rechts und einen nach links".

Die frühe Verbreitung des Skilaufens in Tirol ist zwei Innsbruckern zu verdanken, die in Graz die Technische Hochschule besuchten und von dort die Kenntnisse nach Innsbruck mitnahmen. Es sind Max Duregger und Othmar Sehrig. Letzterer ist als Skibergsteiger, Skiführerverfasser, Schutzhüttenplaner und „Skihofrat" in der späteren Prüfungskommission für Skilehrer in die Skigeschichte eingegangen. Zusammen mit Grazer Freunden, insbesondere Günther Freiherr von Saar, durchquerte er 1898 die Glocknergruppe, erstieg 1900 den Großvenediger und erkundete zu Weihnachten 1902 das Olperergebiet. Die Schilderung dieser Fahrt, die von der Geraer Hütte über die Wildlahnerscharte zum Spannagelhaus und weiter über das Tuxerjoch durch das Schmirntal bis St.Jodok führte, erschien, illustriert mit eigenen Aufnahmen, in der Deutschen Alpenzeitung 1902/03, Heft 23. Die Ausrüstung bestand aus Skiern mit Fellstreifen und Spanischröhrl-Bindung. Anstelle der Doppelstöcke wurde ein einziger überlanger Einstockpickel mitgeführt. Sehrig (1872-1966) und Duregger erreichten bei vielen Konkurrenzen im Abfahrts- und Sprunglauf vorderste Plätze.

Aus den belächelten Schoatenfahrern, Brettlhupfern und Schwartlingsrittern werden Skifahrer

Um die Jahrhundertwende war die Zahl der Skifahrer klein. Die ersten Skiclubs wurden gegründet: 1901 der SC Arlberg, 1904 die Wintersportvereinigung Kufstein, 1906 der Skiclub Innsbruck. In

diesem Jahr erschien der Skiführer durch Tirol von O.Sehrig als „Wegweiser für alpine Wintertouren". Er war nach Eisenbahnstationen als Ausgangsorte gegliedert und enthielt die Beschreibung einer großen Anzahl von Touren sowohl in Nordtirol als auch in dem damals zum Staatsgebiet gehörenden Südtirol. Vom Österreichischen Alpenclub in Wien wurde ein dreiteiliger Skiführer durch die Ostalpen herausgegeben. Darin bearbeitete V.Sohm die Lechtaler Alpen, das Rhätikon und Samnaun, O.Sehrig Karwendel, Ötztaler und Stubaier und Gruber die Kitzbüheler Berge.

Die Zahl der Aktiven nahm zu. Dr.J.Waizer erinnerte sich in einem Beitrag in der Innsbrucker Neuesten Zeitung (31.1.1931) an den Beginn:

„Als ich 1904 nach Innsbruck kam, stand die Stadt und ganz Nordtirol vollkommen im Zeichen der Rodel. In Innsbruck gab es damals kaum mehr als 30 - 40 Skiläufer, von denen ein Teil dem Akademischen Alpenklub, ein Teil der Turnerbergsteigerriege und 10 - 12 Damen und Herren unserer vereinsfreien Gesellschaft angehörten. Damals hatte man von der heutigen Skitechnik keine Ahnung ... Seehundfelle sind m.W. vom Inhaber der Fa.Witting, Herrn Kirchmayr, zuerst in

Guido Machek (1900 - 1978), *Universitätsprofessor für Chemie, war ein ebenso eifriger Skibergsteiger wie begnadeter Fotograf.*

Othmar Sehrig (1872 - 1966) *ging als Skibergsteiger, Skiführerverfasser, Schutzhüttenplaner und „Skihofrat" in der Prüfungskommission für Skilehrer in die Skichronik ein.*

den Handel gebracht worden. Mit dieser Skiausrüstung machte man aber schon ganz nennenswerte Touren. Besonders in Schwung waren sämtliche Skiberge der Brennergegend, also Nößlachjoch, Sattelberg, Padauner Kogel, usw., ebenso wie die Berge des Unterinntales und der näheren Umgebung Innsbrucks."

Hier wäre einzuflechten, daß die Entwicklung in den Westalpen schneller voran ging. W.Paulcke und Gefährten erreichten 1896 den Oberalpstock als ersten Dreitausender. Als erster Viertausender wurde die Dufourspitze am Monte Rosa (4638 m) mit Skibenützung erstiegen. Die 1.Ersteigung des Montblanc erfolgte 1786, die 1.Winterersteigung 1876 und die 1.Skiersteigung 1904.

Man darf nicht in den Fehler verfallen, die Fahrten zu Beginn unseres Jahrhunderts aus heutiger Sicht zu beurteilen. Einem Bericht von W.Hammer über Wintertage im Alpein im Jahre 1905 ist zu entnehmen, daß allein die „Abfahrt" von der Ruderhofspitze zur Franz Sennhütte 3 Stunden dauerte: „Über den steilen Teil der Moräne rutschten wir sitzend auf den Brettln hinab - fahren wird hier wegen der Schmalheit der Bahn und den dicht gesäten Felsblöcken kaum empfehlenswert sein - und dann wieder stehend auf denselben den Rest der Moräne hinab ... und am Skiweg zur Hütte." Auch die weitere Abfahrt war alles andere als ein Genuß: „....eigentlich nur ein Wechsel von kurzen Bögen, Purzelbäumen und viel Gelächter. Schließlich rutschten wir wieder sitzend die steile Heuziehrinne hinab bis zum Fuß der Talstufe, wo wir naß und erhitzt ankamen."

Ursache für die mangelhafte Technik war der heftig geführte Streit zwischen den Anhängern der von M.Zdarsky vertretenen Lilienfelder Einstockmethode, auf der Grundlage von Telemark und Stemmbogen, und den Vertretern der norwegischen Doppelstocktechnik und dem Stemmchristiania. Auf den freien Hängen war die sportlich schnelle Fahrweise mit Schuß und Schwung der Aneinanderreihung von Lilienfelder Stemmbögen überlegen. Westlich von Kitzbühel - wo W.Rickmer-Rickmers als Häuptling der „Alten Kitze" noch die Einstocktechnik übte -, verbreitete

sich über Tirol und Vorarlberg die uns vertraute Technik. Bei Skitouren waren die Doppelstöcke dem 2 Meter langen Zdarskystock überlegen. Daß die übrige Ausrüstung wie Eschenbretter ohne Kanten, unfixierbare Bindungen, Haselnußstöcke, Bergschuhe mit Flügelnägeln, schwere Lodenkleidung, Jägerrucksäcke usw. nicht annähernd dem heutigen Stand gerecht werden, sei nur nebenbei erwähnt. Daß sich das schnell änderte, ist dem Rennsport zu verdanken. In St.Anton und Kitzbühel wurden die ersten Meisterschaften veranstaltet. Es entstand eine Gruppe erstklassiger Wettläufer wie Fritz Miller, Franz Erker, Robert Lezuo, Fred Schatz, Hans Schnee-

Die „Karwendler" anläßlich des Klubrennens im Februar 1911 bei der Kemater Alm.

berger, Hans Handl, Reinhard Spielmann, Fridolin Hohenleitner u.a. Im Jahre 1913 wurde der Tiroler Landes-Skiverband gegründet. Seine Vorsitzenden, Dr.Carl Rasim und Dr.Anton Tschon haben in Zusammenarbeit mit den Verbandsvereinen die Entwicklung vorangetrieben, die der erste Weltkrieg jäh unterbrochen hatte.

In den meisten Bergsteiger-Vereinen wurden Skirennen abgehalten. Ab dem Jahre 1906 bei den „Karwendlern". Sie waren das „immer mit Freude und Spannung erwartete Hauptereignis des Winters" (Jahresbericht 1923). Weil im Gegensatz zu Erstbegehungen in den Bereichen Klettern und Eisgehen Ski-Erstbefahrungen nicht chronologisch erfaßt werden, seien die Daten einiger wichtiger Durchquerungen zusammengestellt:

1895   Wattental-Mölserscharte-Navistal
        Haller Kaiserjäger (Obtl.Nürnberger)

1898   Glocknergruppe von Kaprun nach
        Heiligenblut,
        G.Von Saar, O.Sehrig u.Gef.

1899   Pfelders-Eisjoch-Gurgl, Meraner
        Landschützen (Oblt. Petsche)

1900   Großvenediger
        G.von Saar, O.Sehrig u.Gef.

1901   Arzler Scharte-Scharnitz
        Hechenblaikner, Rasim, Franzelin u.Gef.

1902   Tuxer Ferner: St.Jodok-Wildlahner
        scharte - Tuxerjoch - St.Jodok
        G.von Saar, O.Sehrig und Gef.

1905   Stubaier Alpen: Franz Senn Hütte -
        Amberger Hütte H.Handl, E.v.Eccher,
        Dittrich, J.Waizer

1906   Silvretta: Ischgl-Dreiländerspitze -
        Piz Buin - Silvretta-Paß
        P.Schucan, D.Marcuard

1908   Ötztal - Stubai: Kurzras - Neustift
        F.Edlinger u.Gef.

1912   Fotscher Expreß:
        Schafleger-Hoadl -Birgitz
        S.Hohenleitner und Gef.

1913   Arzlerscharte - Mandl-
        spitze - Scharnitz - Zirl
        S.Hohenleitner u.Gef.

(Schrifttumhinweise im Jahresbericht 1983 des Akademischen Alpenklub Innsbruck)

Siegfried Hohenleitner (1889 - 1969), Jurist und Universitätsprofessor war über Jahrzehnte führend in der skitouristischen Erkundung Tirols.

Ein Pionier der Tourengeher: Siegfried Hohenleitner und sein Kreis.

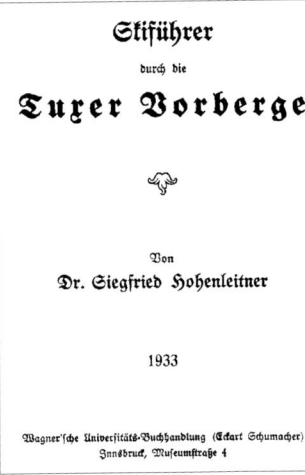

Skiführer

durch die

Tuxer Vorberge

Von

Dr. Siegfried Hohenleitner

1933

Wagner'sche Universitäts-Buchhandlung (Eckart Schumacher)
Innsbruck, Museumstraße 4

Eigentlich müßte man eine ganze Anzahl von Innsbruckern nennen, die auf der Suche nach skiläuferischem Neuland erfolgreich waren. Stellvertretend für manche andere sei Univ.Prof.Dr.Siegfried Hohenleitner (1889-1969) genannt. Er kannte die verborgensten Winkel unseres Landes. Ihm verdanken wir kühne Skitouren wie z.B.jene über den Mischbachferner auf den Habicht, zahlreiche Führerbearbeitungen, wie z.B. den Skiführer durch die Tuxer Berge (1933) und interessante Artikel über Skierschließungen und Erlebnisse. Besonders lesenswert ist die Artikelserie „Aus 25 und einem Winter", die im März 1931 in der Innsbrucker Neuesten Zeitung erschien. Darin schreibt er über die Anfänge des Tourenskilaufes im Jahre 1910. Damals wurden Birgitzköpfl von Mutters und der Längentaler Weißenkogel und der Gleirscher Fernerkogel im Sellrain bestiegen. Der Rote Kogel im Fotschertal wurde im März 1909 von zwei Wienern erstmals mit Skiern erreicht.

Hohenleitners Begleiter wie G.Machek, O.Erlacher, F.Hernler, H.Grauer, H.und K.Scharfetter u.a. waren in der exklusiven "Camosci Runde" vereint. Nach dem Krieg, als er schon die sechzig überschritten hatte, entstand aus einem Tourengeher-Kreis mit jungen Studenten die „Ketzerplatte". Hohenleitner wurde unter Freunden infolge seines evange-

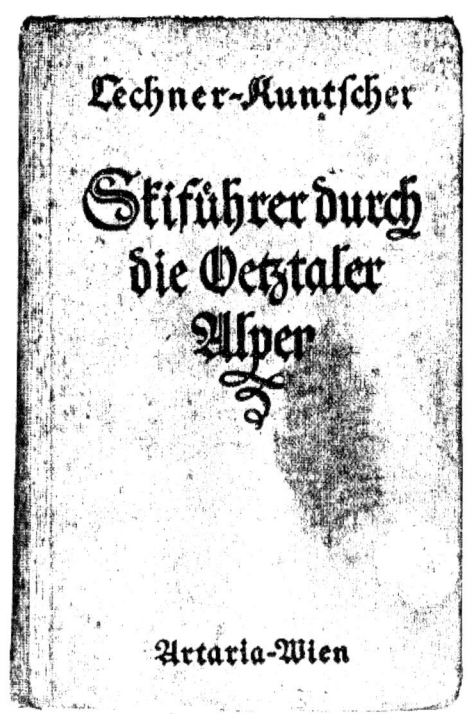

Die zunehmende Bedeutung des Wintertourismus geht daraus hervor, daß dieser Skiführer bereits 1925, noch vor der Herausgabe eines Sommerführers, erschien.

lischen Bekenntnisses „Ketzer" genannt. Über die Tätigkeit dieser Gruppe schrieb Hias Rebitsch im Jahre 1951: „Wie ein alpiner Rattenfänger von Hameln zieht er seine Platte fast jeden Sonntag hinter sich her ins Gebirg. Er zeigt ihnen unfehlbar, wo der erste und beste Schnee hängenbleibt, wo der letzte Firn sich noch in schattige Hochkare einkrallt oder wo der Endschwung schon zwischen blühende Narzissen führt ... er lehrte sie Bergsteigen ohne den vergällenden Stachel."
Hier einiges aus dem Tourenverzeichnis der siebenköpfigen Gruppe:
Skiwoche in Nauders mit Abschluß am Glockturm - Gepatschhaus - Vernagthütte nach Vent; Skifahrten in der Reichenspitzgruppe; Skiwoche in Gurgl mit 7 Dreitausendern und mehr als 10.000 Meter Aufstieg; Ostern in Serfaus; Olperer, Gefrorene Wand, Riffler: Spätfrühlingstour auf die Falbesoner Seespitze, usw. So reihten sich die Gebiete in bunter Folge und schlossen die Münstertaler und Sarntaler Berge und die Dolo-

miten mit ein. Mitten hinein in diese schöne und erfolgreiche Zeit traf ein unheimlicher Schicksalsschlag. Am 15.Februar 1953 starben die vier jungen Begleiter von Hohenleitner in einer Lawine am Venet. Nur er alleine blieb übrig. Er kam über diesen Tiefpunkt seines Lebens nicht mehr hinweg. Trauer und Krankheit überschatteten die letzten Jahre seines Lebens.
Es gibt nur mehr wenige, die diese klassische Tourenzeit in bester Erinnerung haben und noch heute davon zehren. Geprägt von solchen Vorbildern sind viele zu „geographischen Skifahrern" geworden.

Tagebuchnotizen eines Skitouristen

Mein Vater (1884-1962) hinterließ seine Tourenbücher. Sie sind ein unverfälschtes Zeugnis einer lange zurückliegenden Zeit.
Zwischen den beiden Weltkriegen von 1920 - 1940 besuchte er viele Skigebiete, die damals noch im Dornröschenschlaf ruhten. Als erfahrener Skitourist war er zusammen mit S.Lechner Autor des Skiführers durch die Ötztaler Alpen (1926), des Etschländer Skiführers (1926) und des Gurgler Skiführers (1936). Im März 1920 wurde Kühtai besucht. Von der Bahnstation Ötztal wanderte die Gesellschaft zu Fuß nach Sautens, stieg nach Au hinauf und erreichte am Nachmittag Marlstein, wo übernachtet wurde. „Unterkunft so mäßig als möglich, dafür aber sündteuer", steht zu lesen. Am nächsten Tag erreichte die Gruppe Kühtai. „Nicht horridoh und hussasa, nicht Hundegekläff und Jäger, Ritter oder saubere Edelfräulein - die wären uns natürlich am liebsten gewesen - empfingen uns beim alten Jagdschloß, sondern niemand, nicht einmal ein paar lausige Schwartlingsritter. Still und verlassen lag inmitten der weiten Schneefelder das Schlößchen vor uns. Nur ein paar zierliche Dohlen vollführten behende Kreise und elegante Sturzflüge, sich aus unserer Anwesenheit eine Kostaufbesserung erhoffend. So saßen wir also auf der Türschwelle

und machten Brotzeit". Nach der Rast wurde zum Pirchkogel aufgestiegen. Vom Gipfel fuhr man nach Kühtai zurück und benötigte eine Stunde nach Haggen und weitere 1 1/2 Stunden nach Gries. Es folgte noch ein einstündiger Fußmarsch zum Übernachtungsort Rothenbrunn. Infolge des schlechter werdenden Wetters gelangte die Gruppe am folgenden Tag nur bis zur Fotscheralm. Was folgte, ist erwähnenswert: Zurück nach Rothenbrunn, Fußmarsch nach Kematen, weiter zu Fuß nach Völs und von dort nach Innsbruck.

Eine mehrtägige Unternehmung im März 1921 führte nach Zürs, das man wie immer zu Fuß und mit Rucksäcken über Langen-Stuben erreichte. Die Abfahrten wurden genossen, als schönste „Partie" die Valluga erkoren. Aber die Umstände waren ungewohnt: „Wir sechs unglücklichen Deutschösterreicher kamen uns fast als Ausländer vor. Keinen Schmarrn, kein Mus, aber table d'hote. Preise leider deutsch, d.h. den Märklein angepaßt. Auf den Hängen wird fleißig getelemarkt und im Gelände mit Bodenbremse und Sternen gearbeitet. Hauptsache scheint die Bräune zu sein, man zieht an, man zieht aus! Der Smoking ist in bedrohliche Nähe gerückt, und ein Großteil der Gäste kommt mit Mädler Koffern. Mit einem Wort: Zürs wird sich machen!" Eine Vorahnung, die übertroffen wurde.

Im Frühling 1923 werden „3 schöne, windstille und sonnige Tage in Gerlos" notiert. „Im Platten-Wirtshaus 6 bis 8 Personen, in Gerlos außer uns beiden, ganze 3 Skiläufer". Im April lesen wir von einer eintägigen Tour auf den Kaltenberg (2900 m). Vor Mitternacht wurde der Zug in Innsbruck bestiegen, der um 3 Uhr früh in Langen war. Es folgte der Fußmarsch nach Stuben und der Aufstieg über das „Kracherl". Nach einer Zwischenrast wurde Mittag der Gipfel erreicht. Die Abfahrt erfolgte über die Maroiköpfe nach St.Christoph und auf der Straße zur Station nach St.Anton.

Wie ein Märchen kommt uns Heutigen der Bericht über einen Aufenthalt im April 1925 am Paß Thurn vor, bei dem alle umliegenden Almen und Gipfel (Resterhöhe, Roßgruber, Kuhkaser)

erstiegen wurden. Das Urteil: „Alles in allem staunenswert gute Schneeverhältnisse. Gute Unterkunft im Paßwirtshaus und besonders gute und reichliche Verpflegung. Den ganzen Winter über keine Besucher! Es ist überhaupt nur wenig bekannt und selbst in Zell am See weiß man vom Paß Thurn und seinem Wirtshaus nur wenig oder gar nichts, will es vielleicht auch gar nicht wissen!

Aufnahmefähig für 20 - 25 Personen, Milch genügend, 15 - 20 Stück Vieh."

Die Fülle der verzeichneten Touren wie Flaurlinger Schartenkogel, Largotz, Haneburger, Padaunerkogel, Sattelberg, Kalkstein bei St.Johann, Brechten, Venet sowie der stadtnahen Gebiete Pfriemes- und Birgitzköpfl und Schlick sind ein Spiegelbild der im „Sehrig" beschriebenen Fahrten. Auszuhalten war bei Unternehmungen von den Eisenbahnstationen als Ausgangspunkt einiges. Als Beispiel sei die Überschreitung des Erlsattels im Winter 1930 erwähnt. Angefangen hatte der Februartag mit der morgendlichen Fahrt nach Hochzirl und dem Aufstieg zum Solsteinhaus, wo man Mittag ankam. Die Abfahrt auf der Schattenseite zur Zirler Christenalm bescherte schönen Pulverschnee. Es folgte ein „Langlauf" talaus und der Aufstieg über die Weingart-Alm zum Kreuzjöchl und von dort hinab durch das Oberbrunntal nach Gießenbach. Den 17 Uhr Zug versäumte man um wenige Minuten. Also folgte ein zweistündiger Aufenthalt im Gasthaus, bis zur

Abfahrt des nächsten Zuges. In Hochzirl gab es wegen der Leitungsstörung einen unerfreulichen Aufenthalt von 3 Stunden, natürlich wieder im Wirtshaus. Erst um Mitternacht wurde Innsbruck erreicht. Den zu Ende der zwanziger Jahre ausgebrochenen Streit über die Nützlichkeit von Kanten umging mein Vater, indem er sich vorerst dazu nicht entschloß. Das führte zu Schwierigkeiten. Anläßlich einer Tour im März 1932, die mit einer Seilbahnfahrt auf den Patscherkofel begann und über den Grünen Boden zum Glungezer führte, wird darauf eingegangen: „Sonne, doch saukalt. Großbetrieb auf dieser Tiroler Parsennabfahrt, daher Skistraße! Bis Tulfeinerköpfl gut, Waldstück abgebrettelt, poliert und stellenweise eisig - und meine Ski ohne Kanten - ab Riegenhütte gut, da leicht firnig." Vielleicht erinnert sich mancher der heutigen „Glungezerfüchse" an diese Zeiten, als noch kein Lift bestand und die Abfahrt bis zur Haller Innbrücke möglich war.

Durch den Ausbruch des Krieges wurde vieles anders. Mein Vater hat weiter seine skifahrerische Liebhaberei betrieben, zeitbedingt im altvertrauten Pfriemes- und Schlickgebiet. Seine letzte Skifahrt erfolgte am 2.April 1944 auf das Pfriemesköpfl.

Innsbruck, Ski und Berge
Jugenderinnerungen

Mich hat man im Winter 1922/23 in die weiße Kunst einzuweihen begonnen. Ferrariwiese, Nockhof, Muttereralm und Pfriemes waren unser vielbesuchtes und geliebtes Skirevier. Reichte das Taschengeld, so fuhren wir mit der Stubaitalbahn nach Mutters oder Nockhofweg. Das Auseinanderklauben der Skier, die am Anhänger gestapelt waren, machte einen gleich lebendig. Meist zog eine lange Kolonne auf dem Holzziehweg zum Nockhof hinauf. Wir Buben sparten uns das Einkehren, waren die Eltern dabei, so freuten wir uns der warmen Veranda bei der „Nockhof Annerl". Auf der Abfahrt über die glattgebügelte Wiese lernte man wie von selbst den „Kristl". Beim „Sterneck" war eine Eisplatte und ein Zaun zu überwinden, und im Lärchenwald kurvte man um die Bäume herum, bis man die Mutterer Wiesen erreichte. Auf der schneebedeckten Straße fuhr man durchs Dorf und bog vor der Kirche auf die Natterer Felder ab. Schließlich kam man nach Gärberbach und über den ausgefahrenen Natterer Hohlweg zur Brennerstraße und zum Sonnenburgerhof, wo die Ferrariwiese begann. Unten mußte man nochmals die Brennerstraße queren. An Sonntagen standen dort zahlreiche Zuschauer, die eifrig die über den steilen Hang fahrenden oder purzelnden Jünger und Jüngerinnen der weißen Kunst kommentierten. Beim Stubaitalbahnhof klopfte man zufrieden den Schnee von den Skiern.

Verfügte man an Sonntagen über mehr Zeit, so wanderte man vom Nockhof zur Muttereralm, bestieg das Pfriemes oder querte mit Fellbenutzung den nicht selten von Lawinen bedrohten

Plakat, Größe 72 x 95 cm, 1911

bekannten Fotokünstlern wie H.Kühn, Dr.Defner, Dr.Machek, Dr.Külley, Richard Müller u.a. veröffentlicht wurden, wundert sich über die Unberührtheit der Winterlandschaft. Auch die Straßen, die heute sofort geräumt werden, blieben wochenlang mit Schnee bedeckt. Kraftfahrzeuge gab es im Winter kaum, außer der Eisenbahn war der Pferdeschlitten Transportgerät.

Straßen waren für Skifahrer keine Hindernisse. Ein Beispiel war die berühmte Tour auf das Kalbenjoch mit Abfahrt nach Maria Waldrast und Aufstieg zum Waldrastjöchl. Weiter fuhr man über die Gleinser Mähder nach Schönberg und von dort über den Hohlweg zur Stefansbrücke. Es folgte der „Langlauf" über die Brennerstraße zur Ferrariwiese und zum Stu-

Hang zum Birgitzköpfl. Skitouren dauerten damals viel länger. Erstens weil die Anmarschwege lang und oft schlecht waren, und zum anderen, weil die Abfahrt durch Alt- und Jungwälder und über Hohlwege führte und die freien Wiesen durch Zäune, Misthaufen oder frisch gesurte Flächen unterbrochen wurden. Das Pfriemes war ein Tagesausflug, gelegentlich blieben wir schon bei der Alm hängen oder entzündeten ein Feuer, an dem wir unseren Tee wärmten.

Auf der östlichen Wipptalseite waren Patscherkofel, Patscheralm und Heiligwasser beliebte Ziele. Die Abfahrt verlief über die Heiligwasserwiese nach Sistrans und über die Aldranserfelder bis an den Stadtrand unterhalb Schloß Amras.

Bis in das späte Frühjahr blieb die Schlick ein Schneeloch. Mit der Stubaitalbahn erreichte man Telfes und stieg nach Froneben auf und erreichte von dort das Sennesjoch oder den Kl.Burgstall. Angesichts dieses heute völlig verlifteten Gebietes wird man mir kaum glauben, daß meine Mutter und ich zu Ostern 1926 auf einer einsamen Spur zur Schlickeralm zogen. Wer Fotografien aus den Dreißiger Jahren anschaut, die von den

Doppelsprung der Gebüder Putz in Igls, 1924,
Quelle: *Stadtarchiv*

65

Guzzi Lantschner beim FIS Rennen 1933
Quelle: Stadtarchiv

baitalbahnhof. Die Zeiten habe ich einmal notiert: Kalbenjoch - Waldrast (3 3/4 km) 35 Min., Waldrast - Jöchl (1 1/2 km) 40 Min., Abfahrt nach Schönberg (7 3/4 km) 55 Min., weiter zur Stefansbrücke (3 km) 10 Min. und Langlauf (4 3/4 km) nach Innsbruck 45 Min. Insgesamt also fast 21 km in rund 3 Stunden.

Im Oberland war das Ranggerköpfl ein Familienziel, weil dort die gemütliche Hütte zur Einkehr lockte. Gerne aufgesucht wurde Seefeld, weil es mit der Karwendelbahn schnell zu erreichen war. Neben der Roßhütte und dem Seefelder Jöchl lockte auch der Gschwandkopf mit der Abfahrt nach Reith. Auf der schneebedeckten Straße rutschte man weiter nach Leithen, wo der Zug bestiegen wurde. Das Eppzirltal haben wir später entdeckt. Es wurde mit seinen Varianten Sonntagsköpfl und Oberbergalm - Moderkarlspitze gerne besucht. Die Aufstiege zur Eppzirler- und Kuhljochscharte waren eher ernste Unternehmungen, weil eine beträchtliche Lawinengefahr drohte.

Alpine Touren im Karwendel waren der Gr.Solstein, die Hippenspitze, der Hochgleirsch, die

Doppelsprung der Gebrüder Ruud auf
der Bergiselschanze, 1933
Quelle: Stadtarchiv

Birkkarspitze usw. Im Unterinntal galt die „Loas" als Damentour. Vom Bahnhof Schwaz stieg man den Weg nach Grafenast hinauf und verfolgte dann den sanft steigenden Weg zum Loassattel. Für den männlichen Part gehörte das Sonntagsköpfl dazu, während die Familie unten „Bräune schwang". Eine anspruchsvolle Tour war das Wiedersbergerhorn. Der Aufstieg begann in Brixlegg und führte über Reith nach Hygna und weiter über den Loderstein zum Gipfel.

In jenen Jahren, als Autos nicht zur Verfügung standen, verlangten die tiefgelegenen Ausgangspunkte lange Anstiege. Ein Beispiel dafür war der Hoadl in der Axamer Lizum. Mit dem 6-Uhr -Frühzug ratterte man nach Kematen und stieg noch in der Dunkelheit den eisigen Hohlweg nach Axams hinauf. Am Weiterweg wurde es hell, und bei der Lizumer Alm war die erste Rast. Dann waren es noch rund 2 Stunden bis zum Gipfel; somit eine Gesamtzeit von 5 Stunden. Nach der gelungenen Abfahrt hieß es wieder Felle aufziehen und eine knappe Stunde zum Birgitzköpfl aufsteigen. Die Abfahrt über Mutters endete am Stubaitalbahnhof. Für den „Großen Expreß", der beim Roten Kogel begann oder den „Kleinen Expreß", der am Schafleger anfing, war eine Übernachtung auf der Fotscher Skihütte oder der Kemater Alm bzw. Adolf-Pichler-Hütte üblich. Man nächtigte überhaupt gerne in Berggasthöfen. Dort war immer Platz, eine Saisonsperre oder Ruhetage waren unbekannt. Die Gasthäuser waren mit Landwirtschaft verbunden und dankbar für jeden Gast.

Im Brennergebiet waren Vennspitze und Nößlachjoch bekannte Touren, im Frühjahr Wolfendorn und Kraxentrager. Gerne besucht wurde das Vikar- und Arztal mit dem Morgenkogel und das Navistal mit den Tarntaler Bergen. Im Laufe des Jahres haben sich die Kreise weit über den engeren Innsbrucker Raum ausgeweitet. Die

Sellrainer Berge mit Längentaler Weißenkogel und Zischgeles, Sulzkogel und Pirchkogel kamen dazu. Dann die Stubaier mit den großartigen Stützpunkten Franz-Senn-, Amberger- und Dresdner Hütte. Schließlich die Ötztaler, Glockner- und Venedigergruppe, Bernina und Dolomiten. Man sagt, daß die Jugend der Lebensabschnitt andauernder Hoffnung wäre. Als Optimist halte ich es mit Nietzsche, der einmal schrieb, daß die Hoffnung der schillernde Regenbogen über dem Buch des Lebens sei!

Die Entwicklung des Skilaufs zum Volkssport

Die FIS-Wettkämpfe im Jahre 1933 waren ein wichtiger Abschnitt der Tiroler Skigeschichte. Zum ersten Mal wurde das vollständige Programm mit allen Wettlaufarten abgewickelt. Die Langlaufbewerbe wurden in Seefeld ausgetragen. Der Ort blieb der ideale Platz für diese Disziplin. Die Bergiselschanze erlebte ihre Bewährung. Es war die Zeit, als sich der sportliche Skiwettbewerb vom Tourenskilauf trennte. Keineswegs zum Schaden, sondern vielmehr zum Nutzen beider. Nach G.Bilgeris Breitenarbeit, Hannes Schneiders Arlbergtechnik, Arnold Fancks Filmen und den Erfolgen der „Roten Teufel", stieg die Anziehungskraft des Wintersports beträchtlich an. Die Namen der damaligen Sportler sind Skilegenden geworden: die Familie Lantschner, die Gebrüder Reindl und Leubner, Hubert Salcher, die Arlberger Rudi Matt, Friedl Pfeiffer und Pepi Jenewein, die Kitzbühler Gasperl und Lackner, der Axamer Franz Zingerle und Toni Seelos aus Seefeld. Der Wettkampf entwickelte sich von der Vierer- zur Dreier-Kombination und weiter zur Spezialisierung auf Abfahrt und Torlauf. Seilbahnen, z.B. auf die Nordkette (1927/28), den Patscherkofel (1928), den Gal-

zig (1937) oder den Hahnenkamm (1928) wurden gebaut und ermöglichten ein systematisches Training.

Tiroler Skilehrer waren im Ausland gefragt: Hans Nöbl in Italien, Siegi Engl in USA, Toni Ducia, Harald Reinl und Otto Lantschner in Frankreich.

Die alpinen Vereine koppelten sich vom Renngeschehen ab und förderten den Tourenskilauf, der vermehrt die Gletscherregionen mit einbezog. Die Winterbewirtschaftung der Hütten wurde begonnen. Der 2.Weltkrieg stoppte die Entwicklung und hinterließ tiefe Lücken in den Reihen der Aktiven.Die seitens des Staates verordnete Abgabe von Skiern und Ausrüstung leitete einen Tiefpunkt ein, der nur in Tirol durch die Erlaubnis des Besitzes und der Benützung von einem Paar Ski gemildert wurde.

Plakat von Alfons Walde

67

Wintersport und Fremdenverkehr: das Wirtschaftswunder der 2.Saison

Es hat lange gebraucht, bis sich aus dem Trümmerfeld des Krieges nach 1945 wieder sportliches Leben entwickelte. Der Tiroler Skiverband erlebte unter Otto Lorenz seine 3.Gründung. Die späteren Präsidenten W.Waizer und A.Steiner begleiteten den Aufstieg. Beim Alpenverein dauerte es infolge des Hüttenbesitzers länger, bevor die Trennung in den österreichischen und deutschen

meisten Rennläufer damals Allrounder waren. Die Nachfolger entwickelten sich im Kampf um Hundertstel Sekunden zu Spezialisten.

Die Olympischen Winterspiele 1964 und 1976 in Innsbruck eröffneten nicht nur dem Skisport, sondern auch dem winterlichen Fremdenverkehr ungewöhnliche Zukunftsperspektiven.

Sie bestätigten zugleich die Anstrengungen, die für die Erschließung aufgewendet worden waren. Der Siegeszug der 2.Saison mit ihren Zuwachsraten kündigte sich an.

Daβ dies in einem solchen Ausmaβ möglich war, ist den mechanischen Aufstiegshilfen zu verdan-

Zwieselbacher Roßkogel (3030 m) vom Aufstieg zum Haggener Seejoch.

Alpenverein wirksam wurde. Im Skirennsport ging es steil aufwärts. Namen wie Sailer, Molterer, Pravda, Hinterseer, Leitner, Schranz usw. beherrschten die Jahre. Auffallend ist, daβ die

ken. Sessellifte und Schlepplifte erwiesen sich in Bau und Betrieb günstiger als die bisher bekannten Seilbahnen. Sie ermöglichten Abfahrtsvergnügen ohne Aufstiege. Zunächst wurden sie in jenen Gebieten gebaut, die bereits gut bekannt waren. Begonnen wurde 1947/48 in der Umgebung von Innsbruck, der Wildschönau, Westendorf und später Sölden und Lienz. „Lifteln" wurde ein neues Vergnügen, und die Verbesserung der bisher bekannten Naturabfahrten zu Pisten und „Autobahnen" ermöglichte auch weniger sportlich eingestellten Menschen eine gesunde Freiluftbetätigung. Urlauber aus nicht alpinen Gebieten kamen in Scharen. Sie konnten in ein bis zwei Wochen ausreichend Skifahren lernen. Die bisherigen Gasthäuser wurden ausgebaut, neue Pensionen und Hotels entstanden. Der neue österreichische Skilehrplan, der unter Prof.Stefan Kruckenhauser am Arlberg entwickelt wurde, hatte mit der Wedeltechnik durchschlagenden Erfolg. Im Jahre 1956 gab es in Tirol 122 Aufstiegshilfen. 11 Jahre später zählte man 118 Seilbahnen und Sessellifte und 827 Schlepplifte. Dementsprechend stieg die Zahl der Nächtigungen in den Wintersportorten. Sie erreichte 1975 bereits ein Drittel des Sommerreiseverkehrs. Ein Jahrzehnt später (1985) war das Verhältnis ausgeglichen: 19,4 Millionen Übernachtungen im Winter und 19,4 Millionen im Sommer.

Diese Jahre waren von einem kaum einzubremsenden Ausdehnungsdrang gekennzeichnet. Es entstanden Liftkarusselle, Gletscherskigebiete, Zufahrtstraßen, Hoteldörfer, Skischulen und Skikindergärten. Dazu kam der Ausbau der Pisten, die Anlage von Langlaufloipen und zusätzliche Aktivitäten wie Rodelbahnen, Eislaufplätze, Hallenschwimmbäder und Tennishallen. Es überrascht nicht, daß

Innsbruck infolge seines eigenen Wachstums als Skistadt für den Gast immer weniger attraktiv wurde. Daß das „weiße Wunder" seine Schattenseiten hinsichtlich Finanzierung, Naturbeeinträchtigung, Arbeitskräfte, Verkehrsüberlastung, Umweltfragen, usw. hat, wurde offenkundig. Zukunftsszenarien wurden entworfen und Projektplanung und Begutachtungsverfahren vorgeschrieben. Im Bericht vom April 1992 des Amtes der Tiroler Landesregierung über den Bau von Seilbahnen, Sesselliften und Schleppliften findet man die folgenden Sätze: „Die Umsetzung der politischen Zielsetzung einer mehrjährigen Nachdenkpause im Tiroler Seilbahnbau ist vor allem in der relativ geringen Zahl neuer zusätzlicher Aufstiegshilfen innerhalb bestehender Skigebiete sowie in der Beschränkung von Neuanlagen in bereits erschlossenen Räumen erkennbar. Ein Rückblick bis etwa Mitte der 80er Jahre zeigt, daß sich die Zahl der Anlagen seither nur geringfügig erhöhte, die Transportkapazität jedoch eine überaus hohe Steigerung erfuhr, was vor allem auf den Ersatz von Einsesselliften und Schleppliften durch leistungsstarke Systeme - Viersesselbahnen und Kabinenumlaufseilbahnen -

Abfahrt im Tiefschnee

zurückzuführen ist." Laut dieser Statistik besitzt Tirol in 123 offiziell ausgewiesenen Skigebieten 1.269 Anlagen mit einer Gesamttransportkapazität von 1,163.832 Personen pro Stunde. An der Spitze steht das Gebiet Wilder Kaiser/Brixental (66 Anlagen). Es folgen Kitzbühel mit Hahnenkamm-Ehrenbachhöhe (32) und Arlberg mit Kapall-Galzig (29) und Ischgl-Idalpe (26). In den Gletscherskigebieten bestehen folgende Anlagen: Zillertal (22), Stubai (16), Pitztal (8) und Kaunertal (7). Die nähere Umgebung Innsbrucks ist technisch in nachstehender Weise erschlossen: Seegrube (5 Anlagen), Patscherkofel (4), Muttereralm (8), Axamer Lizum (10), Glungezer (8), Ranggerköpfl (6), Seefeld-Mösern (10) und Kühtai (10).

Ein anderes Kriterium ist die Angabe des Leistungsvermögens in Höhenkilometern x Personen pro Stunde (Pers.H km/h). Nach Bezirken aufgeteilt sind folgende Zahlen zu melden: Innsbruck Stadt und Land 32.380 Pers.H km/h, Imst 43.343, Kitzbühel 50.933, Kufstein 30.191, Landeck 58.943, Lienz 16.024, Reutte 20.747 und Schwaz 52.845 Pers.H km/h. Diese offiziellen Zahlen bestätigen die Tatsache, daß alle in der ersten Hälfte unseres Jahrhunderts beliebten Skigebiete „verliftet" worden sind. Aus den Wanderzielen einzelner wurden Sportarenen für die Massen. Aufstiegshilfen erfordern Pistenpräparierung, Einkehrstätten, Rettungsdienst, usw.

Winterliches Innsbruck
Max v. Esterle, 1912

Bergiselstadion

Durch den Bau der Anlagen und Pisten waren durch Abholzung, Geländeplanierung, Wasserableitung, Straßenbau, usw. Eingriffe in den Naturhaushalt der Berglandschaft verbunden. Neuerdings kommen dazu die Schneekanonen und die Speicherung des benötigten Wassers. Wenn auch die Skifläche Tirols von 8.568,7 ha nur 0,7% der Gesamtlandesfläche ausmacht, wird in der Öffentlichkeit immer deutlicher gefordert, daß Naturschutz und Landschaftserhaltung gegenüber dem Gewinnstreben Vorrang behalten müsse. Voraussetzung für den Tourismus ist keine „erschlossene" sondern eine unzerstörte Landschaft. Die Verantwortlichen für den Tiroler Fremdenverkehr kennen die Problematik. Im Buch „100 Jahre Fremdenverkehr in Tirol" von Dr.Lässer (1989) wird darauf Bezug genommen: „Mit dem Jahre 1974 wurde das Ende des Wachstumsfetischismus des österreichischen wie des Tiroler Fremdenverkehrs erreicht. Eine Zeit der Stabilisierung setzte ein." Dennoch brauchte es noch

Jahre bis die Erkenntnis, Licht und Schatten sorgfältig abzuwägen, auch bei den Verantwortlichen der Landgemeinden durchdrang. Schlagzeilen wie „Attentat auf letzte unberührte Gebiete", „Pistenbauer wittern Morgenluft", „Warten statt wedeln" begünstigten ein Klima der Nachdenklichkeit. Dr.Braun von der Tirol Werbung setzt auf „intelligente Konzepte" und „Qualität statt Quantität". Im oben erwähnten Buch liest man über die Zukunft: „Das immer näher rückende Jahr 2000 soll in dieser Hinsicht nicht nur eine zeitliche Zäsur darstellen,

sondern auch in der allgemeinen Haltung der Bevölkerung dem Fremdenverkehr gegenüber. Was bis dahin geschieht - ökologisch, politisch, wirtschaftlich, kulturell - kann man heute noch nicht sagen. Zukunft ist mehr als Gegenwart + 1, Zukunft ist Gegenwart + 1 + einem großen X."
Hoffen wir, daß den Skisportlern jeder Richtung und jeden Alters genug Raum bleibt. Wie heißt es im Arlberger Skilied: „Das Skifahren ist lustig, es macht uns sehr viel Freud, doch manchmal ist's beschwerlich, verursacht manches Leid." Der „Stern" von einst und der „Stau" von heute sind für den Betroffenen gleichermaßen unangenehm! Die Jugend begeistert sich an neuen Sportgeräten: dem „Big Foot", einer modischen Spielart des Firngleiters und dem „Snow Board" als Non plus ultra der Talfahrt auf Piste und im Tiefschnee.

Tourenskilauf heute

In der 1933 erschienenen Skifibel von H.Mumelter werden die Tourengeher als „Alpine Eigenbrötler" und „Finstere Alpenböcke" bezeichnet, weil sie gegen alle sind, „die die Alpen bloß/ als Tummelplatz frech benützen/ und ehrfurchtslos hinunterflitzen." Dennoch haben die winterlichen Berge für alle Platz, wenn auch manchen Tourengeher sein verliftetes und damit verlorenes Lieblingsgebiet schmerzt.
Inzwischen hat sich viel Positives ereignet, denn Technik und Ausrüstung wurden außerordentlich verbessert. Das Fahrkönnen im Tiefschnee ist enorm gestiegen, wie die perfekten Wedelspuren, das Zöpferlflechten und die Bogenperlenreihen beweisen. Der Skiwerkstoff Holz wurde auf Metall und diverse Kunststoffkonstruktionen umgewechselt. Die Bindungen sind nicht nur zweckmäßig, sondern bieten hohe Sicherheit zur Vermeidung von Verletzungen. Ähnliches gilt von den Schuhen, den Stöcken und der Bekleidung, Klebefelle ermöglichen im Verein mit den Aufstiegshilfen der Bindungen ein müheloses Höherkommen. Allerdings ist durch deren Steigfähigkeit die Kunst, geländeangepaßte Spuren zu legen, fast abhanden gekommen. Die „Jungmannschaftsspuren" und die „Direttissima" machen den Damen und Senioren mehr Mühe. Der Lawinenschnur, die in der Praxis kaum verwendet wurde, folgten die elektronischen Verschüttetensuchgeräte. Ihre zunehmende Verbreitung und die sachgerechte Anwendung vermindern die Risiken des Verschüttetwerdens. Statistisch gesehen ist die Zahl der Opfer nicht größer geworden, obwohl die Zahl der Tourengeher und die Häufigkeit des Befahrens exponierter Hänge zugenom-

erwähnen. Mit Prof.Rudolf Weiß, der eine große Anzahl von Skiführern verfaßte und der an der Universität Innsbruck einen Lehrauftrag für Tourenskilauf wahrnimmt, hat dieser Sportzweig sozusagen akademischen Rang erreicht. Im Informationsbereich sind die Bemühungen der alpinen Vereine, insbesondere des Alpenvereinszweiges Innsbruck und der Alpinen Auskunftsstelle zu nennen. Wer Anschluß und Tourenbegleitung sucht, dem nützen die Gemeinschaftsfahrten und

men hat. Trotz all dieser Bemühungen durch Aufklärung und bessere Geräte ereigneten sich bis in die jünste Zeit Katastrophen. Im Jahre 1963 starben 7 Berliner Studenten oberhalb der Kemater Alm, 1964 waren 6 Lawinenopfer im Pitztal zu verzeichnen, 1973 10 Tote im Gerlostal, 1974 9 Personen im Raum Kitzbühel und 1988 8 Menschen im Paznauntal und 1993 4 Tote im Bereich des Gurgler Ferners.

Mit dem Einsatz von Hubschraubern, der Verwendung von Telefon und Funk hat das Rettungswesen einen Stand erreicht, der innerhalb kurzer Zeit Hilfe ermöglicht. Darüber hinaus haben die Ergebnisse der modernen Medizin und der Sportwissenschaft sich auf den gesamten Skisportbereich günstig ausgewirkt. Fernsehwetterberichte, telefonisch abrufbare Wetterdienste und individuelle Beratung ermöglichen eine optimale Tourenvorbereitung.

Dazu kommen lange vernachlässigte Hilfsmittel wie genaue Karten, anwendungsfreundliche Bussolen und in Uhren integrierte Höhenmesser. An dieser Stelle sind auch die Führerliteratur und die Empfehlungen im alpinen Schrifttum zu

Führungstouren. Ältere erinnern sich dankbar an Dr.Karl Krall (1899-1968), der immer neue und wenig bekannte Ziele zu finden wußte. Nicht zu übersehen sind die Alpinschulen, deren Tourenwochen sich infolge der erfahrenen Führer und der guten Organisation großer Beliebtheit erfreuen. Durch die Verkehrserschließung sind die Tourenziele leichter erreichbar geworden. Autobahn und Talstraßen machen das Erreichen der Brennerberge (Navistal, Schmirntal, Obernbergtal), der Tourengebiete im Unterinntal (Voldertal, Wattental, Zillertal) und im Oberland (Kühtai, Ötztal, Pitztal, Kaunertal) leicht möglich. Die von Süden her anzugehenden Gipfel des Alpenhauptkammes sind bei frühem Aufbruch als Tagesfahrten durchführbar.

Die Zufahrten in das Stubaital und die Benützung der Gletscherbahn gestatten die Besteigung der Hauptgipfel einschließlich des Zuckerhütls. Dementsprechend groß ist die Zahl der Gipfelanwärter. Zur Beliebtheit der Frühjahrsfahrten trägt die gute Bewirtschaftung der Hütten bei.
Durch die verbesserte Fahrtechnik und das überragende Können Einzelner wurden abenteuerliche Steilwandfahrten ermöglicht. Es gibt kaum

Der Glungezer (2677 m) sei „König der Innsbrucker Berge, und einer der schönsten Skigebiete Österreichs und der Welt" - berichtet Gerald Aichner in seinem Glungezerbuch „Der weiße Berg" (1994)

eine Flanke in den Gletscherbergen oder eine Rinne oder ein Kar im Kalkgebirge, die nicht schon befahren wurden. Touren wie z.B. die Abfahrt von der Hohen Munde, die Besteigung des Lüsenser Fernerkogels oder des Hohen Rifflers sind Routine geworden. Über manche Auslandsunternehmungen wäre noch zu berichten. Hervorgehoben sei die Skibefahrung des 7492 m hohen Noshaq im Hindukusch in Afghanistan, der anläßlich einer Skiexpedition des Akademischen Alpenklubs im Sommer 1970 von den Teilnehmern Gabl, Markl, Moser, Schwabe und Schulz erreicht wurde. Elf Jahre hindurch, von 1970 bis 1981, blieb es die höchste bis dahin mit Skibenützung erreichte Höhe.

Zieht man eine Bilanz, so ist diese durchaus erfreulich. Der Tourenskilauf, als das hochalpine Element im Skisport, hat neue Betätigungsfelder gefunden. Das simple Sportgerät Ski macht das möglich, was Maria von Ebner Eschenbach (1830-1916) niederschrieb: „Sich glücklich fühlen können, auch ohne Glück - das ist Glück!"

Die Kalkkögel, der Klettersport und die junge Generation

von Walter Klier

Schöpfung

Der grundlegende Satz aller Geologie lautet: wo immer man sich befindet, befand sich einstmals ein Meer. So auch hier. Ehemalige Meere zeichnen sich geologisch dadurch aus, daß sie die Umgebung auffällig überragen.

Wie daraus die Berge entstanden sind, ist im Beitrag über „Geologie rund um Innsbruck" nachzulesen. Im Ostteil der Stubaier Alpen blieb Kalk zurück. Deren nördlichster Teil wird Kalkkögel genannt, in Bergsteigerkreisen auch „die Kögel". Daß ihre Felsqualität nach solchen Manövern nicht die beste ist, darf nicht verwundern.

Stockzähne

Wie eine Reihe vor der Zeit angefaulter Stockzähne entragen sie nun also den umgebenden Schuttströmen, diese wiederum den grünen Böden der Kemater Alm. Schwärmerische Schrei-ber der Jahrhundertwende haben die Bergkette mit den Dolomiten verglichen. Dieser und andere Versuche, einen Felsbezirk schmackhafter zu machen, der, seien wir ehrlich, in vielerlei Hinsicht zu wünschen übrig läßt, sind auf ganzer Linie gescheitert.

Alfons Zimmermann, der den ersten - und vorbildlich gebliebenen - Kalkkögelführer veröffentlichte, dürfte für den Vergleich mit den Dolomiten verantwortlich sein. Im Inneren des Führers kommt er der Wahrheit näher, wenn er etwa über die Lizumer Nadel schreibt:

„Ihre Ersteigung, die nur reinen Kletterwert hat, ist sehr schwierig, das Gestein zum Teil sehr brüchig, der Gipfel so schmal, daß er nur für eine oder höchstens zwei Personen Platz gewährt. Der Anblick dieses überaus schlanken Gebildes ist daher empfehlenswerter als seine Ersteigung."

Wie wahr! ruft hier der Kenner aus, um hinzuzufügen: Es gilt dasselbe, genauso für die meisten anderen dieser Giftzähne.

Zugänge:
Innsbruck - Senderstal

Der richtige Zugang erfolgt im Nordwesten durch das Senderstal und über die Adolf-Pichler-Hütte.
Bei Grinzens biegt man scharf nach links und erreicht den Eingang des großteils bewaldeten und dünn besiedelten Senderstals. Bald läßt man den Asphalt hinter sich und findet sich vor einem Fahrverbotsschild mit Zusatztafel

Schutthalden und splittrige Grate bestimmen das Landschaftsbild

wieder, deren Inhalt so rätselhaft formuliert ist, daß die Entzifferung die Geduld eines durchschnittlichen Innsbrucker Kletterers, der noch am selben Tag die Riepenwand durchsteigen will, bei weitem überfordern dürfte.

Die Rechtslage, die diesen Fahrweg umgibt, ist offenbar eine undurchdringliche, und sie führt zu immer neuen, stets unbefriedigenden Lösungen, sei es eine Parkgebühr, sei es ein Fahrverbotsschild. Wie auch immer, man schindet also das Fahrzeug durch das jedesmal wieder überraschend lange Tal zur Kemater Alm.

Zur Geschichte des Senderstals

In der zwar nicht guten, aber doch ungeheuer großartigen alten Zeit, also den zwanziger und dreißiger Jahren, sind die „Helden", denen wir unsere klassischen Gruselschocker von Touren verdanken, schon am Vorabend zufuß von Innsbruck angereist, oder, wer reich war, mit dem Fahrrad, wobei sie in vollem Karacho durch die Dörfer rasen mußten, weil die eingeborene Jugend sie mit Steinen bewarf.

Matthias Rebitsch hat den Zuruf „nackerte Stadtfacken" überliefert, der sich auf die wegen der Hitze mit bloßem Oberkörper zufällig genau nach dem Ende der Sonntagsmesse am Kirchplatz vorbeiradelnden Innsbrucker bezog. „Zu gerne wären wir vom Velo gestiegen, um sie ... Doch in Anbetracht ihrer Überzahl beschränkten wir uns auf Wortgefechte und schwuren handgreifliche Vergeltung unter günstigeren Bedingungen", schrieb Rebitsch in den „Mitteilungen" des Zweiges Innsbruck der ÖAV.

Jene Generationen hatten es auch in der Freizeit viel schwerer als wir Postmaterialisten.

In diesen Vor- und Nachkriegsgeschichten lebt man wochenlang von einer allmählich immer ranziger werdenden Speckseite und Hektolitern von Erbswurstsuppe, vom Fischfang im Sendersbach und ähnlichen ungesetzlichen Delikten.

Am Abend nach getaner Erstbegehung habe man sich dann unter Kletterern geprügelt, wobei die Vereinszugehörigkeit zugleich politisch signifikant gewesen sei, hört man erzählen.

Die bedauernswerten Nachgeborenen, in langweiligen Zeiten lebend, halten es nicht einmal mehr für nötig, einem alpinen Verein beizutreten. Was aus den Kalkkögeln als Klettergebiet wird, wenn sich das Ethos der Großväter endgültig verflüchtigt haben wird, das können wir nur ahnen.

Vielleicht wird unsere Enkel eine weltweite Energiekrise daran hindern, über Weihnachten nach Australien zum Sportklettern zu jetten, und sie finden notgedrungen zurück in das Biedermeier

jener kleinen und nahen Berge, die man seit den 50er Jahren, kaum hatten die ersten ein Auto, zugunsten häufigerer Dolomitenbesuche aufgab. In den 70er und 80er Jahren setzte sich bloß eine extrem verstockte Minderheit in den Kopf, das Sportklettern in einem Gebiet zu betreiben, das hierfür nicht geeignet ist. Hier war der verweichlichende Einfluß der Bohrhaken unter dem Sperrfeuer der Traditionalisten gleich zu Beginn der 60er Jahre abgeschmettert worden. Das zur Zeit gültige Tourenbuch der Adolf-Pichler-Hütte beginnt 1964 mit dem Paukenschlag einer heftigen Kontroverse um die Route von S.Huber und H.Zechel in der Großen Ochsenwand-Nordostwand (volkstümlich Simon-Zechel), in der die Erstbegeher einige Bohrhaken verwendet hatten, was das Klettern in dieser Tour stellenweise gebirgsuntypisch nervenschonend macht.

Die verbissenen Vertreter des Freikletterns erschienen wenige Jahre später, bevor die meinungsbildende Mehrheit die Liebe zum Weiterleben und damit zum Bohrhaken entdeckte. Moderne Kletterer sterben nicht mehr im Gebirge, sondern auf der Autobahn wie jeder normale Mensch.

Zugang über die Axamer Lizum

Der Vollständigkeit halber seien die zwei anderen Zugangswege in die Kögel genannt, die an emotionalem Gehalt dem Weg durch das Senderstal

das Wasser nicht reichen können. Für den nördlichen Teil der Kalkkögel ist die Lizum der günstigste Ausgangspunkt. Allerdings sind die Nordkögel noch brüchiger und also weniger frequentiert als die mittleren und südlichen.

Die Lizum ist per Postauto erreichbar, für Nichtautofahrer ein Vorteil.

Des weiteren gelangt man mit Hilfe der modernen Standseilbahn auf den Hoadl (2340 m), ohne wertvolle Kalorien in den Anmarsch zu stecken.

Zugang durch die Schlick

Die Schlick leidet im Sommer ebenso wie die Lizum etwas unter ihrer eigentlichen Bestim-

Kalkkögel, 1919 von Prof. Toni Kirchmeyer (1887 - 1965)

mung als Skigebiet. Dennoch sei nicht verschwiegen, daß man hier per Lift zunächst kraftlos eine Seehöhe von 2020 m (Kreuzjöchl-Restaurant) erreicht. Einen Teil dieser wertvollen Höhenmeter verliert man allerdings beim Zustieg zu den südöstlichsten der Kalkkögel-Einstiege, welche man sinnvoll von hier anvisiert.

Trotz der intensiven Nacherschließungs-Arbeit, die in den 80er Jahren Andreas Orgler auf sich genommen hat, und der dabei erfolgten Installierung eines Tourenbuchs auf der Schlicker Alm (Alpengasthof) muß hier angemerkt werden, daß das eigentliche Nervenzentrum der Kalkkögel doch die Adolf-Pichler-Hütte des Akademischen Alpenklubs Innsbruck ist.

Zur Adolf Pichler-Hütte und darüber hinaus

Der Weg von der Kemater Alm zur Hütte ist kurz, idyllisch und nicht steil. Bei der Hütte muß in aller Regel gerastet und vorn heraußen (möglichst auf der Bank an der Hüttenwand) in der Morgensonne der Morgenkaffee eingenommen werden.

Am 3.7.1977, nachdem wir - nach unserer Auffassung - eine anspruchsvolle Tour im Karwendel (Großer Solstein, Nordpfeiler) gemacht und uns „zur Erholung" in die Kalkkögel verdrückt hatten, ist es überhaupt beim Frühstück geblieben. Nach zuviel Apfelstrudel und Knödelsuppe und was noch vermochten wir uns in der Mittagshitze gerade noch die Viertelstunde bis zu dem Felsblock mit der Totengedenktafel der „Gipfelstürmer" zu schleppen, waren dort aber nicht einmal mehr zu einem Klimmzug fähig und mußten unverrichteter Dinge wieder abziehen.

Das Tourenbuch

Es liegt wohlverwahrt in einer Schublade auf der Pichlerhütte und wird nur auf ausdrückliches Verlangen und nur an Würdige ausgefolgt. Das erste reichte, um alle Touren der Zeit von 1904 - 1964 festzuhalten. Das derzeit gültige ist das zweite und noch lange nicht voll, obwohl es gelegentlich in die Hände von Wanderern fällt, die sich dann seitenweise über ihr Tun verbreiten und womöglich hinzufügen, das Wetter sei gut oder schlecht gewesen, was beim Bericht über extreme Felsfahrten nur in äußersten Härte- und Ausnahme-

Alpenklubscharte und Kleine Ochsenwand (2554m)

fällen zulässig ist. Oberstes Gebot bei der Eintragung sind Understatement und äußerste Lakonie. Unter wirklich guten Kletterern ist selbst verpönt, eine Erstbegehung einzutragen, die sich als weniger schwierig als vorgesehen entpuppt hat. Doch wehe, ein anderer kommt Jahre später und reklamiert diese Tour für sich selber als Erstbegehung, wie es H.Zak und A.Pölzl beim Plattenweg auf das Nordeck (1975) widerfuhr.

Kleine Ochsenwand

Erste Begehung der Nord-Ostwand am 23.8.1942.

und über eine Verschneidung durch eine kleine Scharte weiter zum Gipfel

Teilweise äußerst schwierig.
Zeit der Erstbegehung: 3½ Stunden

Werner Fischer   Sepp Fohringer ✝
Innsbruck

Einer der „wahren" Erstbegeher ließ seiner Wut im Tourenbuch freien Lauf. Ein besonderes Zornpotential tritt bei Paradigmawechsel zutage. Das Aufflammen der Bohrhakendiskussion 1964 wurde erwähnt. Ähnlich hoch ging es her, als die neue Generation von 1978, M.Wolf, R.Purtscheller und R.Schiestl, ihre Neutour - ausgerechnet an der sakrosankten Riepen-Nordwestwand - trendbewußt   King-Crimson-Gedächtnisführe taufte, wobei nebenbei die ältere Sitte, Touren nach verstorbenen, gefallenen oder abgestürzten Kameraden zu benennen, veräppelt wurde.

Die Kalkkögel sind eine Art Familienklettergebiet. Den harten Kern bilden nicht mehr als vielleicht drei oder vier Dutzend Leute, die immer wiederkehren und, notgedrungen, auch immer wieder dieselben Touren machen (die anderen macht man nur einmal im Leben, wenn überhaupt), und diese Leute kennt man zwangsläufig mehr oder weniger gut. So bleibt auch die Lektüre eines Tourenbuchs ein nicht nachlassendes Vergnügen.

Meine Lieblingseintragung handelt von der beliebtesten unter den schwierigen Touren, der Kleinen Ochsenwand-NO-Wand. Fischer-Fohringer, vulgo Fi-Fo oder Fix und Foxi. Jemand hatte die eigene Begehung so dokumentiert: „Wunderbare Tour, aber leider nur drei Seillängen." Ein anderer schrieb darunter: „Mit 50-m-Seil nur 2 Seillängen." Und ein dritter: „Mit 100-m-Seil nur eine Seillänge." Schön ist auch: „BCC* (British Climbers Club) was here. Climbed Fischer-Fohringer and Nadelsocken."

Bergkameraden im Paradigmenwechsel

Weh mir, der ich mir 1975 einbildete, eine neue Route in der Steingrubenkogel-Westwand (mit H.Klier) zu begehen, die der Schwierigkeit nach den IV-Ver Touren vergangener Zeiten vergleichbar war. Wir hatten die Tour, altmodisch, Direkte Westwand genannt, da sie zwischen den bis dahin begangenen Routen etwa in Wandmitte verläuft. Da wir noch dazu die Steinzeitmethode des Steigbaums für eine Stelle empfohlen hatten, mußten wir von Wiederholern nicht wenig verbalen Unbill erfahren. Als zusätzlicher Kommentar wurde 1978 von M.Wolf und R.Purtscheller eine Besonders Direkte Westwand begangen, natürlich seilfrei oder, wie es damals hieß „zu zweit allein"; kurz darauf folgte die Überaus Direkte.

Das Element der Ironie, das sich, wenigstens was die Namensgebung anlangt, auf diese Weise gegen Ende der 70er Jahre in dieses bier- bzw. todernste Gewerbe eingeschlichen hat, wird von mir trotz erwähnter Unbill von Herzen begrüßt.

Um 1980, als Andreas Orgler die Serie seiner spektakulären Alleingänge begann, hatte er via Tourenbuch herbe Kritik einzustecken.

Nach der ersten Alleinbegehung der nicht gerade harmlosen   King-Crimson-Gedächtnisführe schrieb jemand (glaublich P.Meth) unter die diesbezügliche Eintragung „We believe in you.

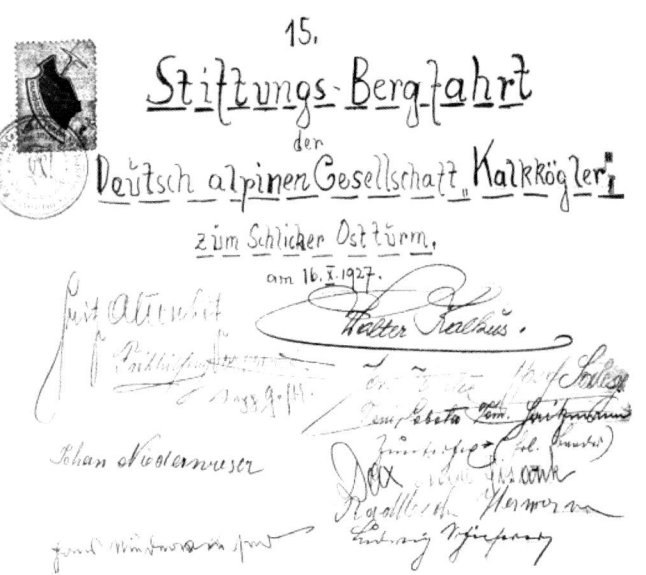

Please relax you." Das zweite „you" hat später jemand des Englischen Mächtiger gnädig ausgestrichen.

Wenn eine neue Generation etwas besser oder bloß anders macht, glauben die früheren, sich nur mit Hohn oder blanker Ablehnung erwehren zu können. Manche schier unglaubliche Leistung Orglers wurde als solche gesehen - nämlich nicht geglaubt.

Umgekehrt belegt die jeweils jüngste die älteren Generationen mit einer Art von prophylaktischem Hohn, der sich bis knapp jenseits der jeweiligen Vätergeneration erstreckt. Die noch älteren hingegen, die physisch auf keine Weise und in keinem Fall mehr gefährlich werden können, erhebt man gerade in den Rang von Vorläufern und Vorbildern. So wurde Rebitsch zu seinem siebzigsten Geburtstag (1981) von Reinhold Messner, Sepp Gschwendtner, Heinz Zak, Wulf Scheffler und Heinz Mariacher gewürdigt („Alpinismus", 10/81). Ein düsteres Geheimnis umweht bis heute den Riepenpfeiler, eine Route, an der sich frühere Generationen, und zwar immer die Besten der Besten, vergeblich versucht hatten, bis Andreas Orgler kam, sah und siegte (am 16. und 17.9.1980; Lit.Alpinismus 3/81). Orgler selbst hat die Begehung in den „Mitteilungen" des Zweiges Innsbruck des ÖAV (2/1981) eingehend beschrieben: „400 Meter hoch, steil, brüchig und unbezwungen

stand er da, schon lange versucht, fast schon zur ewigen Jungfräulichkeit verurteilt. Dieser Zustand mußte geändert werden ... . 3 Trainingsmonate, 2 Versuche, 5 Längen bis hierher und bereits ein Sturz in dieser Stelle sind schon Vergangenheit. Gegenwärtig ist, daß ich mich gerade mit Kondensmilch und Schokolade für einen weiteren Versuch herrichte. Ich löse mich vom Stand. Das nach links führende Dach unterklettere ich mit 3 Eishaken. Enorme Hakenabstände kann ich noch dank meiner Kondition bewältigen... Aber was sich nun meinen Augen bietet, ist kriminell: eine 10 Meter Verschneidung und anschließend ein Plattenquergang nach links ca. 5 Meter; alles überhängend, versteht sich. Vorsichtig schiebe ich mich mit quietschenden Slicks die Verschneidung empor. Hier stehe ich an, und der einzige Weg führt nach links. Aber von dort bin ich eben erst 35 Meter geflogen. Es muß gehen, aber schnell. Let's swing, so geht es über 3 Griffe rasch nach links. Ein Riß, klein, aber mein. Mit den Zähnen setze ich den Haken, 4 Hammerschläge und das Schmalz ist weg. Schnell eingehängt und so ist die Stelle bewältigt. Das anschließende Biwak und die letzten 150 m drücken noch arg aufs Gemüt. Aber der Pfeiler ist bezwungen. Allein. Now I'm going home."

Zunächst hat es irgendwie kein Mensch geglaubt; seit Orgler in den Weltbergen Großes geleistet hat, sagt niemand mehr, daß er es nicht glaubt. Wann immer man einen der „Guten" auf die Tour anspricht, die bis heute (1993) keine Wiederholung erfahren hat, bekommt man keine ordentliche Antwort.

Kampfgeist

Gewiß besuche ich gern und oft die Kalkkögel, die nicht gerade ein Luxuskletterngebiet sind. Doch fehlt mir leider der bedingungslose Kampfgeist, den wir nicht oder nur aus Eugen Guido Lammers pathetischen Schriften oder Hermann Buhls

Teilnehmer: Pircher, Eglauer, Steiger, Hörtnagl; Der Berichterstatter Hörtnagl vermerkt folgende Zeiten:
Ab Innsbruck 4 Uhr, Götzens 6 Uhr 30, Adelshof (1316 m) 7 Uhr 45 bis 8 Uhr 30 Lizumalpe (1633 m), 9 Uhr 15
bis 9 Uhr 45. Weiter über den tragfähigen Schnee in die Scharte zwischen Marchreisenspitze und Ampferstein 12
Uhr 10. Gipfel (2555 m) 12 Uhr 15 bis 14 Uhr 30. Abstieg zur Schlickeralm 15 Uhr 45 bis 16 Uhr 15. Weiter
nach Telfes 17 Uhr 10 bis 18 Uhr 30. Über Stefansbrücke zur Station Unterberg der Brennerbahn.
Ankunft 20 Uhr 15. Die reine Gehzeit betrug also 11,5 Stunden!

Lebensbericht kennen, sondern auch von einigen aus der eigenen Generation: dieses Paramilitärische, das aus allen unangenehmen Begleiterscheinungen des Alpinismus, als da sind Hunger, Durst, Erschöpfung, Angst, Lebensgefahr und frühes Aufstehen, usw. masochistischen Genuß zieht. Lustvolle Schmerzbringer minderer Güte waren einst auch die kratzigen Wollsocken und Lodenhosen.

Abstiege

Wirklich schön sind in den Kalkkögeln die Abstiege. Wo man in den Dolomiten oft viele Seillängen über schwindelerregende Riffe abseilen oder gar abklettern oder sich an ekelhaften Drahtseilen wieder in die Tiefe schwingen muß, an denen sich zur gleichen Zeit ganze Karawanen Unbedarfter emporhieven, spaziert man hier nicht selten auf bequemem Schotterband in die bequeme, nämlich ausreichend mit gut dimen-

sioniertem Schotter gefüllte, nicht zu steile, nicht zu flache Schotterreise und läuft über diese entspannt in wenigen Minuten zum Wandfuß hinunter und oft noch weiter bis zu den Almweiden, in deren Grün diese Reisen wie weiße Zungen vorstoßen.

Kaltkögel

Wer nicht erlebt hat, wie kalt diese Kögel sein können, während rings das Land in der Sommerhitze brät, der wird es auch nicht glauben. Aber wahrlich, ich sage euch, sie sind es. Der Name wurde deshalb auch (glaublich von D.Grepl) in Kaltkögel verballhornt. Die Wände der Sendertaler Seite schauen fast alle nach Nordwesten. Die Sonne kommt dort, wenn überhaupt, erst am Nachmittag an - wenn es nicht vorher zu regnen begonnen hat.
Überflüssig hinzuzufügen: auch das Wetter ist in den Kögeln viel unsicherer als anderswo. Hat der Wetterbericht vereinzelte Gewitter prophezeit, so wird eines der vereinzelten sich über der Riepenwand zusammenballen, und nicht nur das: in den Kögeln fällt Schlechtwetter früher ein und bleibt mit eigener Zähigkeit länger dort hängen. Längst haben in der Stadt die Schwimmer und UV-Anbeter das Tivoli-Bad wieder bevölkert, da hängen im Südwesten um die kleinen Zacken noch nasse Schleier und man stellt

sich vor, wie der Wind verlorenen Wanderern auf der AK-Scharte droben ins Gesicht springt und ihnen das Wasser in die Augen treibt.

Diese Tatsachen mögen von der meteorologischen Statistik nicht bestätigt werden, entsprechen aber der langjährigen Erfahrung des aktiven Kletterers.

Typischer Wetterverlauf nach Murphy

Es ist also durchaus möglich, daß der höhere Sinn dieses Gebirges in einer möglichst vollkommenen Demonstration von Murphys Gesetz besteht, dessen zwei Teile bekanntlich etwa so lauten: Alles kann schiefgehen. Wenn etwas nicht schiefgehen kann, geht es trotzdem schief. Neben den russischen Atomkraftwerken und liberianischen Tankschiffen bietet die Wetterentwicklung in den Kalkkögeln, bezogen auf die jeweilige Klettertätigkeit, dazu das beste Beispiel.

Wenn nämlich niemand dort klettert, verhält sich das Wetter durchaus mittelmäßig, mit einer Tendenz zum Freundlichen. Wehe aber, einige Duos und Trios von Ochsen- oder gar Riepenwand-Aspiranten haben sich morgens in Innsbruck aufgemacht. Da ziehen zunächst mit unauffälliger Häme ein paar Schleier über die Fotscher Berge her, ziemlich hellgrau noch, aber doch mit eindeutigem Graustich. Dann ballt sich einiges an regenschwangerer Gräue im Norden über der Erlspitzgruppe zusammen, verzieht sich aber kurzfristig wieder.

Inzwischen sitzen vier oder fünf Seilschaften beim bereits erwähnten Kaffee vor der Hütte, wo ein eigenartig ungemütliches Lüftchen zu blasen angefangen hat, und starren und glotzen ununterbrochen gegen Ostsüdost, als sähen sie diese Berge heute zum ersten Mal, wo doch das Gegenteil der Fall ist. Der Schleier vom Sellrain her wird zwar nicht dunkler, aber dichter. Jemand redet von „oberhell" - was eine Wetterlage beschreibt, deren Entwicklung ehrlicherweise nicht absehbar ist.

Zweiter Kaffee; jemand verliert die Nerven und bestellt einen Apfelstrudel. Ein Miesmacher schwärmt vom „amerikanischen Frühstück".

Alle drei Minuten disponiert jemand um. Im „Cafe Central" wäre es jetzt himmlisch: warm, muffig, voller Menschen und Rauch.

Die größeren Ziele sind aufgegeben; schließlich landen alle an der Kleinen Ochsenwand. Zwar wird nun der Wind etwas kälter und merklicher, dafür scheint es von Westen wieder heller zu werden. Jemand sagt: „Des reißt so auf und zu." Jemand anderer: „Des ziacht so hin und her."

Richtig finster wird es erst, als nach langwierigen gruppendynamischen Verwicklungen und scherzhaften Drohungen der Hüttenwirtin, sie hinauszuwerfen, wenn sie nicht freiwillig aufbrächen, endlich alle Seilschaften abmarschiert sind, sich angeseilt haben, losgeklettert sind und samt und sonders im jeweils schwierigen Teil der Tour angelangt sind. Ich zum Beispiel stehe, während die ersten schweren Tropfen fallen, unter dem unsympathischen Loch, der Schlüsselstelle der Schmidhuber-Lang, also zunächst vor Regen geschützt; D.Grepl und R.Neuschmid stehen ebenfalls unter einem Dach. Rechts im Schwarzen Spaziergang sitzen St.Kranebitter und Gef. dohlenartig auf dem Zacken vor dem heiklen Quergang; noch weiter rechts, außer Sicht- und Rufweite, zaubern G.Kienpointner und O.Alber in der Auckenthaler herum. Von links ums Eck hingegen tönen lästerliche Reden (von D.Eidelpes und K.Schoißwohl) aus der Nordverschneidung.

Ich warte standesgemäß und unter aufmunternden Zurufen vom Bodenpersonal, bis es richtig schüttet; dann seile ich mich zu den anderen zurück. Dabei gibt es wider Erwarten keinen Seilsalat; auch das Seil läßt sich widerstandslos abziehen. Ein gemeinsamer 50-m-Abseiler bringt uns alle auf den Vorbau hinunter; der kurze Weiterweg zur Hütte erfolgt wie so oft im Laufschritt; dort sind wir so durchnäßt, daß wir sogar das Mitleid der Hüttenwirtin so weit erregen, daß diese den Ofen in der großen Stube für uns einheizt.

G.Kienpointner und O.Alber kommen erst eine Stunde später, mit einem Gesichtsausdruck wie

Captain Scott knapp vor dem Südpol. Sie hatten nur ein Seil mit, mußten also im Sturzbach der Auckenthaler zwanzigmeterweise abseilen und demgemäß diverse Haken schlagen.

So ist das mit dem Wetter.

Nie war ich ihm so dankbar wie an jenem Tag, als ich mich zusammen mit M.Wolf, einem der Erstbegeher, an der Super-Crimson in der Riepenwand versuchte. Der Einstiegsüberhang hatte sich (im Nachstieg) erst im fünften Versuch überwinden lassen. Da tat mir der Mittelfinger schon ziemlich weh. Die restlichen 25 m der ersten Seillänge brachte ich, mäßig entnervt, hinter mich. Es handelte sich dabei um ein merkwürdiges Auf und Ab an abschüssigen und natürlich brüchigen Leistchen entlang. Am Stand von der zweiten Länge, wo sich das ganze Ausmaß der Steilheit dem Blick darbietet, fing es, Gott sei Dank, eindeutig zu regnen an, und wir seilten uns wieder ab.

R. A. C. Turm I. Ersteigung 2. Oktober 1917

Etwas östlich der Nadelreise unter den Schlicker Nadeln erhebt sich eine ungemein kühne Turmgestalt in der Höhe des Nordturms. Sie war schon vielleicht an zehnmal gewöhnlich aus der senkrechten Ostkante versucht worden. Erst im Oktober 1917 gelang ihre Ersteigung. Von der Nadelscharte fährt man etwa 100 m ab und steigt dann östlich über Geröll zum Fuße des Turms hinan. Über ein breites Geröllband gelangt man zu einem Kamin, der auf eine Kanzel führt (leicht). Hierauf einige Meter neben der Kante zu einem kleinen Felskopf. Über diesen ragt ein griffloser Überhang herein. Über diesen kamen wir mit Hilfe einiger Mauerhaken äußerst schwer hinauf. Erst nach einer ebenfalls ungemein schweren Traverse von 4 Metern erreicht man einen festen Griff. Leichter erreicht man dann eine Leiste. Über diese gelangt man zur Westkante, über die man in schwerer, stark exponierter Kletterei auf den Gipfel gelangt. Der Abstieg erfolgt durch zweimaliges Abseilen mit 60-m-Seil. Die Haken wurden wieder herausgenommen. Die Erstersteiger benötigten für die Kletterei 4 Stunden.

Emil Hensler R.A.C., Oberhammer Karl B.G.E., Friedel Helmut B.G.E.

Kletterer - Ansichtskarte von 1910

Die Wanderer

Nicht nur der allgemeine technologische Fortschritt im Bekleidungswesen hat dazu geführt, daß die Kletterer seit gut 15 Jahren nicht mehr in lodenen Kniehosen, wollenen Stutzen und mehr oder weniger karierten Hemden einherschreiten. Der vormalige Distinktionsgewinn durch abweichende Kleidung war von den Bergwanderern eingeholt worden und damit aufgebraucht.

So tauchten die progressiven Elemente der Jungmannschaft ca. 1978 in weiten, weißen Latzhosen auf der Hütte auf, wie sie Maler verwenden. R.Purtscheller trug bei der später beschriebenen Laichner-Pertl-Begehung einen hellgrauen, wenn auch etwas abgeschabten Nadelstreifanzug und keinen Helm. Da es sich bei ihm um einen der wenigen sogenannten sturzfreien Kletterer handelt und er die ganze Tour führte, war das Risiko allerdings wirklich gering.

Die achtziger Jahre waren die Zeit der bunten Hosen, teils weit, teils aus elastischem Material,

eng anliegend und in leuchtenden Farben gehalten. Zwar friert man unter solchen Umständen, dafür fällt das charakteristische Kratzen und Beißen der Lodenhosen weg. Dazu kamen immer buntere Klettergurte, Schuhe, Seile, Schlingen, Karabiner und dergleichen. Die Parallelen zur Modegeschichte anderer Sportarten wie Paragleiten sind unübersehbar. So ist also die Unterscheidung zum Wanderer, der treu an Kniebundhose und rot-weißem Hemdkaro festhält, deutlich genug markiert. Dieser Wanderer rastet gleichfalls vor der Hütte, bevor er zum Hoadl, in die Lizum, die Schlick oder zum Seejöchl weiterreist. Er empfindet eine dumpfe Hochachtung vor der selbsternannten Aristokratie der Berge - mögen es in Wirklichkeit auch nur Strauchritter sein, die da ihr Gewaff, die klingenden (oder doch nur scheppernden) Paraphernalia des edlen Sports aus dem Rucksack klauben und aufteilen und an den Klettergurt hängen, daß sie am Ende daherkommen wie ein neuguinesischer Weihnachtsmann. Für den Harmlosen sind sie einfach toll: tollkühne Männer (neuerdings auch Frauen) ohne fliegende Kisten. Das Fliegen ist in diesem Felsen überdies nicht ratsam. Deshalb (natürlich waren wir auch schon zu alt, als es richtig damit losging) sind wir auch nie echte Sportkletterer geworden. Zu sehr haben wir uns jahrelang selber darauf dressiert, nur hundertzwanzigprozentige Schritte zu machen.

Hier möchte ich anmerken, daß es mir bisher erspart geblieben ist, in den Kalkkögeln einen Flug zu tun oder, wie eine der vielen Umschreibungen lautet, eine Breze zu reißen. Ich führe dies, abgesehen von ausreichend viel Glück, auf die besondere Vorsicht zurück, die ich walten ließ, abgesehen vielleicht vom Südanstieg von der Schlicker Südzinne. In Unkenntnis des Weges und unfähig, den Anweisungen des von mir selbst verfaßten Führers zu folgen, geriet ich in die Südwestwand und in brüchiges, ganz ungesichertes und vollkommen schauderhaftes Gelände des VI.Grades (20.9.1978). Ähnlich dem Abenteuer Kaiser Maximilians kam ich nicht mehr weiter, was in diesem Fall hinauf geheißen hätte,

Felsqualität

So sah die Schachfigur unter der Melzernadel bis ca. 1950 aus. Durch unvorsichtige Kletterer stürzte später der oberste Block ab.

gelangte aber mit Hängen, Würgen und Kniezittern hinunter auf das einladende Schotterfeld.
Der Harmlose lauscht verzückt der Kletterer-Geheimsprache, verzückter noch dem Schweigen oder den kurzen und unübertrefflich barschen Antworten, die erhält, wer es gewagt hat, irgend eine Frage zu stellen, die per se dummköpfig und daneben gewesen ist, wie etwa: Wo geht ihr heute hin? Das darf, wenn überhaupt, der Hüttenwirt fragen, oder vielleicht sehr gute Freunde, andere bekommen bestenfalls die Antwort:
„Da aufi", oder „des wiß ma no nit" oder etwas ähnlich Informatives.

Kein Klettergebiet hat uns zeitlebens so viel Angst auf so kleinem Raum eingeflößt. Sprechen wir es aus. Die Kögel, auch Chalks genannt, sind brüchig, und das ohne Kompromisse. Die Art von henkel-, schuppen- oder ohrenförmigem Griff, der bei anderen Kalksorten für schöne Kletterstellen garantiert, auf den man über meterlange Durststrecken und mit erlahmender Kraft noch lossteuert, in den man sich dann erlöst fallen läßt, diese Worte weckt im Kögelkletterer bloß Mißtrauen und Impuls, dieses vorstehende Ding möglichst weiträumig zu umgehen, damit es nicht bereits bei Annäherung, aus jahrmillionenlangem Schlaf geweckt, sich von selber löst und in die Tiefe saust.

Zwar kann man komischerweise ganze Längen in den sogenannten schönen Touren klettern, ohne tatsächlich an einen wackeligen Griff zu geraten, aber dieser Eindruck von völlig kompaktem Fels, wie man ihn in Verdon bekommt (in den Dolomiten schon weniger), will sich nicht einmal in der „festen" Fischer-Fohringer breitmachen, wenn man ehrlich ist (wie gesagt keine ausgesprochene Stärke der Kletterer). Auch in kompakteren Passagen bleibt dieser Eindruck des Hohlen, Provisorischen, Kleinsplittrigen, jedenfalls Unzuverlässigen haften.
Im übrigen weist die Fi-Fo zumindest einen Griff von zweifelhafter Güte auf, der sich bezeichnenderweise in der Schlüsselstelle findet; sich mit dem vollen Vitalgewicht seiner 80 Kilo an die große, dünne Schuppe über dem Einstiegswandl zu hängen, wie es der später in der Sahara beim Drachenfliegen abgestürzte W.Unterlechner tat, fällt jemandem, der sich Reste alpinen Zartgefühls bewahrt hat, nicht ein. Die Schuppe ist damals trotz stärkster Befürchtungen an ihrem Platz geblieben - bis heute.
Als Gott beschloß, die Kletterer zu prüfen, schuf er die Kalkkögel. An der Ostseite, der Schlicker Seite, ist der Fels im großen und ganzen besser. Dafür sind die Touren meist länger, weniger

begangen, entlegener, mit umständlicheren Abstiegen, also deutlich ernster - schon weil einem niemand von der Hütte aus zuschauen kann.

Das Ende der Kalten Kante

An dieser Ostseite geschah es, daß von deren berühmtester Tour, der Kalten Kante (M.Rebitsch/Novosansky, 1943), in einer stürmischen Gewitternacht die ganze Schlüssellänge herabstürzte und von der Schuppe, an der ich wenige Tage zuvor noch mit Gottvertrauen gehangen war, während C. Klier, D.Grepl und H.Wögerbauer mir und der Schuppe mit ebensolchem Gottvertrauen zusahen, nichts als eine sandige mehr oder weniger senkrechte Fläche übrig blieb. Etwas von diesem Sand war schon heruntergerieselt, als ich die Schuppe, die einen seltsam hohlen Ton, wie ein fünf Meter großer gesprungener Teller, hatte, zum Zwecke der allseitigen Beruhigung getätschelt hatte, bevor ich unter Ausnützung des Risses, der die künftige Sollbruchstelle markierte, an ihr emporstieg.

Schotterphilosophie

Natürlich gewöhnt man sich an alles. Die Frage nach dem Warum würde zu weit führen. An Heimat gewöhnt man sich eben so lange, bis man sie, wenn schon nicht liebgewonnen hat, so doch auch nicht mehr recht lassen kann.
Man entwöhnt sich auch schnell. Am 18.8.1983 kam ich mit D.Sanders nach einer längeren Zeit in den südfranzösischen Klettergebieten in die Westwand der Kleinen Ochsenwand. Wir quälten uns voller Angst und Ungewißheit durch die uns wohlbekannte Auckenthaler-Route; die schottrigen Bänder und Wändchen des Vorbaus schienen steiler und brüchiger denn je; umso mehr waren es die ineinander verkeilten Blöcke der roten Verschneidung, die entweder staubigen oder nassen, in jedem Fall aber abschüssigen Haltepunkte der Schwarzen Verschneidung. Selbst dort, wo man aus dieser in den mossigen Schluf gelangt und das Gefühl der Ausgesetztheit dem der Beengung weicht, während die Enge zugleich das zügige Weitersteigen hemmt, wollte der Eindruck der Unverläßlichkeit des ganzen Aufbaus nicht weichen. Daß wir hundertmal hiergewesen waren, nützte nichts. Die gekräftigte Muskulatur und verbesserte Technik, womit wir in Frankreich eben noch 6a und bis ins untere 6b geklettert waren, was rein numerisch dem VI. Grad entspricht: das war hier im oberen IV.Grad von geringem Nutzen. Das selbstvergessene, „gleichsam schwerelose Steigen und Klimmen im steilen Kalk" (so heißt es doch in den Bergbüchern, nicht?) ist hier nicht ratsam. Eher durchgängige Vorsicht, Vorsicht,

Grosse Ochsenwand - Nordostpfeiler

1.Begehung am 23.8.1944
Laichner Walter D.A.V. jüngen Ibk.
Perle Ernst "   "

Die grosse Ochsenwand wird NO-Kd.d. direckt in der Mitte von einem schwach ausgeprägten Pfeiler durchzogen dessen rechte Wand = hölfte den Durchstieg vermittelt.

Vorsicht. Wenn an einem Stand, was ohnehin kaum vorkommt, drei Haken stecken, schlägt man einen vierten dazu, oder legt einen Keil - wenn ausnahmsweise ein Riß vorhanden ist, der sich dazu eignet. Die barocksten Standplätze, an die ich mich erinnern kann, baute R.Purtscheller

9 Oktober 1932.

Rossgruben - Turm - B.B.E. Turm.

Große Ochsenwand N. O. Schürtl.
II. Begehung Bürau - Bernardi-Weg.
(die Klauen ist leicht 10 schwürig als die Rißen
N. W. Wand) (Routenbeschreibung im alten Tourenbuch)

Matthias Zuckenthaler S. Ö. A. V. Innsbruck.
Tanfer Rudl.   B.R. „JAHN" 1909.

bei einer Begehung (mit W.Engers, 10.8.1981) des Großen Ochsenwand Nordpfeilers (Laichner-Pertl scherzhaft zu Leichenbrettl verballhornt). In ebenso mühsamer wie doch auch lustvoller Kleinarbeit wurden da wahre Spinnennetze gesponnen, Sicherheit sozusagen kilopondweise aus seichten wackligen Rißchen gewonnen, eine zeitraubende Betätigung, was Purtscheller, der die ganze Tour führte, dadurch ausglich, daß er auf Zwischensicherungen verzichtete. .

Die Erfindung der Friends (Kreuzung zwischen Schraubenzieher und Raumschiff, sorgt auch in nach unten und außen offenen Rissen für verläßlichen Halt), die ihren Namen zurecht tragen, hat hier etwas Erleichterung geschaffen. Der Kögelfels ist nämlich nicht nur brüchig, er ist zugleich kompakt. Hakenweise heißt das so schön. Er liegt in einige Meter dicken, auffallend waagrechten Schichten.

Kletterstellen (1)

Die Wandstelle

Die archetypische Kogelstelle ist eine Wandstelle. Man klettert vom Schotterband unmittelbar in einen Überhang: der erste Griff ist etwas zu hoch und zu klein und zu scharfkantig und wackelt vielleicht auch ein bißchen. Der erste Tritt hingegen fehlt. Die Wandstelle ist erst von Bauchhöhe an vorhanden. Darunter bildet sie eine Art von Höhle, selbstredend zu flach, um vor Regen Schutz zu bieten; auch hat die Erosion, die hier, sozusagen am Jahresring der Kalkschichten, stärker angriff, es nicht für nötig befunden, etwas sicherungstechnisch Akzeptables wie einen Riß hervorzubringen.

Ist der Anfangsklimmzug vollbracht, steht man gleich in auffallend senkrechter Wand, eher hakenarm das ganze, tatzelt an den charakteristischen schmalen Leistchen behutsam empor, wirft dem an windigem Stand sicherndem Freund vielleicht einen Kiesel auf den Helm. Einige Meter weiter, nachdem man in einer unsympathisch rund-flachen Kuhle einen Klemmkeil appliziert hat, der einem dann, wenn er endlich zu sitzen scheint, eigentlich mehr Angst macht, als wenn man gleich weitergegangen wäre, gelangt man zum nächsten Schotterband. Das heißt: man steht etwas ungemütlich, mit der Nase in der Höhe dieses Bandes, die eine Hand belastet die abgerundete, wie abgeschmirgelte Fels-Oberkante, die andere scharrt sinnlos im Schotter oberhalb, um dort etwas wie einen Halt zu finden, weil man ja nicht ewig hierbleiben kann. Dabei bekommt der Zweite dann etwas mehr und größere Kiesel hinuntergeworfen.

Solche überraschend schwierigen Stellen, die sich allerdings flugs in Wohlgefallen auflösen, wenn man das nächste Band erklommen hat, zieren nicht selten die klassischen mittelschweren Touren. Die tollste unter ihnen ist sicher die Schlüsselstelle der Delagokante (Schlicker Nordzinne), einer Tour im vierten Grad. Sie erfordert zunächst einen schieren Klimmzug von der schiffbugförmigen Felsnase und dann eine Reihe sehr rascher Bewegungen, bis man nach zwei, drei Metern wieder die nötigen Quadratzentimeter Fels unter den Sohlen hat. Der Unterhaltungswert der Stelle ist für alle, die gerade nicht dran sind, als ungewöhnlich hoch einzustufen. Bei einer Körpergröße von unter 1.63 m wird die Mitnahme eines Schemels empfohlen. Oder man bringt vom Schotterband einen größeren Stein mit und legt ihn unter den Schiffsbug. Karl Berger, einer der Erstbegeher, beschrieb das 1903 in der DÖAV-Zeitschrift so: „...ein ungemein schwieriger Kletterweg, der bisher nicht wiederholt wurde. Ein Abbruch konnte nur überwunden werden, indem man das Seil über einen Vorsprung warf und frei emporklomm."

Kletterstellen (2)
Das Ringband

Die waagrechten Schotterbänder sind ein unverzichtbares Gestaltungselement und nicht selten Quell seltsamer Überraschungen.
Einerseits erlauben sie es, bequemen Fußes halbe Wände zu durchwandern oder Berge zu umrunden. Dann wieder enden sie abrupt. Das Ringband etwa, auf dem die West- und Nordanstiege auf die Kleine Ochsenwand enden, geht unvermittelt in ein Kriechband über, zwingt den Passanten förmlich auf die Knie und dazu, sich robbend wie einst in der Ausbildung zum Präsenzdienst über rot mehligen Fels zu bewegen. Zuerst waagrecht, dann leicht fallend, und unweigerlich sich mit umgehängtem Material an überflüssigen Zacken zu verfangen und sich den Kopf am Plafond anzuschlagen - die Raumhöhe beträgt nur etwa 30 oder 40 cm. Schneidige und solche, die unter keinen Umständen ihre Mitmenschen zum Lachen bringen möchten, klettern außen im dritten Grad vorbei.

Das Fliegerbandl

Ein besonders breites Band von Bundesstraßendimensionen führt uns zur berühmtesten Kletterstelle der Kögel, dem Fliegerbandl.
Es fängt damit an, daß die West- und Nordwestwand der Riepenwand etwas vom Mauerartigsten überhaupt ist - gekrönt wird diese Mauer von altägyptischen Pyramiden, die nach Neuschnee, bei weiß angezuckerten Bändern, am schönsten anzusehen sind.
Über jene Mauer springen und stürzen zu jeder Tages- und Jahreszeit freizügige Quantitäten von Wasser und Steinen herab, die aus der ausnehmend morschen Pyramidenregion stammen, was die Stimmung schon beim Anmarsch ziemlich drückt. Während der besonders mühseligen Schotterreise zum Einstieg wächst die Mauer in bestürzendem Maß über einem empor. Daß andere Wände wesentlich höher und berühmter sind, fällt in solchen Momenten nicht ins Gewicht. Keine Wand ist schlimmer als die Riepenwand, keine ist - fast überflüssig zu sagen - kälter. Die Route von M.Rebitsch und K.Loserth (1936) hat überhaupt erst drei Wiederholungen, weil sie in Gegenrichtung des Klettervorgangs üblicher-

Schlickermandln

Eintragung im Tourenbuch der Adolf Pichler-Hütte über die Ersteigung der Riepen NW-Wand mit dem „Fliegerbandl" durch L. Netzer, K. Aicher, W. Hummel und K. Schuster am 19. Juli 1914.

weise von einem Bach zur Fortbewegung benützt wird. Nur ist die Alte Nordwestwand an sich eine klassische VI/Ver Tour und mit den anderen Scheußlichkeiten, mit denen die Riepenwand aufwartet, nicht zu vergleichen. Zunächst schwindelt man sich also durch Kamine, über Bänder, moosige Risse und kleine Wandstellen durch die Riesenmauer hinauf, bis man auf der „Bundesstraße" anlangt. Auf ihr spaziert man ein Stück nach rechts, wo die großzügig angelegte Trasse jäh endet. Man lugt ums Eck. Zwanzig Meter weiter fängt die „Bundesstraße" wieder an. Nur eine sehr kurze Seillänge fehlt. Dies ist das Fliegerbandl, welches seinen Namen zurecht trägt.

Lang ist die Liste derer, und große Namen sind darunter, die hier den Weg aller Kletterer gingen

oder als Zuschauer oder Retter das Sturzpersonal vervollständigten. Manche haben versucht, um ein Schichtband zu früh abzubiegen, was ihnen nicht bekam, wo doch - zumindest in den neueren Auflagen - der Führer in Wort und Bild genauest darüber Auskunft gibt, daß der Quergang unterhalb des auffallenden großen gelben Rechtecks in der Wand zu erfolgen hat. Aber Kletterer, besonders die aus Innsbruck, mögen Führer so wenig wie andere Leute Bedienungsanleitungen für Videorekorder. Doch das ist ein anderes Kapitel, eine andere Geschichte.

Der „Zimmermann" beschreibt die Stelle so: „... auf ein breites, sehr brüchiges Band, das 40 Meter nach rechts verfolgt wird ..., bis es in eine außergewöhnlich schwere, an der Grenze des Möglichen stehende Leiste übergeht, die 30

Meter lang ist (Die Erstbesteiger benötigten zur Bewältigung dieser Stelle 4 St.). Darnach wird das Band wieder breiter...". „Darnach", ja. Heute stecken einige Haken, allerdings irritiererderweise nicht alle auf gleicher Höhe, was zur Nervosität ebenso beiträgt wie die Tatsache, daß man zwischen den eigenen Schuhspitzen ohne optische Behinderung die 200 Meter genau zum Wandfuß hinuntersieht, wenn man sich die Muße nimmt, hinunterzuschauen. Was die Griffe anlangt, folge man ruhig der angedeuteten Schleimspur - ausgerechnet hier nämlich findet man die einzigen abgeschmierten Griffe der gesamten Kalkkögel. Die Leiste ist nicht allzu schmal, aber ganz flach und hängt (zumindest scheint es einem so) ganz leicht nach außen.,

Am 29.7.1978 unternahm es eine Dreierseilschaft, die ehrwürdige Felswand zu wiederholen. Ich war gerade von einem Jahr in Schottland zurückgekommen, wo ich mich mehr mit Whisky als mit kniffligen Kletterstellen abgegeben hatte. Es war dennoch an mir zu führen, denn R.Walcher fühlte sich an diesem Tag, trotz des stabilen Schönwetters, irgendwie krank.

D.Eidelpes hingegen litt an einem eitrigen Zeigefinger, der dick in Mullbinden gewickelt war und senkrecht gehalten werden mußte. Kaum stieß er irgendwo an, erfolgte löwenartiges Schmerzgebrüll. Ich folgte im Quergang einer Goldenen Regel „schnell oder gar nicht".

Man darf das schleichende Rutsch-Gefühl in den Händen gar nicht aufkommen lassen, sondern muß sich einfach sputen. R.Walcher kam als zweiter und wurde recht fahrig, als er kurz vor Erreichen des rettenden Standplatzes bemerken mußte, daß er sich auf eine höchst komplizierte Art und Weise unfreiwillig selber am letzten Haken festgebunden hatte. Er mußte also die eineinhalb Meter zurück, die Schlinge, mit der er dort festhing, losnesteln, und dann, während das ganze mehr einer geglückten Buster-Keaton-Imitation gleichzusehen anfing, ging ihm plötzlich die Kraft aus und er baumelte vier, fünf Meter genau unterhalb von mir in die Luft. Es sah - für mich zumindest - lustig aus, ich war allerdings der einzige, der lachte, weil Eidelpes hinter dem Eck nichts mitbekommen hatte und Walcher von der Sorge beherrscht war, wie er wieder auf gleiche Höhe käme. Erst später auf der Hütte lachten wieder alle, mit Walchers Ausnahme, der die Sache immer noch nicht recht lustig finden konnte und laut über seinen Rückzug aus dem edeln Sport nachzudenken begann.

Der Schwarze Spaziergang

Einen recht beeindruckenden Quergang bietet auch der Schwarze Spaziergang (Kleine Ochsenwand, Westwand, H.Zak/M.Plattner, 1980).
Der Zustieg erfolgt über den unteren Teil des alten Gipfelstürmerweges (1918), also höchst klassisch durch senkrechten Schotter im IV. und V.Grad. Bei der 10. Begehung zusammen mit D.Grepl und D.Sanders am 27.7.1986, war die Stimmung beim Erreichen des etwas morschen

ZIEPENWAND VORGIPFEL   6.8. 1961
DIREKTE NORDWESTWAND (BACHMANN)
2. BEGEHUNG

SPITZENSTÄTTER WALTER] Alp. Ges.
TROIER   ROBERT] GIPFELSTÜRMER

Richtigstellung der Routenbeschreibung:
Einstieg bei Steinmann auf einem breiten Band

dert hätte. Der windige Klemmkeil allerdings, den Sanders, mehr aus kosmetischen Gründen, in dem seichten Querriß deponiert hatte, bevor er in Neuland vorstieß - hielt. Auch das Postpaket rührte sich nicht, und die Sichernden saßen noch dort, wo sie vorher gesessen waren. Sanders hingegen hing auf gleicher Höhe mit ihnen etwas zur linken, während das Seil von ihm zuerst zum Klemmkeil hinauf und dann wieder zu Grepl herunter verlief. Nun wollte er nicht mehr vorausgehen. Grepl verwies auf die verantwortungsvolle Position in seiner Firma, die nicht so schnell wieder jemand würde ausfüllen können. Also traf es wieder einmal mich, dem windige Ausreden nie so glaubwürdig gelingen.

Himmel und Erde

Nun ließe sich in dieser Manier noch lange erzählen und auch schwadronieren, von schaurigen Kaminen etwa wie dem Himmel-und-Erde-Kamin, der die nordwestlich vorgelagerte Schichttafel von der Kleinen Ochsenwand trennt und der korrekt, in der Nachfolge des Allein-Erst- und Barfußbegehers Matthias Auckenthaler, ganz außen zu gehen ist.

Zackens schon etwas gespannt, der sozusagen die Abschußrampe für die Schlüssellänge, eine 20 m lange Hangeltraverse (V und VI-), bildet. Mangels alternativer Sicherungsmöglichkeiten wurde der Felszacken in der Art eines Postpakets verschnürt, die zwei Sichernden banden sich dran fest und setzten sich oben darauf, was erstens die Bequemlichkeit erhöhte, und zweitens eine Illusion von Sicherheit verschaffte.

Sanders fiel die ehrenvolle Aufgabe zu, vorauszugehen. Er war der kräftigste und jüngste; allerdings fehlte ihm, als Angehörigem der Sportklettergeneration, jener Blick für den schwächsten Punkt der Wand, den die Älteren, aufgrund von, nennen wir es einmal, ungewisseren Beziehungen zum Material, noch hatten entwickeln können. Wenn es nach solch jugendlichen Hitzköpfen ginge, würden alle Routen kerzengerade nach oben führen.

In diesem Fall kletterte er bloß vier Meter gerade empor. Auch das war um einen Meter siebzig zu weit. Er hatte es sich in den Kopf gesetzt, trotz der Warnungen der Gefährten, den Quergang um eine Etage zu hoch, mit den Füßen in der Höhe der Hangelleiste, anzugehen, was die Schwierigkeit um mindestens einen Grad erhöhte, und uns beinahe verfrüht in die ewigen Jagdgründe beför-

90

Die feige Variante dazu verläuft auf dem Grund des Kamins ins Bergesinnere, wo es auch Sicherungsmöglichkeiten gibt; erst nach etwa 30 m quert man dann mit zunehmend Luft unter den Sohlen ans Licht zurück. Es gehört aber nicht zum guten Ton, diese Variante überhaupt zu erwähnen. Die so poetisch Himmel und Erde genannte Route weist im folgenden einen aufsehenerregenden Überhang auf, der gottseidank meistens naß zu sein scheint, wodurch auffällige Begehungsversuche guten Gewissens auf dem Gipfel der Schichttafel abgebrochen werden können.

Eine garantiert immer trockene Fortsetzung von der Schichttafel ist die schon erwähnte Nordverschneidung (M.Staudinger, R.Schiestl, 1973), deren Besonderheit darin liegt, daß die schwierigen Stellen zugleich brüchig, sehr ausgesetzt und schlecht abgesichert sind, was die Begehung zum bleibenden Erlebnis macht.

Unterweltliches

Wo wir gerade bei den Unterirdischen sind: eine wenig bekannte und kaum je wiederholte Route eines einheimischen Klassikers ist die Nordwand auf die Kleine Malgrubenspitze (H.Frenademetz, H.Tiefenbrunner, 1934) ebenfalls ein Kamin, der im lichtarmen und wassertriefenden Bergesinneren zu begehen ist. Bei einem abgebrochenen Versuch folgten ich und M.Kienpointner am 20.8.1974 dem in früheren Ausgaben des Alpenvereinsführers, sagen wir, auf dem Foto etwas salopp eingetragenen Routenverlauf und gerieten hiebei in zunehmend brüchiges Iler-Gelände, das schließlich in einen Tunnel (!) überging,

durch den wir mit Vierer-Stellen schließlich die Schuttfläche am Fuß des eigentlichen Kamins erreichten. Beim Versuch, den Beschreibungstext, das Foto und die tatsächlichen landschaftlichen und sonstigen Verhältnisse mental unter einen Hut zu bringen, wurden wir in Verwirrung gestürzt, aus der uns das aufziehende Schlechtwetter erlöste. Wir stiegen ab.

Kletterstellen: Verschneidungen

Diese neigen zu Moosigkeit im Verschneidungsgrund. Das moosigste und generell schauderhafteste auf diesem Gebiet ist ohne Zweifel die Riepenwand-Westverschneidung (M.Auckenthaler, B.Pfeiffer, 1930). Die an sich zahlreichen Haken, die den Grund dieser durch und durch überhängenden Verschneidung zieren, stammen alle aus längst vergangenen Tagen und sind dementsprechend rostig. Dem Moos scheint egal zu sein, in welche Richtung es wächst.

Aus vergangenen Tagen stammte auch das Wandbuch, das bei der Begehung dieser Route

Riepenwandspitze 2770m.

Erste Ersteigung über die Riepenwestversch[n]
ung durch:

✝ Matthias Auckenthaler u.
Bernhard Pfeiffer
am 14.-15. August 1932.
Beide Mitgl. des D.Öe.A.V. Sektion Innsbr[uck]

Durchwegs äußerst schwierig, teilweise[.]
Wandhöhe zirka 260 m.
Kletterzeit bei guten Verhältnissen 10 St.
Die Durchkletterung dieser Wand, durch die Westverschneidun[g]
kann sich mit den schwersten Kletterfahrten der Ostalpen
messen.
Ein kräftiges Bergheil dem Nachfolger.
von, den Weg „Riepen-Westverschneidung" zu neu[en]

B. Pfeiffer

zusammen mit D.Eidelpes (8.8.1976) hinter einem Felszacken am Ende der 5.Seillänge aufgefunden wurde. Es war völlig durchnäßt und von Verschimmelung bedroht - die letzte der wenigen Eintragungen (Kuno Rainer und Herta Maier) stammte aus den 40er Jahren. Die wenigen späteren Besucher dieses unwirtlichen Fleckens Erde hatten offenbar nicht hier Stand gemacht und die Dose mit dem Büchlein übersehen.

Nach dieser Tour, die ich bis heute als meine eindrucksvollste ansehe, erfaßte uns eine sonst kaum gekannte Euphorie. Sie hatte zur Folge, daß wir unsere Rucksäcke in dem Trümmerfeld am Wandfuß um ein Haar nicht mehr gefunden hätten, und später, auf der Hütte, daß nach einem oder höchstens zwei Bieren (mehr waren es gewiß nicht) diese Euphorie sich zum veritablen Rausch steigerte, zu jenem Gefühl, ja der Gewißheit, für dieses eine Mal die Welt besiegt zu haben oder doch etwas, das in seiner unvergleichlichen Widrigkeit und Unberechenbarkeit als brauchbare Metapher für die Welt herhalten konnte.

Schöner Kletterkalk
abseits der Kögel

Es gibt ihn im kleinen Elfermassiv südwestlich über Neustift im Stubaital, das - von den Klettersteigen abgesehen - lediglich von ein paar Stubaier Kletterern frequentiert wird.

Felsfahrten an der Nordwestseite überraschen durch Festigkeit, Griffigkeit, Ausgesetztheit usw. Auch Sicherungen und Sicherungsmöglichkeiten scheinen in ausreichendem Maß vorhanden zu sein; der Zugang erfolgt bequem in ca. 1 1/2 Stunden von der Elferlift-Bergstation zum Wandfuß. Mit einem Wort ein ideales Gebiet für kleinere Touren zwischendurch. Auf Ilm- und Kirchdachspitze sei hingewiesen.

Urgesteinsklettereien

Die Brunnenkogelkante genießt wegen ihrer Erstbeher (M.Rebitsch und W.Mariner, 1939) einen Ruf, mit dem die Wirklichkeit nicht Schritt hält. Es handelt sich um eine Route in wechselhaftem Gelände.
Die Urgesteinskletterei hält immer nur einige Meter,

Die vielen Zacken und Zinnen der Kalkkögel haben den Kletterern immer wieder neue Aufgaben gestellt. Angefangen von der Melzernadel, die 1894 erstmals erstiegen wurde, fanden die isoliert stehenden Felsgestalten unterhalb des Hauptkammes zunehmend Beachtung: RAC Turm, Wieserturm, BBE Turm, Bachgrubentürme, Sonderbarer Turm, Seejochturm, Karwendlerturm und auch ein AAKI Turm.

dann geht sie in kristallinen Schrott über, in dem heikle IVer Passagen zu bewältigen sind. Bei seiner Begehung fanden wir ganze vier Haken vor und landeten auf einer scharfen Gipfelschneide ohne Kreuz, Buch oder Steinmann. Der Abstieg rundet das Bild einer klassischen, d.h. mühseligen Bergfahrt: zuerst über den Zackengrat (III), dann auf den Firn abseilen, dann über die Randspalte zur steinschlaggefährlichen Brunnenkogelrinne und durch sie talab. Bis man wieder auf den Almböden unter dem Westfalenhaus steht, hat man einiges erlebt.

Wirklich lohnend ist der lange Nordostgrat über den Maningkogel auf den Acherkogel. Kletterei im II. bis III. Schwierigkeitsgrad bescheren einem der Ostgrat (Schaldersgrat) zur Hohen Villerspitze, die Gratüberschneidung über den Zwölferzum Sulzkogel (eine kecke Stelle mit III+) und die Gratschneide vom Pockkogel zur Kraspesspitze.

Zum Schluß: Poesie

„Im Innern des Stubaier Bergreiches lagern wuchtige Urgesteinsstöcke, die teils in wallende Eismäntel gehüllt, lichte Firnkronen auf den Häuptern tragen, teils ungestüm Glanz und Schimmer verschmähend, zu gewaltigen, felsdunklen Urgesteinspyramiden hoch sich emporschwingen.

... Nordostwärts jedoch, noch zugehörig zum gemeinsamen Stubaierlager, aber ganz verschieden in Art und Tracht, springen drei Kalkketten ab mit fremdartigen, harten Gestalten. In der südlichen ragt als finsterer Felsrecke, das Haupt tief gespalten, der Pflerscher Tribulaun; herrische, breite Gestalten stehen im mittleren Zuge, der nach seinem formenschönsten, in die Südweite Innsbrucks so mächtig und herrlich vortretenden Gliede den Namen Serlesklamm trägt ... .

Ein ganz anderes Gepräge zeigt die nördliche Stubaier Kalkkette: schlanke, feine Türme, wilde, scharfe Nadeln und abenteuerliche Gratzacken drängen sich hier in vielfacher Abwechslung um ernstere Felsdome: Dies ist die Gruppe der Kalkkögel."

(A.Zimmermann, 1922)

Schlicker Seespitze

Wanderungen im "Stubai"

von Hannes Gasser

Serles (2718 m)

Innsbrucks südlicher Horizont wird von dem mächtigen, majestätisch aufragenden Felsbau der Serles begrenzt. Kaum jemand, der den Berg von der Stadt aus betrachtet, würde vermuten, daß er sich ohne Schwierigkeiten ersteigen läßt.

Als Ausgangspunkt für diese Bergwanderung wollen wir Mieders, den ältesten Ort des Stubaitals wählen. Von Mieders aus kann man nämlich als Aufstiegserleichterung den Serleslift benützen, der bis zum Waldrasteck führt. Von dort gelangt man in einer halben Stunde auf gutem Weg nach Maria Waldrast. Ohne die Benützung des Liftes müßte man für den Aufstieg bis hierher mit drei Stunden rechnen.

Der weitere Aufstieg zur Serles ist markiert und erfordert lediglich im obersten Teil Trittsicherheit. Der Steig beginnt bei Maria Waldrast und führt anfangs in südwestliche Richtung am Südhang des Berges in die Matreier Grube. Von hier steigt er zum Serlesjöchl an, das man nach 1 1/2 Stunden erreicht. Nun wird es steiler, und der Steig führt (teils mit Drahtseilversicherungen) in einer weiteren Stunde zum Gipfel (2718 Meter). Der Abstieg leitet zuerst wieder zurück zum Serlesjöchl. Von dort hat man nun zwei Möglichkeiten:

(a) über Maria Waldrast zurück nach Mieders oder Matrei;

(b) vom Joch unter der Nordwand der Roten Wand gegen Westen zu absteigend zur Jausenstation Wildeben und in vielen Kehren durch dichten Wald hinunter nach Kampl, einer kleinen Ortschaft zwischen Fulpmes und Neustift (2 1/2 Stunden vom Gipfel).

Sehr lohnend ist ein Ausflug von Maria Waldrast auf den südöstlich der Serles gelegenen Blaser (2244 Meter). Dieser Gipfel, eigentlich nur ein breiter, grasiger Kopf, vermittelt einen herrlichen Blick in das Gschnitztal, und Blumenfreunde werden an der einzigartigen Alpenflora ihre helle Freude haben.

Um auf den Blaser zu kommen, muß man von Maria Waldrast erst den Weg Richtung Matrei ein Stück zurückgehen. Nach der ersten großen Wegkehre zweigt ein markierter Weg in südlicher Richtung ab.
Durch den Wald im „Langen Tal" leicht ansteigend, dann etwas steiler über eine Stufe geht es hinauf zum Schluimessattel (2 1/2 Stunden). Von hier wird der Gipfel über einen Grasrücken in einer halben Stunde erreicht. Zurück nach Maria Waldrast oder nach Matrei gelangt man am besten wieder auf dem Aufstiegsweg.

Die Zufahrt in das Stubaital erfolgt durch das Wipptal; Die Brennerstrecke ist eine der am meisten benützten Alpenübergänge. Das Bild zeigt die Europabrücke gegen Serles und Habicht (3280 m)

94

Habicht (3277 m)
Normalweg von der Innsbrucker-Hütte am Pinnisjoch

Von der Hütte auf bezeichnetem Steig gegen Westen zu einer Gratrippe. In Serpentinen zum Osteck des Gipfelaufbaues hinauf und über den kleinen Habichtferner und Blockwerk zum höchsten Punkt (3 Stunden). Für geübte, schwindelfreie Geher leicht, denn der Steig ist teilweise mit Drahtseilen versichert. Beim Abstieg halte man sich an die Aufstiegsroute. Man hüte sich, über den Firn im untersten Teil des Habichtgletschers abzufahren! Abstiegszeit: 2 Stunden.

Anstieg über den Mischbachferner

Er zählt zu den lohnendsten Eisfahrten in den Stubaier Alpen im Schwierigkeitsgrad III bis IV. Als Stützpunkt steht nur die kleine Mischbachalm

zur Verfügung (Heulager im Sommer).
Man erreicht die Alm am besten von Gasteig - zwischen Neustift und Ranalt auf steilem, rot markiertem Steiglein in zwei Stunden.
Von der Alm gelangt man nach weiteren zwei Stunden in die Äußere Mischbachgrube zum Beginn des Ferners.
Nun geht es gerade bis zu seiner Gabelung hinauf. Der rechte, westliche Ast ist flacher und führt auf den Westgrat, über den man den Gipfel erreicht. Schöner, aber schwieriger (bis 50 Grad Neigung) ist der linke, östliche Eishang.

Über ihn gelangt man zum Grat wenige Meter westlich des Gipfels. Die Aufstiegszeit ab Mischbachalm beträgt zwischen vier und sechs Stunden - je nach den herrschenden Verhältnissen.
Der Abstieg erfolgt auf dem Normalweg zur Innsbrucker-Hütte.

Stubaier Wildspitze, Östl. und Westlicher Daunkogel. Gemälde von Leopold Scheiring (1884 - 1927) datiert 1922

Sonklarspitze (3467 Meter)

Die Sonklarspitze und das Hohe Eis sind zwei beliebte Ziele im reichhaltigen Tourenangebot der Siegerlandhütte (2710 m, DAV S.Siegerland). Die Besteigung der Sonklarspitze, des vierthöchsten Gipfels der Stubaier Alpen, bietet auf der Normalführe keine besonderen Schwierigkeiten. Eine steile Schneerinne und felsige Gratstücke (Schwierigkeitsgrad I) setzen aber Bergerfahrung voraus. Man muß bei dieser Tour mit insgesamt 2 bis 3 Stunden Gehzeit rechnen.

Die Westanstiege auf die Sonklarspitze und auf das Hohe Eis sind landschaftlich großartige und abwechslungsreiche Eisfahrten im Schwierigkeitsgrad II bis III.

Sonklarspitze - Normalanstieg
Man verfolgt die unmittelbar hinter der Siegerlandhütte beginnenden Markierungen, die anfangs über Felsen, dann an einem See vorbei zu einem riesigen Felsblock führen und bei einem Firnbecken enden.

Von hier gibt es zwei Möglichkeiten:
(a) Direkt durch die 120 Meter lange und 40 Grad steile Rinne am NO-Ende des Firnbeckens (nur im Frühjahr bei Firn ratsam, sonst Steinschlaggefahr!) zu einem konkaven Schneehang. Über diesen zu einem schmalen Firngrat und über einen breiten Rücken zum Hohen Eis.

Immer etwas rechts (östlich) unter dem fast ebenen, felsigen Grat bleibend nach Norden zum P.3453 und leicht zum Gipfel. Vorsicht auf Verwächtung des Grates!

(b) Vor der oben genannten Rinne nach rechts und über ein Firnfeld zu einer gut sichtbaren Scharte. In unschwieriger Kletterei über den blockigen Grat bis zu dem unter (a) erwähnten schmalen Firngrat. Nun wie dort beschrieben zum Gipfel. Abstieg: Längs der Aufstiegsroute.

Stubaier Hütten- und Dreitausender-Runde

Bei dieser Wanderung wird das Stubaital in einer ausgedehnten Schleife von Ost nach West umrundet. Die vorzüglich bewirtschafteten Hütten sind durch leichte Übergänge verbunden und bieten Gelegenheit zur Besteigung einiger berühmter Dreitausender. Aus der Fülle der Möglichkeiten wird hier in Kurzform die Runde von der Innsbrucker-Hütte bis zum Endpunkt Franz Senn-Hütte vorgestellt.

Etappe 1: Diese führt von Neder nahe Fulpmes durch das Pinnistal zur Innsbrucker-Hütte (2369 m): Zeitaufwand ca. 4 Stunden. Von diesem Standort kann, wie vorher beschrieben, der Habicht (3277 m) bestiegen werden.

2.Etappe: Der Höhenweg von der Innsbrucker-Hütte zur Bremer-Hütte zählt zu den landschaftlich großartigsten Steiganlagen der Zentralalpen. Es ist ein hochalpiner Klettersteig, für dessen Begehung man rund 7 Stunden rechnen muß.

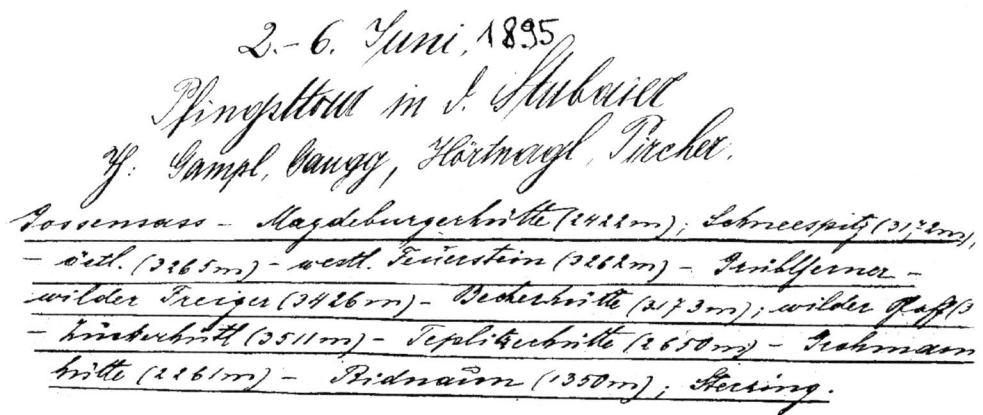

3.Etappe: Der Übergang zur Nürnberger-Hütte (2297 m) führt über das Simmingjöchl (2754 m). Der letzte Teil des Abstiegs führt durch schrofig-grasiges Gelände und ist versichert. Ausdauernde Geher können den Übergang mit der Ersteigung der Feuersteine (3250 m, 3267 m) verbinden.

4.Etappe: Über das Niederl (2627 m) oder die aussichtsreiche Maierspitze (2781 m) führt der Übergang zur Sulzenau-Hütte (2191 m). Wer höher hinaus will, kann auf diesem Weg den Wilden Freiger (3418 m) einschließen. Man kann aber auch diese empfehlenswerte Tour mit Auf- und Abstieg von einer der genannten Hütten durchführen.

5.Etappe: Sie führt uns von der Sulzenau-Hütte auf den Wilden Pfaff (3458 m) und das Zuckerhütl (3505 m), den höchsten Punkt der Stubaier Alpen. Der Weg, der im Alpenvereinsführer genau beschrieben ist, führt über den Sulzenauferner in

die „Fernerstube" und dann zum Pfaffennieder (3149 m), 3 Stunden. Von dort über den teilweise versicherten Grat zum Gipfel des Wilden Pfaff, 1 Stunde. Weiter geht's zum Pfaffensattel und über den oft blankeisigen Ostgrat auf das Zuckerhütl, 1 Stunde. Den Abstieg kann man entweder zurück zum Ausgangspunkt oder noch besser direkt in das Liftgebiet der Dresdner-Hütte (2307 m) wählen. Im ersten Fall benötigt man eine Etappe mehr, die einen von der Sulzenau-Hütte über das Beiljoch (2676 m) oder den Großen Trögler (2901 m) zur Dresdner-Hütte bringt.

6.Etappe: Beim Übergang zur Hildesheimer Hütte (2899 m) über den Isidornieder (2851 m) bewegt man sich im viel besuchten Gletscherskigebiet. Dabei kann die Schaufelspitze (3333 m) unschwer erreicht werden.

7.Etappe: Von der Hildesheimer-Hütte geht es zur Hochstubai-Hütte (3173 m) und von dieser

Vom Rinnensee gegen die Ruderhofspitze (3473 m)

Das „Erlebnis Stubaital" spricht Wanderer, Alpinisten, Skiläufer, Naturfreunde, Kulturliebhaber und alle Freunde unseres Landes gleichermaßen an. Es ist ein Gebiet, das man mit gutem Gewissen „Erholungszentrum Europas" nennen kann.

Am Weg zum Lisenser Fernerkogel (3299 m)

absteigend zur Amberger-Hütte (2135 m). Der Windacher Daunkogel (3351 m) ist über den oft wächtenverzierten Westgrat ersteigbar.

8.Etappe: die Gletscherwanderung von der Amberger-Hütte zur Franz Senn-Hütte (2149 m) verläuft über die Wildgratscharte (3168 m) zum Alpeiner Ferner. Mit einem Zeitaufwand von 5 Stunden kann dabei der Schrankogel (3496 m) mit einbezogen werden. Je nach Verhältnissen ist dessen Besteigung unterschiedlich schwierig.

9.Etappe: Nach Erreichen des gesetzten Zieles kann man gemütlich zur Oberiß-Hütte (1745 m) absteigen und sich dort mittels Taxibus nach Fulpmes zurückbringen lassen. Es ist aber auch möglich, die Wanderung hoch über dem Tal zur Starkenburger-Hütte (2613 m) unterhalb des Burgstalls, oder zur Adolf Pichler-Hütte (1960 m) im Herzen der Kalkkögel fortzusetzen.

Alles in allem eine wunderbare Rundtour, die in der einfachen Form auch für Kinder und Jugendliche geeignet ist, die aber auch dem geübten Bergsteiger durch die zahlreichen Besteigungsmöglichkeiten reizvolle Aufgaben stellt.

Franz Senn Hütte (2147 m) im Alpeinertal.

Wintertouren im Karwendel:
Nordkette, Lafatscher, Bettelwurf
von Julius Pock

Julius Pock (1840-1911), Uhrmachermeister in Innsbruck und Ehrenmitglied des Akademischen Alpenklubs, hat lange vor der Jahrhundertwende Bergfahrten im Karwendel gemacht und darüber in alpinen Zeitschriften berichtet. Bemerkenswert sind die von ihm und seinen Gefährten durchgeführten Wintertouren. So bestieg er am 3.Dezember 1870 und dann wieder am 1.Jänner 1873 das Hafelekar (2308 m). Der folgende Bericht über einen Vortrag bei der Alpenvereinssektion Innsbruck erschien in den Alpenvereinsmitteilungen 1882, Seite 279-298. Er wurde nur unwesentlich gekürzt und gibt Einblick

über die Tourentätigkeit in einer Zeit, in welcher der Ski noch nicht bekannt war. Begleiter von Pock waren in wechselnder Folge J.Prohaska, A.Siegl, B.Tützscher, C.Wechner und J.Zauscher.

Am 7.Dezember 1881 wurde um 9 Uhr 10 abends von Hall aufgebrochen. Inzwischen eingetretene ungünstige Witterungsverhältnisse zwangen im gastlichen Bergamtsgebäude (Herrenhäuser im

Dieses Bild einer Personengruppe von 10 Männern und einer Frau fotografierte Otto Melzer vor 1900. Die Wegtafel „Stempeljoch-Salzberg-Hall" und die Tafel „Pfeisse" weisen auf eine Hütte im Lafatschergebiet hin.

Halltal) den Morgen zu erwarten. Von dort um 7 Uhr früh weiterziehend, wurde um 9 Uhr 30 das Bachofenkar erreicht. Obwohl sich starker Nebel und heftiger Schneefall einstellte, wurde ohne

Julius Pock (1840 - 1911)

weiteres dem Ziel, dem Großen Lafatscher (2709 m) zugesteuert, welcher um 12 Uhr 10 glücklich erreicht wurde.

Nicht geringe Mühe kostete es, über die eisigen, mit Neuschnee bedeckten Steilhänge sich hinauf zu arbeiten. Markerkältender Wind zwang, einige Schritte unter dem Gipfel Schutz zu suchen, dennoch wurde eine volle Stunde ausgehalten, Besserung des Wetters abwartend, denn es sollte Ausschau gehalten werden, ob nicht eine ununterbrochene, zum Gipfel des Roßkopfs führende Schneelage, eine Besteigung desselben aus dem Bachofenkar ermögliche. Nebel und ergiebiger Schneefall vereitelten jede Rekognoszierung. Nach einstündigem Aufenthalt wurde aufgebrochen, und um 5 Uhr abends das Salzbergwerk wieder erreicht.

Die abnorm milde Temperatur des Januar 1882 lud förmlich zu weiteren Besteigungen ein. Am 14.Januar früh um 3 Uhr wurde das fast schneefreie Lavatscher Joch erreicht und später bei herrlichem Wetter die Speckkarspitze in 2 1/4 Stunden bestiegen, wo 2 Stunden verweilt wurde.

Am 22.Januar morgens um 3 Uhr wurde abermals das Biwak am Lavatscher Joch bezogen. Um 5 Uhr Aufbruch auf die Große Bettelwurfspitze (2736 m). Bei Laternenschein Übersteigung der Hohen Wand, Speckkar bei Morgengrauen betreten. Um 10 Uhr 15 war der vom Gipfel abzweigende Eisengattergrat gefunden. Nun begann der schwierigste Teil der Aufgabe. Die gewöhnlich zum Aufstieg benützte Rinne zeigte sich in ihrem unteren

Bettelwurf und Lafatscherjoch vom Speckkargrat

Die Herrenhäuser (1482 m) im Halltal waren infolge des Salzbergwerkes (1289 - 1967) ganzjährig zugänglich und bewohnt. Infolge des Fehlens von Hütten dienten sie in der Frühzeit des Bergsteigens als Tourenausgangspunkt, wie die Ansichtskarte von 1904 beweist.

Teil mit vollkommen erweichtem Schnee ange-füllt, höher oben aber der enormen Steilheit und des spiegelglatten Eises wegen unpassierbar. Es mußte also der rechts herabziehende Felskamm benützt werden. Aber das durch den Frost zer-sprengte, brüchige Gestein setzte auch hier nicht unbedeutende Hindernisse entgegen. Dennoch wurde der Gipfelgrat um 12 Uhr erreicht, noch ein luftiger, einige Minuten währender Gang auf scharfen, gegen Norden überhängenden Stein-wächten und der höchste Punkt der Bettelwurf-spitze lag zu Füßen. Nur eine Stunde konnte der unbeschreiblich prächtigen Aussicht gewidmet werden, die Kürze des Tages mahnte zum Auf-bruch. Der Abstieg gestaltete sich fortwährender Steinfälle wegen noch schwieriger. Um den wei-ten Weg über die Hohe Wand und das Lavatscher Joch zu vermeiden, wurde beschlossen, am „Turm" vorbei und über die „Platten" direkt zur Straße abzusteigen. Dichte Finsternis herrschte, als die letzten dieser steilen, glatten Platten überwunden waren.

Um halb sieben stand die Gesellschaft wohlge-borgen auf der Salzbergstraße.

Am 29.Januar bestieg J.Pock allein die gerade nördlich von Innsbruck aufragende höchste (westliche) Seegrubenspitze, 2443 m, auch Kaminspitze genannt, und verweilte bei herrlich-stem Frühlingshauch über 2 Stunden oben.

Die 3.Morgenstunde des 2.Februar traf die Uner-müdlichen auf dem "Gamsangerl", einem vom Westrand des Schneekars gegen das Inntal her-abziehenden Seitengrat. Heute galt es Hohen Warte 2585 m. Heftiger Südwind bei minus 5 Grad machte den Aufenthalt bis zum Anbruch des Morgens nichts weniger als angenehm. Nahe dem Ziel stellte ein bis zur Höhe des Gipfels rei-chendes eisiges Schneefeld nicht geringe Schwie-rigkeiten entgegen. Eine Holzhacke leistete in Ermangelung eines Eispickels vortreffliche Dien-ste. Wilder Sturm wirbelte dichte Schneemassen auf, dennoch mußte die Spitze um 11 Uhr 25 ihr mit dicker Schneehaube bekleidetes Haupt beu-gen. Bei fortwährendem Schneetreiben und

Die Seegrubenspitze (2350 m) auf der Nordkette im Winter

minus 5 Grad wurde nach 3 3/4 Stunden wieder abgestiegen. Beim Biwak-Platz angelangt, machte unerträgliche Hitze - man konnte + 24 Grad in der Sonne konstatieren - weiteres Verweilen unmöglich, und gerne wurde das im tiefen schattigen Grund liegende „Rauschbründl" aufgesucht. Am 12.Februar Morgens langte die aus 3 Teilnehmern bestehende Gesellschaft in der ober St.Martin im Gnadenwald gelegenen Hinterhorn Alpe an. Bei Laternenschein war bald der Steig verloren, und es wurden zu dem kaum 1 1/2 Stunden langen Weg bis zur Alpe 4 Stunden benötigt. Dieselbe wurde um 9 Uhr wieder verlassen. Im herrlichen Sonnengold erglänzte das Ziel die Walderkammspitze, 2565 m. Angelockt durch eine enge, zur Manndl- und Weibele-Scharte hinaufziehende Schlucht, wurde das Vorhaben, über die „Tratten" abzusteigen, aufgegeben. Nach einer eine Stunde währenden interessanten Kletterei hatte man diese Scharte erreicht. Steile, eisige Stellen erschwerten den Aufstieg zum Grat

der "Tratten". Denselben möglichst verfolgend, wurde in ca. 1 Stunde die eigentliche Basis der Walderkammspitze erreicht. Eine scharfe, jäh ansteigende eisbedeckte Rippe trennte noch vom Ziel. Auch sie mußte besiegt werden, wohl die schwierigste unter sämtlichen bisher gemachten 6 Touren. Freund Siegl's vielgeschmähte Holzhacke leistete wieder als Eispickel vortreffliche Dienste. Bauchiger Fels drängte zum äußersten Rand der Rippe, jeder Schritt erforderte wohlerwogen und gemessen zu werden. Noch ein Aufschwung auf den mit scharfer Wächte überdeckten Grat, und der östliche Kamm des Gipfels war erreicht. Die nun folgende Wanderung auf der dachfirstähnlichen Schneeschneide konnte, in Anbetracht der überwundenen Schwierigkeiten, leicht genannt werden.

Zum Abstieg wurde der Südostabfall der "Tratte" gewählt. Mit Ausnahme zweier sehr steiler eisiger Stellen wurde auf keine nennenswerten Schwierigkeiten gestoßen. Bald war die Hinterhorner Alpe und in tollen Sprüngen St.Martin erreicht. Am 12.März kam als letzte Tour die im Inntal gelegene Rumerspitze 2440 m an die Reihe. 3 1/2 Stunden währte der Aufenthalt bei tadellos herrlichem Wetter. Der Rückweg wurde über den wildzerrissenen Grat in der Scharte angetreten und frühzeitig am Nachmittag traf die Gesellschaft in Innsbruck wieder ein.

Karwendel Abenteuer

von Rudi Mayr

Mit Freund Hannes Wieser durchstieg ich als Fünfzehnjähriger zum ersten Mal die Martinswand. Wie es sich gehört, feierten wir unser Abenteuer in einem Gasthaus. Der Wein war uns bald in den Kopf gestiegen. „Prost" rief Hannes laut und hieb mir mit der Hand auf die Schulter, was mir weniger gut bekam, denn ich hatte gerade aus dem randvoll gefüllten Glas trinken wollen. Das Glas fuhr mir tief zwischen Oberlippe

halb der betriebsamen Hafelekar-Seilbahnstation hatte es mir so angetan, daß es mir zum oftmaligen Fluchtpunkt wurde: Abends nach der Arbeit mit der letzten Gondel hinauf, gleich den kleinen Weg von der Station hinunter zum Einstieg des Südturm-Südgrates. Ohne lang zu überlegen, stieg ich - ich fürchtete mich nicht oder glaubte, mich nicht zu fürchten - das Einstiegswandl hinauf und weiter, ohne stehen zu bleiben,

Bergsteiger am Stempeljoch fotografierte Otto Melzer. Am Felsen ist neben Namen die Jahreszahl 1892 aufgepinselt.

und Nase hinein. Nachdem ich im Krankenhaus genäht worden war, fragte ich den Arzt, ob nach dem Ausheilen noch viel von der Narbe sichtbar bleiben würde. Seine Antwort war kurz und präzise: „Schiana wearsch nit wearn!"

Das stille Hochkar der Grubreisen, gleich unter-

bis zum Gipfel. Er ist eher ein Felszacken, jedoch mit einem Kreuz und einem Gipfelbuch. Zwischen den zwei Karen Grubreisen- und Kumpfkar verteilten sich einzelne zungenförmige Grasmatten, die bis nahe an die Wände reichten. Mich beeindruckte die völlige Ruhe und zugleich das

Wissen, daß man in kurzer Zeit wieder unter Menschen sein kann. Ich war ein Bergsteiger geworden, dem es an nichts zu fehlen schien, außer an Zeit. Dieses Manko behob ich, indem ich nachts ging, besser: um Mitternacht aufstieg, um im ersten Morgengrauen durch die Tour zu

tung angebraust kamen, hatte ich ihn schon ins Spital eingeliefert.

Die Speckkar-Nordwand durchstieg ich eine Woche später mit Franz Oppurg, der ebenso wie Hannes Verständnis für meinen Zeitmangel hatte, im ersten Morgengrauen. Am frühen Vormit-

Seit rund 100 Jahren werden zur Sonnwendzeit Höhenfeuer auf den Bergen rund um Innsbruck abgebrannt.

steigen und am frühen Vormittag wieder bei der Arbeit zu sein. In einer Regennacht erwachte ich durch einen Schrei: Hannes hatte mich um halb eins wecken wollen und immer wieder kleine Steine gegen mein Fenster geworfen. Er war schließlich zu einer kleinen, schmiedeeisernen Lampe hinaufgesprungen, um an mein Fenster zu gelangen. Und weil ich es war, der die Lampe einige Wochen vorher montiert hatte, war sie auch nicht geerdet. Hannes zog es die Hände zusammen, er kam nicht mehr los und schrie, bis die Eingangstür eingetreten war und aus irgendeinem unerfindlichen, aber glücklichen Grund der Stromkreis unterbrochen wurde. Da lag er, inmitten von Scherben und zerschnittenen Armen auf dem Asphalt. Bevor Polizei und Ret-

tag stand ich wieder hinter der Gasthof-Theke, mit brennenden Augen, aber einer Zufriedenheit, die stärker als der Schlafmangel war.

Berühmte Routen interessierten uns damals wenig, wir fühlten uns zu den wenig begangenen, geheimnisvoll-schaurigen hingezogen. Wir sprachen ihre Namen aus wie die von Heiligtümern: HA-HE, Praxmarkar, Oberreintalturm.

Hannes war von seinem Stromschlag bald wieder genesen, was blieb waren Narben auf den Handrücken und Armen. Wenige Wochen später stiegen wir zum Hohljoch auf. Der Mond ließ sein Licht über die obersten Kanten und Grate der Nordwand fließen, immer wieder setzten wir uns schweigend auf einen Stein.

Die Falkenhütte war zum Bersten voll. Die Nacht

war kurz. Um vier Uhr trafen wir uns im Hausgang, um nach dem Wetter zu sehen. Es regnete. Wir ließen uns die Erleichterung nicht anmerken. Um sechs Uhr morgens waren wir schon wieder in der Eng. Einen Tag später stiegen wir mittags in die Auckenthalerroute an der Nordwand der Laliderspitze ein. Beim Quergang in der Wandmitte erwischte uns der Hagel. Sechs oder sieben Seillängen unter dem Ausstieg fing es zu regnen an, vereinzelt konnten wir Flocken erkennen. Hannes war fürs Biwakieren, ich nicht. Ich stieg weiter, niemals Stand machend, er mußte folgen. Wir waren immer nur durch einen oder zwei Zwischenhaken gesichert. Es hatte jetzt zu schneien begonnen, die letzten Meter zum Grat kletterten wir im Dunkeln.

Die HA-HE, diese düstere Route ging mir noch lange im Kopf herum. Die Durchsteigung mit Helmut Wagner - im Herbst davor - war mir wie ein Ritual erschienen. Hatte ich die Schlüsselstelle, die wie meine Ängste war, glatt, steil und gefährlich, überwunden, erreichte ich einen Kolk am Beginn der Eisschlucht. Dieser Platz war mir wie ein Taufbecken und Mausoleum zugleich erschienen. Ich durchzog öfters die Karwendeltäler im Winter, alleine und auf Skiern, um die Begehbarkeit der Routen zu erforschen. An einem Jännertag saß ich vor der Falkenhütte, als ein riesiger Heißluftballon über der Laliderspitze auftauchte. Die Höhenströmung schien ihn in Richtung Johannestal zu treiben. Lange sah ich ihm nach, machte mich schließlich auf und stieg zum Einstieg der HA-HE hoch, um über die ersten Seillängen Gewißheit zu erhalten.

Ich wählte den Nachhauseweg über das Hohljoch, hatte bald die Eng erreicht und glitt durch den Pulverschnee talauswärts, bis ich, beim Anbruch der Nacht, wieder auf den geräumten Weg geriet. Plötzlich tauchte vor mir ein Mann auf. Er fragte mich, ob ich ihm helfen könne. Er hätte einen kleinen Unfall gehabt, er sei nicht alleine, sein Gefährte habe sich verletzt. Ja, bestätigte er, sie seien die Ballonfahrer.

Auf meine Frage, ob wir uns beeilen sollten, um den Gefährten zu bergen, entgegnete er, das sei

nicht nötig, es handle sich um einen Engländer. Es dauerte nicht lange, bis wir am Unfallort waren. Halb saß, halb lag der Engländer teilnahmslos im Schnee, er sah fürchterlich aus. Nachdem eine Stufe des Gasbrenners versagt hatte, waren die beiden, im winzigen Korb, die

„In einem anderen Land" tauften Mayr/Rutter ihre Route in der Laliderer.

Gasflaschen hinter sich, gegen einen großen Fels gefahren. Zwischen der Felswand und den Gasflaschen waren nur mehr die Köpfe gewesen. Es wurde Mitternacht, bis ich die beiden abgeliefert hatte, den einen in ein Krankenhaus, den anderen im Hotel, wo er mir durch die geöffnete Wagentüre zwei kleine Geldscheine in die Hand drückte und mit einem kaum wahrnehmbaren „Guten Abend" durch den Eingang entschwand.

Vierzehn Tage später stieg ich zusammen mit Sepp Sint wieder zur Falkenhütte auf, diesmal mit schweren Rucksäcken, in denen nebst Doppelseilen, Haken und Biwaksack auch eine gute Flasche

hielt ich jedesmal die Luft an, denn selten schützte uns mehr als ein Zwischenhaken.

Eine Stunde vor Einbruch der Dunkelheit waren wir unter der Schlüsselseillänge angelangt. Ich war fürs Weiterklettern. Sepp nicht. Nur mehr fünfzehn Meter trennten uns vom leichten Gelände. Ich ließ mich überreden, wir kletterten am Dachquergang zurück in eine steile Rinne, in die wir uns mit den Hämmern einen Sitzplatz für die

Zum Gedächtnis an verstorbene Kameraden treffen sich die „Karwendler" alljährlich auf der Kaskarspitze.

Weißwein nicht fehlte. Bald saßen wir vor der Hütte, es war sogar in der Sonne empfindlich kalt, und blickten mit mittlerem Grausen zu unserem morgendlichen Ziel hinüber, bis uns die Kälte in den Winterraum trieb. Die Nacht kam, nur der Feuerschein aus dem alten, gemauerten Ofen erhellte das Gesicht des Seppl, wir wechselten den ganzen Abend wohl keine fünf Sätze.

Gegen zehn Uhr waren wir am Einstieg angelangt, ein tiefer Graben zog sich von der Hütte zu uns herauf. Immer abwechselnd führend, stiegen wir höher und mußten einige Male die Schneepolster, die in der Wand klebten, übersteigen. Dann

Nacht hackten. Wir schlüpften in den Biwaksack und kochten Tee und Suppe. Bald war die Aufgewärmtheit unserer Körper im Schwinden, denn wir hatten aus Gewichtsgründen keine Schlafsäcke mitgenommen.

Uns gegenseitig abwechselnd am Rücken und an den Schultern massierend, hofften wir, durch die Nacht zu kommen. Später holte ich eine kleine Kerze aus der Deckeltasche des Rucksacks, um ein altbekanntes Ritual zu beginnen: Eine Viertelstunde sitzen, für sechzig Sekunden die Kerze anzünden, sich die Hände wärmen, die falsche Wärme der Flamme anstarren, sie ausblasen, zu warten, bis die nächste Viertelstunde vorbei sein würde und hoffend wieder anzünden. Bald nach Mitternacht war die Kerze zu Ende. Da waren noch zwei Stück Würfelzucker zum Lutschen, zwei Minuten. Oder ein Lied singen, drei Minuten. Sich von anderen Biwaknächten erzählen. Erst ein Uhr nachts.

Wenig später konnten wir keine Sterne mehr sehen, aus dem gleichförmigen Grau schwebten Flocken und setzten sich auf den Biwaksack. Ohne zu schmelzen wurden es mehr und mehr. Als dann wirklich der Morgen heraufzog, war die Wand eine einzige, senkrecht weiße Wüste. Ächzend stiegen wir aus dem Biwaksack und machten uns zum Handeln bereit, ich wollte den Sack zusammenlegen und im Rucksack verwahren, zitterte jedoch so stark, daß er mir aus den Händen fiel. Emotionslos sah ich ihm nach, wie er im Schneetreiben entschwand.

Sepp war vernünftig und plädierte fürs Umdrehen, ich nicht. Nur einige Meter unterhalb des Ausstiegs und umdrehen, jetzt, wo wir so weit gekommen waren?

Mit einem 9-mm-Seil gesichert - das andere hatten wir für den Rückzug im Quergang gelassen - versuchte ich vier oder fünf Stunden lang, über die Schlüsselstelle zu klettern, schaffte immer nur vier oder fünf Meter, während in regelmäßigen Abständen kleinere Lockerschneelawinen über unsere Köpfe staubten.

Als wir schließlich durch das Schneetreiben zum Wandfuß abseilten, war es später Nachmittag. Müde schoben wir unsere Skier durch das Laliderertal hinaus. Als wir beim Wagen angelangt waren, spürte ich eine sonderbare Form der Zufriedenheit in mir.

Mit Werner Morgenroth aus Nürnberg durchstieg ich im nächsten Sommer die Laliderer-Verschneidung. Wir stiegen wie immer am späten Vormit-

Blick von der Ödkarspitze auf die Birkkarspitze (2749 m), den höchsten Karwendelgipfel.

tag ein, die Nacht vorher war wieder etwas ausgiebiger gewesen, und kletterten in überschlagender Manier schnell höher. Werner war ein wunderbarer Partner, wir brauchten nicht viele Worte zu wechseln. Am Pfeilerkopf, der das Ende der Hauptschwierigkeiten bedeutete, sahen wir zu einer Seilschaft hinüber, die in der „Direkten" im gelben Riß kletterte. Der Führende hatte beinahe den Stand erreicht. Eine Stelle schien ihm besondere Mühe zu machen, er kämpfte wie wild, immer wieder brachen Steine aus. Und dann ein fürchterlicher, langgezogener Schrei, er flog mit dem Kopf nach unten, das Gesicht dem Fels abgewandt, aus der Wand. Der Sturz schien endlos zu dauern, kein Zwischenhaken hielt, und endlich pendelte er, noch immer mit dem Kopf nach unten, vierzig Meter unterhalb vom Standplatz. Ein 80-Meter-Sturz also. Wir hörten keinen Laut mehr, es herrschte gespenstische Stille. Auf unser Rufen besann sich der Sichernde am Standplatz, daß er noch am Leben sei. Wir brüllten ihm zu, was er unternehmen müßte. Wir selbst konnten ja nicht helfen. Die Wand hinüber zu queren wäre von hier aus nicht möglich gewesen. Bald fiel Nebel ein, ich blickte auf die Uhr, es war 13 Uhr vorbei, also noch Zeit für eine Bergung bei Tageslicht. Endlich mußte unser Rufen auf der Hütte gehört worden sein, man gab uns Zeichen, daß man uns verstanden hätte.

Und wir selbst? Das Gelände über uns war nicht mehr schwierig, nur mehr V.Grad. Doch wir standen wie benommen. Auf einmal merkte ich, wie meine Kniescheiben in wildem Stakkato auf und ab hüpften. Ich glaubte, keinen normalen Schritt auf ebener Erde tun zu können, und blickte voller Hoffnung Werner an, der immerhin 10 Jahre älter war. Inzwischen hatte der Verletzte drüben zu röcheln angefangen.

Ich wußte, daß wir jetzt handeln mußten. Also? fragte ich leise. Ich geh' keinen Schritt mehr voraus, antwortete Werner. Mir war zumute wie einem zum Tod Verurteilten. Meine Knie waren so weich, daß ich mir nicht vorstellen konnte, auch nur einen Meter abzuheben. Also drosch ich erst einmal fünf Standhaken in den Fels. Als ich die erste Seillänge - ich werde sie nie mehr vergessen - unter mir hatte, war die Angst weg. Ich war über sie hinausgestiegen. Am späten Nachmittag waren wir wieder auf der Hütte, die Bergung der Verunfallten war in vollem Gang. Riesige Lichtkanonen warfen ihre Kegel in die bald schwarz werdende Wand, das Wummern der Aggregate brach sich in den Felsen. Ein Freund Werners war eingestiegen. Rainer Pickl aus Nürn-

berg. Im Licht der Kanonen, zusätzlich mit dem dünnen Kegel der Stirnlampe, kletterte er die vielen Seillängen hinauf, ich konnte nicht anders, als bewundernd den Kopf zu schütteln. Gesichert wurde Rainer von einem Innsbrucker Bergrettungsmann, und um fünf Uhr früh - verständlicherweise hatte niemand auf der Hütte ein Auge zugetan - waren die Verunfallten geborgen am Wandfuß, wo sich ihre Verletzungen als nicht so schlimm wie befürchtet herausstellten. Sie humpelten, teilweise noch aus eigener Kraft, bis zur Hütte.

Einige Tage danach durchstieg ich noch die west-

Durch die Nordabstürze des Kl. Lafatscher (2635 m)
führen mehrere schwere Routen

liche HA-HE, und spätherbstliches Wetter lockte uns in den Halleranger und ins Lamsengebiet. Was hatte uns dieser Halleranger immer bedeutet! Das Speckkar-Nordeck, die Nordwand, der Buhl-Durchschlag, genau gegenüber dann diese Bilderbuchverschneidung, durch die Hias Auckenthaler vor gut 50 Jahren einen Weg fand, ohne einen Fortbewegungshaken zu verwenden. Eine sich dem Auge des Kletterers aufdrängende Route, eine „logische" Route, Logik, was auch immer man unter diesem Begriff versteht.

Wie oft hatten wir diese Lafatscherverschneidung schon durchstiegen. Vor der Arbeit, nach der Arbeit, im Hochsommer, bei Regen, im Spätherbst, wenn der eiskalte Wind das Warten auf den Standplätzen schier unerträglich machte. Im Frühsommer, wenn die schmutziggrauen Firnfelder noch hinunterreichten bis zur Waldgrenze, wenn das erste Grün sich langsam hervorwagte. Die Sonne hatte dann schon Kraft, und abends, wenn wir noch beisammensaßen bei einem Bier, leuchteten unsere Nasen rot und verbrannt. Das war die Zeit gewesen, in der ich meine Liebe zu diesem Gebirge, dem Karwendel, entdeckt hatte. Eine stille Liebe, denn das Karwendel ist ein stilles Gebirge. Es gibt dort Oasen der Ruhe, zu denen man nach vielstündigem Marsch gelangt. Wo man den ganzen Sommer allein sein kann. Vielleicht käme einmal ein verirrter Wanderer vorbei, oder ein Jäger. Aber sonst ist man alleine dort und doch nicht einsam.

Im Sommer hat dieses Gebirge eine ganz andere Ausstrahlung als im Herbst. Die Luft ist anders, drängender, drückender. Die Entfernungen scheinen größer durch die flimmernde Luft. Wehe dem Bergsteiger, der sich bei einem Nachmittagsgewitter noch in der Ausstiegsschlucht einer großen Wand befindet!

Im Herbst ist das alles anders. Die Almen sind leer, absolute Stille ist eingekehrt. Die Luft ist klar, alles erscheint so nahe, die ermüdende Kraft der Sonne zeichnet milde Konturen in die Felswände. Es ist, als wenn sich die Natur zur Ruhe begeben hätte, die Gräser, die Blumen, die Tiere und die Sonne. Als ob alles gegangen wäre, wie ein kurzer Hauch des Lebens. Dann wurde auch ich mir meiner Vergänglichkeit bewußt. All das, was man im täglichen Leben beiseite schiebt, weil man durch die Unrast keinen Gedanken daran verschwendet, wurde jetzt verständlich, wie ein aufgeschlagenes Bilderbuch für Erwachsene. Die Atmosphäre beruhigte. Der Kreislauf, der Leben heißt, barg keine Ängste mehr in sich. Vielleicht denke ich deswegen so gerne an diese Zeit zurück, wo jeder sonnige Tag noch ein Geschenk war, das man sich eigentlich gar nicht mehr erwartet hatte.

Das extreme Klettern an sich war niemals wirklich wichtig für mich. Das Erlebnis des stillen Dahinwanderns empfand ich ebenso stark. Und doch war der Ehrgeiz des Bergsteigers nicht spurlos an mir vorübergegangen.

So hatten wir auch oft hinübergeschaut in die linke Begrenzungswand der Lafatscherverschneidung, in diese glattgeschliffenen, haltlosen Platten, die 250 m hoch erbarmungslos in den Himmel schießen. Mit Sepp Jöchler ging ich sie im Sommer 1983 an. Wir trugen nur das Allernotwendigste mit uns: Doppelseil, ein Dutzend Haken, einen Satz Klemmkeile. Wir wußten, daß in den grauen, hoffnungslosen Platten über uns nicht viele Sicherungen unterzubringen wären. Nach der ersten Seillänge der Lafatscherverschneidung seilten wir uns an. Ein kurzer Händedruck und Seppl verschwand nach links um die Kante in eine ausgesetzte Verschneidung. Ganz langsam bewegte sich das Seil durch meine Hände, nur einmal unterbrochen von zaghaften Hammerschlägen. Endlich konnte ich nachkommen. Nach 25 Metern ein Titanhaken, nur zwei Zentimeter im Fels, war die einzige Zwischensicherung. Vom Wind und vom Warten auf dem Standplatz war ich so ausgekühlt, daß ich mich an den kleinen Griffen kaum halten konnte. Seppl stand weiter oben, fast in der Grätsche, und sicherte mich an einem einzigen, schlechten Haken. Als ich ihn erreichte, kletterte ich schräg nach rechts, im Bemühen, einen kleinen Standplatz ausfindig zu machen. Auf einer schmalen, luftigen Leiste blieb ich stehen und wagte vorerst gar nicht, mit den Händen auszulassen, um den Haken einzutreiben. Nach langer Arbeit hatte ich einige davon zentimeterweise eingetrieben, band sie ab, versah sie mit einer Ausgleichsverankerung, die mich ein wenig beruhigte. Ungebrochen schossen die Platten über uns in den Himmel. Sie schienen mir noch steiler als von unten gesehen. Nur eine feine Wasserrille zog nach oben, und selbst die verlor sich unter einem riesigen, glatten Überhang. Seppl kletterte weiter, er war heute in Hochform. Schwierige Kletterei und wieder nur eine Zwischensicherung. Wir waren nun unter den drohenden Überhängen. Jetzt war ich an der Reihe, gerne hätte ich die Führung an meinen Freund abgegeben, der mich erwartungsvoll anschaute. Bald spreizte ich einen kurzen Kamin hinauf, der sich unter dem Dach verlor. Ein Blick hinunter zu Seppl. Wenn du wüßtest, wie es in mir jetzt ausschaut, welche Gedanken mich heimsuchen. Einen verläßlichen Stahlstift konnte ich unterbringen. Diese Ungewißheit, dieses Hinausklettern ins Nichts! Noch einmal ein Blick hinunter, in die grauen, haltlosen Platten. Wenn wir heute nicht durchkommen, noch einmal klettere ich da nicht herauf.

Langsam spreizte ich höher, konnte hin und wieder einen guten Klemmkeil anbringen. Die ganze Rotpunktidee schien mir an einigen Stellen einerlei, ich wollte mich ausrasten, meine schmerzenden Unterarme ausschütteln und damit basta! Interessanterweise war hier der Fels so schön und fest wie selten im Karwendel. Blind durfte man ihm dennoch nicht vertrauen, er war wasserzerfressen und manchmal ein bißchen morsch. Jetzt war ich über den Überhang gestiegen, und innerlich erfaßte mich für einen kurzen Moment ein Hochgefühl. Ein Weiterweg schien möglich, drei Seillängen über mir sah ich schon den Ausstiegsüberhang. Weiter oben querte ich in eine winzige Nische. Ein Standhaken, in akrobatischer Stellung geschlagen, machte meinem Nervenflattern ein Ende. Dieser eiskalte Wind, und das im Hochsommer! Seppl war halb erfroren, als er nachkletterte. Wir waren schon etwas ausgelaugt, bei diesem geschlossenen Fels einen

Standplatz aufzubauen, kostete viel Kraft.

Rasch näherkommendes Donnergrollen ließ uns schneller handeln. Seppl ging wieder eine wilde Seillänge voraus, nur einmal fuhr ein Haken in den Fels. Immer im Grunde der Verschneidung bleibend, spreizte er höher und schimpfte über die geschlossenen Risse, die keinen Haken aufnahmen.

Ein Sturz seinerseits hätte für uns beide fatale Folgen gehabt. Schon ganz nahe war das Hochwetter, als Seppl die vorletzte Seillänge kletterte. Das halbe Seil hatte ich ausgegeben, er wollte einen Haken unterbringen. Fast im „Spagat" stand er oben, mußte schnell machen, fingerte ungeduldig am Materialgurt. Ein plötzliches Klirren ließ mich zusammenfahren. Ich konnte gar nicht hinsehen, wie unsere zwei einzigen Stahlhaken an mir vorbeiflogen. Der Ernst der Situation ließ ihn ganz ruhig werden. Ich hielt den Atem an, wünschte mir sehnlichst, daß es ihm gelänge, eine Sicherung unterzubringen. Drei lange, weiche Haken hatte er noch, Haken, die gut waren für einen morschen Riß irgendwo in der Praxmarkar-Nordwand, aber hier? Es gelang ihm dann doch, zwei davon miteinander zu verkeilen und abzubinden. Die Lage blieb trotzdem ernst. Wir hatten kaum noch Haken und noch zwei Seillängen zu klettern, ein Rückzug war jetzt ausgeschlossen. Und ganz oben wartete noch der drohende Schlußüberhang.

Seppl stieg jetzt alles vor. Es war bis zum Grat hinaus noch schwieriges Gelände, wenn auch leichter, als es von unten ausgesehen hatte. Der letzte Standplatz war auf dem Grat, noch einmal beugten wir uns hinaus und blickten hinunter. Unwirklich steil erschien es mir, und fast erschrak ich im nachhinein über unseren Entschluß, hier heraufzuklettern. Nachdenklich drehte ich den letzten Haken zwischen den Fingern. Er war wertlos, denn ein feiner Riß teilte die Öse. Langsam kletterten wir über den Gipfelgrat ab, nun erfaßte mich eine wohlige Müdigkeit. Später saßen wir im Gasthaus, zum Halten der Bierkrüge war uns genug Kraft in den Armen geblieben. Wir sollten unsere Route einige Tage später „Sturmwind" taufen, weil sie sechs Seillängen senkrecht emporpfeift, weil man immer ausgesetzt klettert und es keinen geschützten Standplatz in der Wand gibt. Außerdem war uns zu kalt, ein Gewitter zog knapp an uns vorbei, und Sturmwind herrschte auch in unseren Seelen.

Nachdem ich in den vergangenen Sommern mehrere „Ausritte" in andere Gegenden des Karwendels unternommen hatte, darunter war auch die sagenumwobene Nordwand der Praxmarkarspitze gewesen, war mir, zusammen mit Andi Orgler, die Direkte Laliderer und die „Charly Chaplin" gelungen. Ich hatte gefühlt, daß ich hier noch einen „Zahn" zulegen könnte, kurzum, der ewige Ehrgeiz verbündete sich mit einem alten Traum, nämlich an der Lalidererwand eine Erstbegehung durchzuführen.

„In einem anderen Land", so wollte ich die Linie taufen, die ich mit meinem geistigen Auge schon lange gezogen hatte.
Mit Michi Rutter als Partner gelang uns im August 1985 diese Route.

Nach dieser Erstbegehung wurde ich wieder zum Wanderer, der ich nie aufgehört hatte zu sein, setzte mich an Einstiegen hin, blickte ins Tal und erinnerte mich. Ich kannte jetzt alle Routen an den Lalidererwänden, teilweise aus wiederholten Besteigungen, mit Ausnahme von „Alptraum". Diese Tour hatte Seppl Jöchler mit Hans Würtenberger wiederholt, bevor eine Seillänge in einer Gewitternacht herunterbrach und die Route in ihren Dornröschenschlaf zurückversetzte.

Was hatte Rainer Pickl veranlaßt, daß er diesen „Alptraum" erstmals begehen mußte? So fragte ich mich, und was hatte uns bewogen, diese Routen zu gehen?
Wenig später fuhr ich nach Patagonien, um den Fitz Roy zu besteigen, und bald darauf nach Alaska. Als ich zurückkam,

Die Gipfelstürmernadel unterhalb der Erlspitze, Solsteingruppe.

111

erhielt ich die Nachricht, daß Hannes am K 2 geblieben war. Als ich mit ihm zusammen im Alter von 13 Jahren zum ersten Mal klettern ging, sagte man uns, Bergsteigen sei eine Philosophie. Was ist das für eine Philosophie, bei deren Ausübung man ums Leben kommen kann? Franz Oppurg war 1981 nach unserer Durchsteigung des Hechenbergpfeilers abgestürzt, nachdem er im Jahre 1978 den Mount Everest bestiegen hatte. Ich möchte sagen, Bergsteigen ist soviel wie Leben und deshalb unbeschreiblich. Unter anderem ist es auch ein Sport, der einen zwingt, nachzudenken. Denn sein eigenes Waterloo erlebt jeder, durch einen Sturz oder simple Tatsache, daß man älter wird.

Wenn man in ein Alter kommt, in dem man von Jugendlichen mit „Sie" angeredet wird, hält man einmal inne und dreht sich um, um herauszufinden, wo man sich befindet. Ich befinde mich noch fast an derselben Stelle, doch erscheint mir der Steig jetzt schmaler, und Steine liegen wie Hindernisse herum. Mit diesem neuen Blick zu leben, muß ich erst lernen, wie früher das Klettern. Ein Abenteuer ohne Ende.

Laliderer Nordwand. Heinz Zak und Peter Gschwendtner begingen 1990 innerhalb von 17 Stunden an einem Tag drei klassische Extremführen: Zuerst die Schmid-Krebs Route (1929 erstmals begangen), dann die Rebitsch-Lorenz Nord - Verschneidung (1947) und schließlich die Charly Chaplin (Mariacher-Brandstätter 1977)

Die Tuxer Alpen, ein Paradies vor der Haustür

von Emil Hensler

Von der Nordkette schaut man unmittelbar auf den vom Mittelgebirge und seinen vielen Dörfern reichgegliederten Nordabfall dieser Berggruppe. Der Blick reicht vom Kellerjoch im Osten, dem Patscherkofel, dem Wipptal und der Serles im Mittelgrund bis zum nicht mehr zu den Tuxern zählenden Roßkogel im Westen. Früher sagte man „Tuxer Voralpen", ein Name, der die Lage zwischen den Kalkalpen und dem Ötztal Kristallin charakterisierte. Die Bezeichnung Tuxer Alpen stammt von deren Südgrenze, die durch den Tuxergrund, der vom Zillertal in Richtung Wipptal verläuft, gebildet wird. Die reichliche Bewaldung, die ausgedehnten Weideflächen und die vielen Almen sowie die mehrheitlich sanften Gipfelformen geben dem Gebiet in Zusammenhang mit den Tälern, Bächen und verträumten Seen eine freundliche und heitere Note. Die Eigenart der „Grasberge" beruht auf den geologischen Gegebenheiten. Die Tuxer Alpen gehören zur Nordtiroler Grauwackenzone, die sich vom Osten her aus den Kitzbüheler Alpen nach Westen erstreckt und

Almkäserei

sich westlich der Sill nicht mehr so breit fortsetzt. Der Stock ums Kellerjoch gehört zu den Grauwacken engeren Sinnes, das sind vorwiegend Wildschönauer Schiefer, die zu weichen Formen verwittern. Die Gipfelregion ist aus härteren Augengneisen, auch Kellerjochgneis genannt, aufgebaut. Gegen das Inntal ist eine schmale Zone aus dichtem, hartem Kalk, dem Schwazer Dolomit, vorgelagert, die von Brettfall bis in die Gegend von Schwaz reicht. Südlich einer Linie - etwa von Stumm nach Pill - werden die Wildschönauer Schiefer von Quarzphyllit abgelöst, der härter ist, aber keine scharfe Grenze zu den Schiefern bildet. Im Süden stoßen die Quarzphyllite an die obere Schieferhülle der Zentralalpen.

Innerhalb dieses Quarzphyllites, der den Großteil der Tuxer Alpen aufbaut, bilden die Tarntaler Gesteine wiederum einen geologischen und mineralogischen Sonderbereich, der sich stellenweise in die Grenze zwischen Quarzphyllit und Obere Schieferhülle einschiebt und im Osten am Penken und an der Gschößwand noch in stark gestörten Resten vorkommt. Die Tarntaler Berg-

formen heben sich deutlich von ihrer Umgebung ab. Der südlichste Streifen der Tuxer Alpen reicht in die Obere Schieferhülle hinein, was sich im Berührungsfeld mit den Tarntalern bemerkbar macht. Die Gliederung der Gruppe durch oft recht tief einschneidende Täler ist sehr ausgeprägt. Sie streben nach allen Richtungen aus dem Gebirge hinaus. Lediglich die Südabdachung ist auf ein paar kurze, steile Gräben beschränkt.

Einheimische verwenden die Bezeichnung Tuxer Alpen selten. Ihnen sind die Glanzpunkte des Gebietes wie Patscherkofel, Glungezer, Morgenkogel, Wattener Lizum, Volder-, Navis- und Schmirntal usw. vertrauter. Mit diesen Namen verknüpft sich ein bunter Bilderbogen von Eindrücken, Erlebnissen und Erinnerungen eines im Sommer wie im Winter unerschöpflichen Tourengebietes.

Im südlichen Mittelgebirge

Wenn man in Innsbruck aufgewachsen ist, hat man die Tuxer Berge ständig vor sich. So ist es unvermeidlich, schrittweise mit ihnen Bekanntschaft zu machen. Wenn ich an den Lanser Kopf denke: An seinen bescheidenen Felsgebieten mit dem „Seppl Kamin" haben wir Buben unsere ersten Klimmzüge gemacht. Wir mußten erfahren, daß der Quarzphyllit viel schmieriger ist, als die kleingriffigen Kalkfelsen im Ahrntaler Klettergarten.

Viele Schulausflüge führten nach Judenstein. Das Kirchlein lud uns zu dem schaurigen

Junssee unter der Geierspitze (2857 m)

Erlebnis dessen ein, was dem Ort den Namen gab: Der Findlingsbock, auf dem der Überlieferung nach zwei Männer den vierjährigen „Anderl von Rinn" umbrachten.

Die martialische Darstellung ließ uns Schauer über den Rücken rinnen. Inzwischen wurde die blutrünstige Szene beseitigt.

Eine andere Wanderung im Mittelgebirge führte zu einem anderen Schauplatz, der die Phantasie nicht minder beflügelte. Sie führt von den Wiesenhöfen durch das Zimmertal in den Volderwald und mündet beim Glockenhof in die Straße von Tulfes nach Hall. Bei diesem Hof bestand im 17. Jahrhundert eine Glockengießerei. An der Hauswand hängt ein Marterl, auf dem in Versen die Mordtat des letzten Glockengießers Johann Gatterer beschrieben wird. Der Meister und seine Gesellen lauerten nämlich reisenden Kaufleuten auf, beraubten und ermordeten sie.

Die Leichen wurden hinter dem Hause im „Rosengärtlein" verscharrt. Gatterer wurde 1628 zur Strafe enthauptet.

Viele Frühjahrs- und Herbstwanderungen führten nach Heiligwasser. Die „Igler" ermöglicht ein rasches Erreichen der Mittelgebirgsterrasse. Von Igls wandert man auf einem schattigen Weg, vorbei an Kreuzwegstationen, zur Römerstraße. Von dort führt ein Fahrweg zur Gnadenstätte. Die Legende erzählt, daß im Jahre 1603 zwei Hüterbuben sechs Kühe verloren. In ihrer Angst riefen sie die Muttergottes um Hilfe an. Tatsächlich erschien sie und geleitete die Buben zum Butterbrünndl, wo sie die Tiere wiederfanden. Als man später ein stummes Kind an den Ort der Erscheinung führte, konnte es sprechen. Zuerst wurde eine kleine hölzerne Kapelle erbaut, und später - im 17. Jahrhundert - die heutige Wallfahrtskirche. Wie es sich für eine richtige Wallfahrt gehört, steht daneben ein Wirtshaus, dessen guter Ruf bis heute andauert.

Über den Zirbenweg ins Voldertal

„Und Sie haben eine Glatze, Herr Patscherkofel, und sind ein Charakter, schon mehr als schofel, sonst würden Sie nicht gestatten, daß das Menschengezücht tagtäglich auf Ihrem Kopf herumkriecht", läßt Anni Kraus die Frau Hitt als Sprecherin der viel berühmteren Nordkette, in ihrem Gedicht „Wenn die Berg streiten" sagen. Aber es lohnt sich, den rundköpfigen alten Herrn des Innsbrucker Panoramas zu besuchen.

Glungezerhütte (2600 m, ÖAV Sektion Hall). Dieses „Denkmal alpiner Hüttenarchitektur" (G. Aichner) wurde 1932 von O. Sehrig geplant. Erweiterungen erfolgten nach Plänen von L. Handl (1934) und T. Prachensky (1935)

Von der Seilbahnstation über der Waldgrenze folgt man der Markierung „Zirbenweg-Boscheben", die ohne viel Höhenunterschied nach Osten leitet. Das Besondere dieses Weges sind die Tafeln, welche uns mit Einzelheiten der Schneewirkung, des Bodenklimas, des Pflanzenwuchses, der Schuttbildung usw. vertraut machen. Die alte Lawinengalerie, die in den 30er Jahren gebaut wurde, weil sich damals einige tödliche Unfälle beim Skiaufstieg zum Glungezer ereigneten, ist längst verfallen. Aufmerksamkeit verdient eine mittelgroße Zirbe, die laut Tafel 250 Jahre alt ist und zu Maria Theresias Zeiten schon da stand. Hinter dem Gasthof Boscheben passieren wir ein Blocktal. Wer aufpaßt, erkennt den sagenumwobenen „Schliefstein", durch den der alte Weg führt. Der Grat über die Mohrenköpfe und Neunerspitze ist fast durchwegs von solchem Blockwerk gebildet. Es ist ein Ergebnis der Eiszeit. Der Gletscherstrom durch das Inntal ließ den Kamm zum Glungezer gerade noch eisfrei, wodurch das Gestein ständigem Frostwechsel ausgesetzt war. Die Sprengwirkung des Eises hinterließ das große Blockwerk.

Wir wandern am Zirbenweg auf der Inntalseite weiter. Unterhalb liegen Ißanger und Ißhütte. Bubenerinnerungen knüpfen sich an diese Jagdhütte. Mehrere Sommer verbrachte unsere Familie hier. Das Blockwerk bot Höhlen, die es zu erforschen galt. Beim Erbeuten von Zirbelnüssen machten wir den Gratschen (Zirbelhähern) Konkurrenz. Außerdem gab es einen Tümpel mit Feuersalamandern, Fröschen und Tattermanndln. Beeren und Schwammerln gab es in Hülle und Fülle. Nur manchmal lehrten uns wilde Hochgewitter das Fürchten.

Am aussichtsreichen Weg zur Tulfeinalm begegnet man den abenteuerlichsten Wuchsformen von Zirben und Lärchen. In der Kampfzone des Waldes wachsen sie nur selten gerade. Von der Alm führt ein Steig durch Almrosen und Zwergstrauchheiden auf den zweihundert Meter höher liegenden Sattel am Fuß des Glungezerosthanges. Ein abschnittsweise schwer sichtbarer Steig leitet durch die steile und schrofige Flanke in das

Voldertal hinein. Es ist jener Hang, an dem vor drei Jahrzehnten (1964) ein englisches Flugzeug im Nebel zerschellte. Noch Jahre danach lagen Metall- und Stoffreste im Gelände.

Auf dem Steig kommt man zur Gwann Schafalm. Von dort könnte man zur Steinkaseralm im Talschluß weitergehen. Auf einem richtigen „Knieschnagglerweg" aber kommt man hinab nach Schwarzbrunn und auf das Wegenetz Volderwildbad-Stiftsalm-Naturfreundehütte.

Volderwildbad ist seit dem 15.Jahrhundert als Heilbad bekannt. Der Haller Arzt, Dr.Hippolytus Guarinonius (1571-1654), der mit seiner naturnahen Medizin eine Art Paracelsus war, empfahl die eisenhaltige Quelle. Ein Zeitgenosse, Freiherr von Gienger, ließ daneben ein Kirchlein errichten, das Cosmas und Damian, den heutigen Schutzpatronen der Apotheker, geweiht ist. Der Badebetrieb ist längst eingestellt, seit einigen Jahren ist der Gasthof wieder geöffnet.

Vom Patscherkofel zum „Gschriebenen Stein"

Der Gschriebene Stein: ein vorgeschichtliches Denkmal ?

Der Kofel ist d e r Innsbrucker Hausberg. Das wußte schon der Landestopograph J.J.Staffler, der vor 152 Jahren schrieb, daß rüstige Fußgänger „in 5 Stunden ohne bedeutende Anstrengung seine Höhe" erreichten. Das waren noch Zeiten, als man gemächlich über die Sistranser oder Patscher Alm hinaufstieg! Bereits 1888 wurde das Patscherkofel-Schutzhaus (Österr.Touristenklub, Innsbruck) erbaut. Es war viele Jahre das Ausflugsziel von „Bergpartien" und Stützpunkt für die lange Wanderung zum Glungezer. Im Jahr 1928 erfolgte mit dem Bau der Patscherkofelseilbahn und ihrer Bergstation in 1964 Meter Höhe die nächste Stufe der Erschließung. Bedingt durch den Wintersport folgten Schlepplifte und schließlich die Sesselbahn zum Gipfel. Ihn ziert heute

Eine Ansichtskarte der Reckner Nadel.

ein Fernsehmast und eine Wetterstation. Geblieben freilich ist die Aussicht, die schon einst unseren Chronisten begeisterte: „ ... eine entzückende Aussicht in die fernen Gegenden des Ober- und Unterinntales, in das Wipptal und in das gletscherreiche Stubaital. Beim Glanze der aufgehenden Sonne übertrifft die Pracht dieses Schauspiels alle Beschreibung."

Unser Ziel ist ein Ort, der nicht minder die Phantasie beflügelt. Um dorthin zu gelangen, wandern wir von Boscheben auf dem Weg zur Viggarspitze und verlassen kurz nachher den Glungezerweg auf einem Steiglein, das weiter unten auf den Weg trifft, der vom Meißnerhaus zur Viggaralm und weiter zur Kreuzspitze führt.

Auf einer Senke in 2100 m Höhe steht der „Gschriebene Stein". Er ist ein nicht zu übersehender mächtiger Findlingsblock von rund 5 m Höhe und 17 m Umfang. Auf den glatten Flächen der Nordost- und Westseite sind Zeichen eingeritzt, die wie Buchstaben oder Ziffern ausschauen, ohne aber einen sinnvollen Text zu ergeben. Leider sind die Zeichen auf diesem Block, der übrigens in vielen Tiroler Sagenbüchern erwähnt ist, mit roten Farbzeichen und Klecksereien von „Hier bin ich gewesen - Angebern" verschmiert. Aus verschiedener Sicht wurden Deutungen der geheimnisumwitterten Örtlichkeit versucht. In Zusammenhang mit den in Süd- und Nordtirol nicht selten zu findenden Schalensteinen, die in der Umgebung z.B. in Boscheben und in der Litagrube (Mühltaler Berg, Gemeinde Ellbögen) vorkommen wurde versucht, Zusammenhänge mit vorgeschichtlichen Zeugnissen wie Quellheiligtümern, Kultplätzen, Siedlungen usw. zu finden. In den Rahmen von „Ortungslinien", auf denen solche Punkte liegen, paßt auch der Platz des Gschriebenen Steines. Eine andere Deutung sind Hinweise auf Jagdgesellschaften, wie z.B. jene Kaiser Maximilians im

Jahre 1489, über die Aufzeichnungen in Archiven bestehen. Vielleicht handelt es sich aber auch um wenig spektakuläre Hauszeichen der alpberechtigten Bauern, wie man sie früher auf Arbeitsgeräten usw. verwendete. Alles in allem eine bemerkenswerte Stätte, die bis heute ihre Geheimnisse nicht preisgab. Den Rückweg nimmt man zweckmäßigerweise über die Viggaralm zum Meißnerhaus. Von dort steigt man dreiviertel Stunden nach Boscheben hinauf und kann zur Patscherkofelseilbahn zurückkehren.

Das Wattental und die Wattener Lizum

Dieses Tal dringt am weitesten südwärts in das Gebiet. Seine Wurzeln liegen unterhalb der Tarntaler Berge. Ab Walchen ist die Straße für Privatfahrzeuge zugunsten eines Taxidienstes und der Fahrzeuge des Truppenübungsplatzes des Österreichischen Bundesheeres gesperrt.

Meine erste Bekanntschaft mit der Lizum erfolgte im Juni 1939, als ich als Gebirgsjäger von der Innsbrucker Klosterkaserne zu Fuß bis dorthin marschierte. Nach dem langen Weg in feldmarschmäßiger Ausrüstung stellten wir unsere Viermannzelte auf. Nach traumlosem Schlaf lagen am Morgen 40 cm Neuschnee! Es war die Folge der jahreszeitlich üblichen „Schafskälte". Zwei Tage später marschierten wir auf das Klammjoch. Wir hatten ein in 16 Teile zerlegtes Geschütz zu tragen. Auf den letzten 100 Höhenmetern bekam ich die 54 kg schwere Bohrwiege, deren Seitenwände auf meinen Schultern auflagen. Als man mir am Joch die Last abnahm, glaubte ich, auf die Tarntaler Köpfe hinaufzufliegen! Später habe ich das Klammjoch sowohl von der Lizumer Seite als auch vom Navistal unter erfreulicheren Umständen oft erwandert. Von Navis kann man über die Naviser Hütte (Akademische Sektion des ÖAV) und die Poltenalm auf dem Bettlersteig oder durch den Talgrund über

Reckner (2884 m) und Geierspitze (2857 m) mit der Olperer Gruppe im Hintergrund.

die Klammalm gehen. Der Talschluß heißt „Knappenkuchl" und weist auf den früher hier betriebenen Bergbau hin. Die Mineralvielfalt lockt viele Sammler an, die in den Bodenrunsen und Felsklüften nach Kristallen und Stufen suchen.

Die Tarntaler oder Lizumer Berge

Bis im Jahre 1912 die Lizumerhütte (ÖAV, Sektion Hall) gebaut wurde, fand man Unterkunft nur „bei urwüchsigen und grobschlächtigen Sennern", wie sich A.Riepenhausen 1931 erinnert. Die Hütte liegt im Mittelpunkt der Tuxer Alpen. Nach Norden erstrecken sich Mölstal und Lizum, nach Osten verlaufen Nasse Tux, Junsberg und Madseittal, gegen Süden erstreckt sich das Kluppental, das mit dem Schmirntal zusammenhängt, und nach Westen gerichtet ist das Klammtal. Im Kartenbild sieht dieses Talgeflecht wie ein Krater aus. Um das obere und untere Tarntal - es sind eigentlich Kessel ohne Abfluß mit einigen eingestreuten Seen - stehen die markanten Gipfel: Die Tarntalerköpfe (1757 m), die Lizumer Sonnenspitze (2830 m), die Geierspitze (2857 m) und der Reckner (2886 m). Form und Farbe dieser Berge sind das Ereignis verzickter geologischer Verhältnisse. Der Naturforscher und Dichter Adolf Pichler (1819-1900) hat sie treffend beschrieben: „Wir arbeiten uns auf dem Schutte, der sich aus dem Einschnitt zwischen zwei Felsgraten herabgießt, empor. Es ist ein kleines Mineralienkabinett: Stücke bunten Schiefers, Serpentin, Schillerspat, Asbest, Trümmer von Dolomit und Konglomerat sind durcheinander geworfen ..."

Der Rastkogel

Im Südostwinkel der Tuxer Alpen erhebt sich der Rastkogel (2764 m). Von links senkt sich das Nurpental zum Weertal hinab, der Sidangrund zum Zillertal und über den Lämmerbichl gehts zum Tuxer Grund. Wer im Frühling hierher kommt, wird über Hänge und Böden wandern, die dicht mit dem duftenden dunkelviolett blühenden Speik (Primula glutinosa) besiedelt sind. Um die Jahrhundertwende haben die Bauern ganze Wagenladungen dieser Pflanzen als Duftstoff in die Seifensiedereien geliefert. Die Tuxer Berge sind überhaupt ein wunderbares Blumenparadies, und man müßte den bekannten und seltenen Pflanzen ein eigenes Kapitel widmen.

Meine Erinnerung an diesen Berg reicht bis in die erste Nachkriegszeit zurück. Damals begann ich, Geographie zu studieren und bekam als Kriegsteilnehmer schon im dritten Semester mein Dissertationsthema: „Die Almwirtschaft im Zillertal". Die Unterlagen dazu mußte ich selber erarbeiten, alle Almen besuchen und sie topographisch und statistisch beschreiben. Es waren oft lange und mühsame Wege. Eines schönen Abends traf ich auf der Rastkogelhütte ein. Außer mir waren dort zwei ältere Herren, die sich im Gespräch sehr für meine Arbeit interessierten. Als sie meine dürftige Verpflegung bemerkten, luden sie mich zu einer großen Portion Kaiserschmarren ein. Das war eine gute Grundlage für den Rastkogel am nächsten Tag! Auf dem ganzen Weg und vor allem beim Abstieg zur Geiselalm genießt man eine großartige Aussicht auf den Tuxer Hauptkamm vom Grinberg bis zum Olperer. Nicht zu Unrecht heißt es in der Landesbeschreibung von Staffler (1842), daß das „Tuxertal der weite Palast des oberen Zillertales" sei. Und der Rastkogel ist der Fensterplatz dieser „Glanzpracht"!

Von einem seltsamen Namen im Schmirntal

Um Höhe zu gewinnen, macht die Brennerbahn bei St.Jodok eine weite Schleife in das Schmirn- und Valsertal. Oftmals haben wir hier die Bahn verlassen und sind auf einem steilen Weg zum Hochgeneiner Hof gestiegen. Im Winter lockte der Sumpfkopf mit seiner meist einsamen Abfahrt ins Padastertal, im Sommer bevorzugten wir Reisenschuh und Schafseitenspitze. Der wohlklingende Name Genein hat mir gefallen, und ich habe mich mit ihm wie mit anderen fremdklingenden Flurnamen der Tuxer Berge zu beschäftigen begonnen. Da ergaben sich völlig neue Perspektiven. Genein kommt vom Stamm der Genaunen, die den Römern bei ihrem Marsch über die Alpen im 15. und 14.Jahrhundert v.Chr.Widerstand leisteten. Darüber berichtet der römische Chronist Horaz an den Kaiser: „.... denn mit deinem Heere hat Drusus die Genaunen, ein unerschrockenes Volk, und ebenso die flinken Breunen von ihren Burgen vertrieben, die auf den schreckeinflößenden Gipfeln der Alpen gelegen sind, nicht in einem einzigen Kampf, sondern in einem wechselvollen erbitternden Ringen." Ein Beispiel dafür, wie die Namenskunde dem denkenden Wanderer viele Rätsel aufgibt. ·

Von der Vorgeschichte und den „behosten Weibern" im Navistal

Auf der Steilstufe, mit der das Navistal in das Wipptal abfällt, steht das Kirchlein St.Kathrein. Es ist auf dem Platz der Burg Aufenstein erbaut, die Herzog Friedrich 1336 schleifen ließ. Das Wipptaler Adelsgeschlecht der Aufensteiner hatte sich nämlich gegen ihn erhoben. So wurde die Burg bis auf die Burgkapelle mit schönen Fresken vor mehr als 600 Jahren zerstört. Später traten Funde zu Tage, die auf eine vorgeschichtliche Siedlung hinweisen.

Reisenden um die Jahrtausendwende war das Navistal keinen Besuch wert. In Meyers Reiseführer „Deutsche Alpen" von 1904 heißt es: „Südöstlich von Matrei geht's hoch an der rechten Talseite ins Navistal, das nichts besonderes bietet." Ganz im Gegensatz dazu hat Adolf Pichler schon früher allerhand Bemerkenswertes entdeckt und beschrieben. Er berichtete über die Nutzung der Bergwiesen und das Leben der Bergheuer. Er schildert die „Arbeit der behosten Weiber", welche „die schweren weiten Röcke nicht abgelegt sondern in die Röhren gesteckt, um bei der Arbeit nicht behindert zu sein..." . Daß sich die Zeiten ändern, beweist die heutige freie Kleidung bei der Landarbeit. Allerdings hat es in den 30er Jahren eine Tafel

gegeben, auf der stand, daß   „es auch den Männern untersagt ist, mit nacktem Oberkörper herumzulaufen".

In einem Aufsatz in AV Zeitschrift 1920 empfahl J.Mayr den Bau einer Hütte auf der Naviser Seite. Fünfzig Jahre später wurde die Naviser Hütte in 1800 m Höhe gebaut (Akademische Sektion Innsbruck des ÖAV).

Sie erschließt ein im Sommer wie im Winter leicht zugängliches und nirgends überlaufenes Gebiet.

Die Tuxer Alpen sind keine Modeberge und werden es nie werden. Aber für die Bergsteigerstadt Innsbruck sind sie ein Geschenk der Natur, ein Paradies für stille Wege und herrliche Skitouren in unverspurtem Gelände. Eine schimmernde Perle im heimatlichen Bergkranz, die manche oft erst am Ende ihrer alpinen Sturm- und Drangjahre entdecken. Ein Gebiet überdies, das sich vorzüglich für alle Arten von Familienwanderungen mit Kindern eignet!

Rastkogel (2761 m) mit Sidantalsee.

Martinswand-Chronik

Von Reinhold Scherer

Vorbemerkung

Wer sich mit der Entwicklung der Sportkletterei im Raum Innsbruck und mit der Geschichte der Klettererschließung der Martinswand beschäftigt, dem begegnen beim Zusammenstellen der Daten und bei der Auswahl der zu nennenden Personen etliche Schwierigkeiten. Eine objektive und übersichtliche Darstellung ist ohne Straffung und Vereinfachung nicht möglich. Daher wird um Verständnis für diese Vorgangsweise gebeten, die in keinem Fall eine Wertung sein möchte.

Die Martinswand in der Landesgeschichte

Durch ihre Verbindung mit dem deutschen Kaiser und tirolischen Landesfürsten Maximilian I. (1459-1519) gehört die Martinswand zu den bekanntesten Örtlichkeiten Tirols. Im „Theuerdank", einem vom kaiserlichen Hof herausgegebenen Buch, wird beschrieben, wie sich der Kaiser auf der Gemsjagd verstiegen hatte. Nach dreitägigem Verharren in der für ihn ausweglosen Situation wurde er von einem als Jäger verkleideten Engel gerettet. Das Ereignis, das sich 1484

Das Inntal mit der Martinswand und der Maximiliangrotte um 1649 (Ausschnitt). Kupferstich von M. Merian.

abgespielt haben soll, wurde später in vielen Variationen abgewandelt und zählt zu den bekanntesten Sagen unseres Landes. Historisch bewiesen ist, daß im Jahre 1503 in der Maximiliangrotte ein Gedenkkreuz aufgestellt wurde. Es wurde im Laufe der Zeiten mehrfach erneuert. Die heutige Kreuzgruppe vom Jahre 1936 stammt vom Bildhauer Johannes Obleitner. Bereits im vorigen Jahrhundert wurde zur aussichtsreichen Halbhöhle ein versicherter Steig gebaut.

Der Name Martinswand geht auf die am Wandfuß gelegene Burg Martinsbühel (früher St.Martinsberg) zurück. Der Hügel war, wie Funde belegen, bereits in vorgeschichtlicher Zeit besiedelt. Im 4.Jahrhundert n.Chr. war an dieser Stelle die römische Militärstation Teriolis. Ab dem 6.Jahrhundert gehörte Martinsbühel zum Frankenreich. Zu den Schutzheiligen dieses Volkes zählte

St.Martin, jener Heilige, der seinen Mantel teilte, um helfen zu können.

Die in der Folge ausgebaute Burg wurde erstmals 1290 urkundlich erwähnt. Ab 1497 wurde daraus das habsburgische Jagdschloß. Die nördlich davon aufstrebende Steilwand bot einen vorzüglichen Rahmen für Schaujagden, bei denen die Jäger und Jagdknechte ihre Kletterfähigkeiten beweisen mußten. Martinsbühel ist heute ein uneinheitlicher Komplex von mittelalterlichen und neuzeitlichen Bauten, die für kirchliche und schulische Zwecke genützt werden.

Während in den Maximilianischen Schriften vor der Martinswand gewarnt wird, denn sie „ist gar gefährlich wegen dem Steinschlag", hat der Dichter J.W.Goethe im Jahre 1786, als er auf seiner Italienreise von Zirl nach Innsbruck fuhr, in sein Tagebuch notiert: „Zu dem Platz, wohin der Kaiser Maximilian sich verstiegen haben soll, getraue ich mich wohl ohne Engel hin und her zu kommen ...".

Was würde er wohl sagen, wenn er den modernen Kletterern zuschauen könnte?

Die Martinswand in der Alpingeschichte

Die Nachrichten über Kletterfahrten in der Martinswand sind, sieht man von den Irrwegen der Jäger und den Kundfahrten der Karwendelerschließer ab, ziemlich jungen Datums. Die verzögerte Erschließung dieser Wand ist nicht nur auf ihre Steilheit, sondern auf das Fehlen eines richtigen Gipfels zurückzuführen. Eine Tatsache, welche die Wand im Urteil mancher Leute bis heute als minderwertig erscheinen läßt. Die Möglichkeiten, welche die Wand bietet, werden viel zu wenig geschätzt. Lieber fährt man über die Grenzen, um jenseits das zu erleben, was man vor der eigenen Tür nicht erkennt.

Nach Hinweisen von O.Wiedmann sind in Vereinsschriften der zwanziger Jahre einige Routen, wie z.B. die oberste Verschneidung des heutigen Klettersteiges und die Partien rechts der Tiroler

Diese Ansichtskarte eines Martinswandkletterers mit Pickel, Seil und Wadelstutzen, wurde 1910 an ein Fräulein Emma geschickt, das den Absender, wie er schreibt „infolge ihrer liebenswerten Erscheinung unglücklich zurückließ".

Martinswand Klettersteig: Teil 1 Wandfuß - Grotte

Fischzuchtplatten, genannt. Genaue Angaben waren nicht zu finden. Hingegen ist die Erstbegehung des Südwandrisses im Jahre 1932 durch Matthias Auckenthaler und H. Frenademetz bekannt. Die Route soll damals so brüchig gewesen sein, daß Auckenthaler - von Beruf Kaminkehrer, der anstelle des heutigen Magnesia Ruß an den Fingern hatte - beim zweiten Versuch Skibrillen benützte. Legendär sind die großen Haken, z.T. Eishaken, die damals verwendet wurden. Der eine oder andere befindet sich noch in der Wand. Bescheiden wie die Erstbegeher waren, schrieben sie in der Österreichischen Alpenzeitung 1933 S.63 ihr Urteil: „Der Südwandriß ist nur von klettersportlicher Bedeutung". Wer die „Auckenthaler" kennt, der weiß, daß diese Route - wie auch die folgenden und neuesten Führen - im internationalen Vergleich hinsichtlich Schwierigkeitsgrad und Leistung zu den ernsthaftesten dieser Art gehören. Unbestritten

bleibt, daß Auckenthaler und Frenademetz mit ihrem Stil und dieser Route den ersten, fast 30 Jahre lang andauernden Zeitabschnitt der Martinswand prägten.

Die Martinswand in der Klettersportgeschichte 1959-1973

Eine neue Epoche in der Martinswandgeschichte brach an, als das Dreiergespann Spitzenstätter, Troier, Schoißwohl die Notwendigkeit des Trainings für das Klettern erkannte und nach einem Trainingsgebiet suchte. Auch wenn die Art des Trainings nur darin bestand, sich immer geschickter und schneller an den Haken hochzuziehen, so war die Erstbegehung der „Geraden Martinswand" mit 6, A2 (heute „Direkte") im Jahre 1959 ein bewußter Fortschritt in technischer Hinsicht. Er betraf auch die Ernsthaftigkeit und Ausgesetztheit dieser Linie. Spitzenstätter und Troier erkannten die Vorteile, welche die Martinswand im Vergleich zu anderen alpinen Wänden hat. Anstelle eines Biwaks seilten sie ab, gingen nach Hause und trafen am nächsten Tag an ihrer Arbeitsstelle, dem Quergang, wieder ein. Eigens angefertigte Bohrhaken von Ernst Knapp - er zählte damals wie auch heute noch zu den guten technisch versierten Kletterern - halfen über die berüchtigte Passage hinweg.

Zwei Jahre später, im August 1961, beging der neunzehnjährige Kurt Schoißwohl die „Direkte" im Alleingang. Ich möchte die Zeilen, die er mir aus seinem Tourenheft vorlas, anfügen: „Podestl. Hier zog ich das Seil ab und machte mir drei kurze Selbstsicherungen. Ich ließ mich auf nichts ein und marschierte in der Fiffileiter weiter ... Bei der heiklen Freikletterstelle der schwarzen Verschneidung hatte ich Haltestelle ... Das Freiklettern wäre ein Genuß gewesen, wenn die Haken sicher gewesen wären. Beim Hinschauen narrisch gut. Leider waren sie es aber nicht. Beim dritten Dachl hatte ich die Knotenschlinge als Selbstsicherung eingehängt. Ich mußte den nächsten Haken einhängen und belastete dabei den Haken ganz nach außen. Die Leiter oben eingehängt, mußte ich dann die Knotenschlinge unten aushängen. Mit der Fiffileiter in der Hand, hatte ich beim Aushängen des unteren Karabiners auch den Haken in der Hand". Hier unterbrach er das Lesen und hielt kurz inne, bevor er gestand: „Da wär i am liebsten umdraht! Von Haken zu Haken, von Brett zu Brett, Mensch, war dös a Dodlarbeit!". Kurt, „Gagga", wie ihn alle nennen, erzählte mir dann weiter, daß er keine Haken mehr schlagen konnte, weil er den Hammer verloren hatte. Erst als er berichtete, wie er sich über das Bild der bekannten Busenfrau im Wandbuchkasten freute, überkam den leidgeprüften Mann ein Schmunzeln.

Diese Geschichte von „Gagga" spiegelt nicht nur seine eigene, sondern die Entwicklung des ganzen Zeitabschnitts wider. Klettersportlich war keine Steigerung zu verzeichnen. Der 6.Grad war der oberste Schwierigkeitsgrad, und alles andere wurde „genagelt". Eine Ausnahme bildete die Bouldertätigkeit im Höttinger Steinbruch. Die Boulderei, deren Spitzenkönner Rudl Breuer und Rolf Walter waren, hatte zur Folge, daß auch das Freiklettern praktiziert wurde. Wobei mit „frei" klettern nur der Verzicht auf die „Fiffi" verstanden wurde. Niemand hätte im alpinen Gelände daran gedacht, auf die Kletterhilfe von Haken verzichten zu wollen.

Einen Höhepunkt an Gefährlichkeit und Ausgesetztheit stellte die Erstbegehung der „Fiedler-Flunger"-Route im Jahr 1962 dar. Wer heute diese gefürchtete Linie klettert, kommt aus dem Staunen und Kopfschütteln nicht heraus, wenn man die belassenen und umgebogenen Hunderternägel, die Schuhbänder und andere Improvisationen sieht, mit deren Hilfe sich die beiden durch die brüchige und ausgesetzte Route hinaufnagelten. Erst den Wiederholern - es gibt bis heute noch nicht viele - wurde klar, welches Meisterstück diesen beiden auch international bekannten jungen Burschen, die leider zu jung verunglückten, hier gelungen war. Stellen mit fehlenden Haken und weite Hakenabstände wurden mit dem Schürhaken bewältigt, indem man diesen einhängte und sich daran hochzog.

Diese Route blieb für lange Zeit die schwierigste in der Martinswand. Das wußten auch Spitzenstätter und Schoißwohl, als sie 1963 den „Ostriß" begingen. Die Motivation für dieses Unternehmen war die Lösung des „letzten" Martinswandproblems. Ich mußte schmunzeln, als ich in „Gaggas" Routenbuch folgenden Satz las: „Nun wird die Entwicklungsgeschichte der Martinswand-Klettereien sicher beendet sein!" Berücksichtigt man, wie verhältnismäßig fest der heutige „Ostriß" ist, so kann man sich kaum vorstellen, daß die Verschneidung bei der Erstbegehung von Geröll, Gras und Stauden angefüllt war. Es dauerte allerdings 10 bis 15 Jahre, bis der „Ostriß" den heutigen Zustand erreichte.

In den folgenden Jahren setzte das eigentliche Training in der Martinswand ein. Schnellklettern war die Parole. Eine Entwicklung, die anderswo ähnlich verlief. Es war die Trainingsform schlechthin, die auch das „Freiklettern ohne Fiffi" einschloß. Wichtigster Grund war, daß man ohne Fiffi schneller vorankam.

Als der „Westriß" im Jahre 1970 von Helli Wagner und Hansjörg Köchler erstbegangen wurde, verwendete man nochmals die Fiffi. Sie kam bei dieser Tour zum Einsatz, die zuvor schon Walter Grimm versuchte und die den Erstbegehern sogar ein Biwak abverlangte. Köchler erzählt heute noch von der Nacht in der Höhle, von der aus sie die Unfälle auf der Bundesstraße beobachten konnten. Nach dieser Begehung probierten sie

wenige Tage nachher die absolute „Direttissima". Einige Bohrhaken über dem Pfeilerkopf sind Zeugen des Versuches in jenem Wandteil, durch den das heutige „Dach" (10-) verläuft. Mit dieser Art von Begehungen ging diese Epoche der Martinswandklettereien zu Ende. In der Folge wurde die Hakenkletterei immer verpönter. Der nächsten Epoche, der Zeit großer Umwälzungen bis hin zum Rotpunktklettern, stand nichts mehr im Wege.

1974-1984

Sie wurde von den Erfahrungen von Reisen in andere Länder mit anderen Kletterstilen und Auffassungen beeinflußt. In der Route von Schwarzenlander-Sint (1974) wurde das amerikanische Klettern „by fair means" angewendet. Man bemühte sich, die Felsen möglichst so zu belassen, wie man sie antraf. Lediglich 5 Haken wurden geschlagen. Von den Einheimischen wurde diese Route als eher minderwertig beurteilt. Sie sei nur eine Variante, bei der noch mitten in der Wand abgeseilt wird. Im Jahr der Erstbegehung kletterte Reinhard Schiestl diese Tour ohne Hakenbenützung und damit „Rotpunkt". Damit gewann die attraktive Verschneidung an Bedeutung. Sie war ein Teil des Schnellklettertrainings, das in diesen Jahren bis 1978 einem Höhepunkt zustrebte. Das galt für die Martinswand ebenso wie für die Dolomiten. In der

Martinswandkletterei

126

Martinswand gab es genaue Regeln: Es durfte nichts seilfrei geklettert werden, und bereits am 1.Stand mußte das Seil benutzt werden. Abgesehen von den „Durchlaufzeiten" zwischen den Standplätzen wurde die Zeit für die Strecke Straße-Straße gestoppt. Die Kletterereien wurden in so kurzer Zeit bewältigt, daß man bereits am Morgen vor der Arbeit Routen in der Martinswand beging. Rekordzeiten von Spitzenstätter-Posch waren 77 Minuten für den „Auckenthaler". Schiestl benötigte im Jahre 1978 30 Minuten für die Alleinbegehung des „Ostrisses", wovon weniger als 10 Minuten für den Riß selbst erforderlich waren. Auch das „Moralklettern" erreichte einen Höhepunkt: Man versuchte, mit möglichst wenig Zwischensicherungen auszukommen, z.B. nur 3 Karabiner für die „Auckenthaler". Zugleich begann das für die damalige Zeit beste Techniktraining, in Form des Abkletterns sämtlicher Routen. Im Jahre 1979 kletterten Heinz Zak und Reinhard Schiestl alle Martinswandrouten in einem Tag: Westriß Auf, Auckenthaler Ab, Direkte Auf, Fiedler-Flunger Ab und Ostriß Auf.

Wenn auch in dieser Zeit von 1974 bis 1984 nur eine Neutour begangen wurde, so entwickelte sich das Klettergeschehen weiter. Ethikdiskussionen und sportliche Fragen standen im Vordergrund. Mit der Erstbegehung der Pumprisse im Wilden Kaiser durch Kiene und Karl wurde der 7.Grad in die UIAA-Skala aufgenommen. Das Sportklettern hatte begonnen. Im Jahr vorher, 1975/1976, fuhren Tiroler nach Frankreich, um sich in den Calanques umzusehen. Obwohl sein Vorhaben anfangs belächelt wurde, konnte Rolf Walter bereits 1977 den Auckenthalerriß „Rotpunkt" klettern

(Schwierigkeit 6+/7-). Neben Schiestl wuchs eine neue Generation heran, mit Namen wie Wolf, Purtscheller, Rauch, Zak, Mariacher, Knapp jun., Orgler und andere. Zwar wurde im Jahr 1978 noch mehr „solo" als „schwierig" geklettert, aber nach dem Besuch des französischen Topklettergebietes Buoux durch einige Tiroler kam das „Rotpunktklettern" endgültig nach Tirol.

Ab dem Anfang der 80er Jahre entstand das „Alpin-Magazin", und Fotos der Wasserrille (8-) wurden in Messner-Büchern veröffentlicht. Gleichzeitig begannen die Klettertreffen und

Reinhold Scherer in „Wasserrille" (8+)

Wettbewerbe im internationalen Rahmen. O.Wiedmann organisierte in den Jahren nach 1984 Klettertreffen im Höttinger Steinbruch, bei denen Spitzenleute teilnahmen: Mariacher, Schiestl, Zak, L.Rieser, Renzler, Knapp, Orgler und weitere Alt- und Nachwuchskletterer. Im Jahre 1982 entdeckte Heinz Zak, der durch seine Amerika-Aufenthalte damals der beste Rißkletterer Österreichs war, das „Dschungelbuch". Ab 1983 begann mit der Route „Peter Pan" dessen Erschließung. Die klassischen Martinswandtouren „Auckenthaler", „Direkte" und „Ostriß" wurden 1982 von Pit Schubert mit Standbohrhaken versehen, wodurch sie den alpinen Charakter verloren. Man könnte sagen, daß es die Bohrhaken waren, die - im „Dschungelbuch" von den „Gipfelstürmern" gespendet - diesen von Umwälzungen geprägten Zeitabschnitt abschlossen.

Die Entwicklung ab 1985

Das Sportkletterwesen entwickelte sich stürmisch. Stefan Bichlbauer kletterte 1985/1986 mit seiner Route „Hyperfreiflug" im „Dschungelbuch" die erste Route im 10.Grad in Tirol. Aufsehen erregte er bereits ein Jahr vorher, als er anfing, links der „Auckenthaler" eine Route durch unglaublich glatte Platten von oben aus einzubohren. Seine Bemühungen machten auch andere Kletterer auf die unentdeckten Möglichkeiten dieser Wand aufmerksam. Nach seinem Tod wurde die Route von Kiechl und Streiter um drei Seillängen erweitert und mit dem Namen „in memoriam Stefan" getauft. Möglicherweise war dies die letzte gelöste „Legende" in dieser Wand, auch wenn es das „Heldentum" nicht mehr gab. Mit den Routen wurde nie geprahlt, sie waren plötzlich da und wurden ausprobiert.

In dieser Zeit kamen die sportlichen Aspekte der Kletterei hinzu. Die Kletterwettbewerbe machten dem „falschen Heldentum", den „Ethikpredigern" und den „Moralaposteln" den Garaus. Die Rede war von besonderen Leistungen, wie z.B. der Vizeweltmeistertitel des 17-jährigen Zillertalers

Hörhager oder Routen im 11.Schwierigkeitsgrad von Güllich und Hörhager im Jahre 1987. Sportliche Leistung, Sicherheit und Spaß waren Kriterien der neuen Klettergeneration. Robert Renzler versah die klassischen Routen wie „Auckenthaler", „Direkte", „Ostriß" und „Jungmannschaftsriß" mit Zwischenbohrhaken. Durch diese Aktion wurden die vielen Zwischenhaken der Erstbegeher unnötig, und die Kletterein wurden schwieriger. Jene, die sich früher in manchen Seillängen einfach hochzogen, mußten sich mit den Zwischenhaken begnügen und „richtig" klettern. Manche, die sich nicht auf die sportliche Kletterei einstellen konnten, kritisierten das Einbohren von oben und generell den Bohrhaken. Die Geschichte des Kletterns in Europa und Amerika zeigt, daß manche Leute, denen es nicht gelang, Spitzenleistungen zu vollbringen, geneigt waren, sich auf „ethische" und „moralische" Ansprüche „ihres" Bergsportes zurückzuziehen. Der sportlich Erfolgreiche hingegen ist tolerant den anderen gegenüber.

Mit dieser Diskussion wurde ich konfrontiert, als ich im Jahre 1988 in der Martinswand zu „werkeln" begann. Meine Motivation bestand in den Möglichkeiten des Grundlagentrainings, der Beeinflussung des Körpergewichtes (z.B. 3 kg Gewichtsverlust bei den Solo-Arbeiten am „Dach") und der Durchführung von Regenerationstouren für das Wettkampftraining. Diese Zeit habe ich vor allem aus der Sicht des „Gärtners" bzw. „Tourenputzers" erlebt. Mein Traum war es und ist es heute noch, wie ein Mauerläufer durch die Martinswand zu laufen. Als ich 1989 aufgrund einer verlorenen Wette mit der Renovierung der „Fiedler-Flunger" begann, wurde mir der Umfang der Arbeit bewußt. Bei der Renovierung mußte - wie auch bei allen neu eingerichteten Routen - in der Martinswand „geputzt" werden. Die Rekordzeit von 12 Tagen erforderte die Route „Das Dach". Die Besucherhäufigkeit der Martinswand erforderte behutsames Vorgehen. Ungewollt wurde in der Route „Abraxas" ein kleiner Felssturz ausgelöst. Das herrschende Schlechtwetter trug dazu bei, daß niemand verletzt wurde. Die

Berücksichtigung dieser Umstände gehört zur Verantwortung der Erschließer. Auf diese Art können unnötige Risiken im stadtnahen und vielbesuchten Gebiet ausgeschaltet werden.

Aktueller Stand

Verständlicherweise können im Rahmen dieses Beitrages die Einzelheiten der jünsten Entwicklung nicht berücksichtigt werden. Jedoch finden sich Routenskizzen und Beschreibungen des Martinswand- und Hechenberg-Gebietes im Buch „Klettergärten Tirol West" (O.Wiedmann Verlag, 1992). Die folgenden schlagwortartig aneinandergereihten Notizen belegen die fortdauernden Aktivitäten.

1990:   1.Rotpunktbegehung „Das Dach"
durch Scherer-Candido (10-)

1991:   „Skyline" durch Zak-Kiechl (8+)

1992:   1.Rotpunktbegehung der „Gsi" durch
Scherer (9);
Vier neue Routen am „Jungmannschaftsriß" durch Scherer-Gogl-Renzler (9);
die erste Route im untersten 11.Grad
durch Scherer im „Dschungelbuch".

1993:   „Spiel ohne Grenzen" durch Zak-
Nagler-Renzler (9), Abseilpiste
am Vorbau für Notfälle, Schlecht-
wetter, usw. eingerichtet.
Neue Routen zwischen Maximilian
Grotte und Klettersteig durch
Monika Leitner.
„Seidenraupe" durch Prommer-
Sommer (8);
„Ohne Eisen" durch Scherer-Gallo-
netto (8-);
„Börnstein" durch Prommer (9-).

Schlußbemerkung

Die Martinswand wurde tatsächlich zu dem, was Spitzenstätter einst angestrebt hat: ein Trainingsgebiet mit alpinem Einschlag in Stadtnähe. Er selber wird „Gärtner der Martinswand" genannt.

Ein Pfleger, der auch heute noch mit der Heckenschere die Zu- und Abstiege sauber hält. Ein Mann, der strahlt, wenn er sieht, wie beliebt die Martinswand geworden ist, und der sich freut, wenn viele Leute dort mit dem Klettern anfangen. Die Entwicklung dieser sportlichen Freizeitbetätigung kann nur als positiv bezeichnet werden. Wenn ich an die Zukunft der Martinswandkletterei denke, so erinnere ich mich an ein Gespräch mit Hansjörg Köchler, der zum Thema meinte: „Weißt du, man muß jeder Generation ein bißchen Freiraum lassen. Jede Zeit hat ihren Stil. Wir haben damals nur „Haken gezogen", und heute? Vielleicht entdeckt eine neue Generation einen neuen Stil, und vielleicht kann man damit sogar Routen wieder von unten erschließen! Worte, die zu Toleranz und Selbstkritik anregen ...

Monika Leitner beim Setzen von Bohrhaken

Eisfallklettern

Von Otti Wiedmann

Was für ein zweifelhaftes Vergnügen, sich an zugefrorenen Wasserfällen mit Steigeisen und Eisäxten emporzuhacken. Frei nach dem Sprichwort: „Wenn dem Esel zu wohl wird, geht er aufs Eis" oder ähnlich werden viele denken, die das noch nicht richtig probiert haben. Die Wirklichkeit liegt aber ganz anders. Eisfallklettern kann genauso wie die anderen Facetten des Bergsteigens zur Ideologie werden und in seiner dreidimensionalen Art bis in esoterische Sphären steigen, obwohl statische Grundsätze als Voraussetzung dienen. Beim Felsklettern nimmt das Auge meist nur zwei Dimensionen wahr, beim Eisfallklettern an Eissäulen mit Blicken durch glitzernde, hauchdünne Glasvorhänge mit erotisierenden Lichtspiegelungen, da kommt die dritte Dimension mehr zum Ausdruck als die Tiefe in einer überhängenden Wand. Der Ursprung dieser noch jungen Art des Bergsteigens ist mit der Erschließung der Alpen identisch. Die Erstbesteigung des Mont Blanc im Jahre 1786 und die Erstbegehung des Hintergrates am Ortler 1805 waren sicherlich ein erster Schritt in diese Richtung. Freilich war es noch ein weiter Weg bis zum eigentlichen Eisfallklettern, aber man benötigte am Mont Blanc und auch am Hintergrat bereits eine entsprechende, wenn auch primitive Ausrüstung. Am Ben Newis in Schottland wurden bereits um 1900 Eistouren gemacht, die an Steilheit die vorher begangenen berühmten Alpeneisflanken um ein beträchtliches Maß übertrafen. So kann man ohne weiteres behaupten, daß Schottland die Geburtsstätte des Steil-

„Der Geübte wandelt rasch an steilen Schneelehnen hin, ohne sich auf den Stock zu stützen, während der Anfänger bei jedem Schritt krampfhaft den Pickel einhauen muß, um nicht das Gleichgewicht zu verlieren", heißt es im Kapitel „Firn und Eis" des Buches von Zsigmondy - Paulcke, „Die Gefahren der Alpen" (1911)

eiskletterns in Europa ist. In den Alpen waren lange Zeit mittelsteile Eisflanken das Maß aller Dinge. Ein enormer Schub vorwärts wurde erst Anfang der Siebziger Jahre gemacht, als Hamish McInnes in England den „Terrodactyl" - ein Eisbeil mit stark abgewinkelter Haue - entwickelte und Yvon Chouinard in Amerika und Europa die Szene mit neuen Geräten und Taten belebte. In Schottland, in den USA und in Kanada wurden mit diesen neuen Geräten die wildesten Eisfälle und Eisglasuren geklettert. In Frankreich wurde im Dezember 1973 mit der 1.Begehung des heute sehr berühmten Dru-Couloirs die Ära der enorm steilen Mt.Blanc-Couloir-Besteigungen eröffnet. Das Supercouloir am Mt.Blanc du Tacul brachte Jahre später noch eine Steigerung der Schwierigkeiten und bis heute sind diese Routen eine Herausforderung für die Elite. Die Schotten entwickelten auch eine Schwierigkeitsskala mit arabischen Ziffern von 1 - 6 mit einer möglichen Öffnung nach oben und in Mitteleuropa und auch in Übersee bedient man sich dieser Tabelle bzw. gleicht die kanadische mit einer etwas weniger strengen Bewertung mehr oder weniger an.

Die Schwierigkeitsbewertung oder besser gesagt der Versuch einer solchen kommt beim Eisklettern bestenfalls einem „modus vivendi" gleich, denn die Problematik wird durch unterschiedliche Eisqualitäten enorm erhöht. Geht man jeweils von guten bis besten Eisverhältnissen aus, so ist eine Einstufung aber mit einiger Toleranz durchaus möglich.

Die großen Leistungen in den Weltbergen würden nicht diesen heutigen Standard aufweisen, wäre nicht das Eisklettern in verschiedenen Regionen ähnlich dem Sportklettern vor 20 Jahren zu einer Blüte erwacht, die noch einiges erhoffen läßt. Freilich ist kaum anzunehmen, daß Eisklettern einmal den gleichen Zuspruch erfährt wie das Sportklettern.

Die Begleitumstände wie Kälte, Nässe und unvergleichlich höheres Risiko sind zumindest jetzt noch etwas abschreckend. Trotzdem entwickelte sich in der heimischen Szene nach einigen verschlafenen Jahren so ca. ab 1985 ein Standard, der dem in Frankreich, Schottland und Amerika nicht nachstand. Wenn man von den Vorreitern wie Kuno Rainer, Toni Egger oder Sepp Fürutter und später Horst Fankhauser absieht, so wurden die ersten Besteigungen von zugefrorenen Wasserfällen aus den östlichen Teilen (Rax etc.) unseres Landes bekannt. Die Wiener Kosa (1981 am Shivling-Südpfeiler erfolgreich), Kromer, Siebert und Skone machten durch Taten und Veröf-

Eisfallklettern im Pinnistal (Stubai)

131

fentlichungen auf diese neue „Art" aufmerksam, nachdem Erich Vanis schon vorher mit seinem Buch „50 Eiswege der Alpen" nicht nur den ersten „Eiskletterführer" herausbrachte, sondern auch die Bergsteigerschaft animierte. Etwa 1977 wurde von A.Pölzl und G.Burkhart der später so genannte „Gasthausfall" in Lisens eröffnet und wurde bald zu einem recht beliebten Übungsterrain. Als solches betrachtete ein Mann auch den Eisbuggl am Olperer, der später für die enorme Steigerung im heimischen Eisklettern bis heute verantwortlich wurde. Andi Orgler kletterte diesen Eiswulst mit Bruder Markus und Hans Salcher (Erstbegehung 1940 Wastl Mariner mit Cilli Dejaco) 1977 und 1978 auf mehreren Varianten. Zu den ersten Protagonisten zählten hier vor allem auch Rudi Mayr, Franz Oppurg und Manfred Arnold. Im Gasteinertal und anderen Gebieten Salzburgs, Kärntens usw. kam man auch auf den Geschmack.

Der Salzburger Peter Rohrmoser war nach Thomas Bubendorfers und Reinhard Patscheiders Alleinbegehung der Eigernordwand mit einer Zeit unter 5 Stunden der erste, der mit der Solobegehung der Gabarrou-Couloirs am Mt.Blanc du Tacul in 2 Stunden und dem anschließenden Abstieg durchs Jaeger-Couloir in 1 Stunde die Leute in Frankreich wirklich aufhorchen ließ. Aber bereits Anfang der 80er Jahre begann das Herantasten an den internationalen Standard. Die Vorarlberger Thomas Burtscher, Peter Schäffler, Beat Kammerlander durchstiegen 1981 die Route „Blutspur" in der Fallbachwand, die mit 500 m Wandhöhe heute noch zu den längsten Führen zählt. Wolfgang Muxel, Bertram Burtscher und Lothar Brunner zählen ebenfalls zur Vorarlberger Elite, die an der Entwicklung hierzulande beteiligt war. Deutsche und österreichische Spitzenalpinisten wie H. Huber, O. Wiedmann, H. Schrag,

H.Münchenbach und später Franz Kröll, Rudi Sailer und Andi Orgler statteten dem schottischen Hochland einen Besuch ab, um sich über die Verhältnisse und das dortige Niveau ein Bild zu machen. Die Erkenntnisse, daß dort durch Leute wie Andi Nisbet, Andi Fanshaw (Erstbegehung mit Orgler) und David Cuthbertson eine Verbesserung des Niveaus stattfand, wurde dann in den heimischen Regionen vor allem durch Andreas Orgler in die Tat umgesetzt und - wie bereits festgehalten - um 1985 zum internationalen Spitzenstandard aufgeschlossen. Ein Paradebeispiel

Eiskletterei

hierfür ist die 1985 von Andi Orgler mit Martin Wilberger eröffnete Route im Pinnistal (Stubai) „Männer ohne Nerven", die vielleicht mit der 1982 im Dauphine von Eric Escoffier eröffneten Route „Mouline" vergleichbar ist. Hans Peter Eisendle in Südtirol, Leo Baumgartner, H.Bärenthaler und Sepp Sint in Osttirol, Prem Darshano und Hans-Peter Schrattenthaler im Zillertal, Reinhard Schiestl mit Otto und Albert Grüner im Ötztal, Wolfi Unterlerchner, Peter Gasser, Michael Larcher, Sepp Jöchler jun., Stefan Bichlbauer, Tommy Bonapace und Otti Wiedmann aus dem Innsbrucker Raum sowie aus dem Stubai Manni Ferchl und Martin Wilberger begannen Woche für Woche im Winter die Eisfallszenerie zu beleben.

Natürlich ist es auch heute noch nicht soweit, daß wie in Schottland an einem Wochenende an klassischen Routen bis zu 20 Seilschaften tätig sind, aber es ist immerhin allerorts was los. Beim 1.Internationalen ÖAV-Eisklettertreffen auf der Rudolfshütte wurde die erste Sechserroute Österreichs durch Doug Scott und Andi Orgler eröffnet und mit dem Namen „Ungläubiger Thomas" versehen. Eine endgültige Angleichung an das europäische Top-Niveau wurde durch die Durchkletterung des vereisten Seespitzrisses (heute noch vermutlich die schwierigste Mixedroute Tirols) durch Andi Orgler und Manni Ferchl sowie mit der Erstbegehung der „Hängenden Gärten" in Lisens durch Andi Orgler und Otti Wiedmann geschaffen. Der Kirchdachsockel im Pinnistal wurde immer mehr zum Eldorado des Eisfallkletterns. Heute gibt es dort 24 Routen, wobei bis auf wenige Ausnahmen alle den 5.Schwierigkeitsgrad erreichen und einige davon an der geschichtlichen Entwicklung wesentlichen Anteil haben. So wurde 1991 anläßlich der Filmaufnahmen für „Land der Berge" von Andi Orgler in der Route „Land am Strome"

erstmals die Eisschwierigkeit 6 geklettert. Der Clou der Führe ist eine Felsquerung (frei VII) mit anschließendem Hinaussteigen auf einen freischwebenden Eiszapfen. Im Sektor „Amphitheater" des Kirchdachsockels wurde dann ein paar Tage nach „Land am Strome" erstmals die Barriere zum 7.Grad geöffnet: die Route „Metamorphose", die sich zum Zeitpunkt der Erstbegehung durch Andi Orgler im Zustand einer unzusammenhängenden Eisglasur von 1-3 cm Dicke befand. Diese Art des Kletterns kommt natürlich einem Tanz auf rohen Eiern sehr ähn-

Eiswasserfallkletterei im Pinnistal

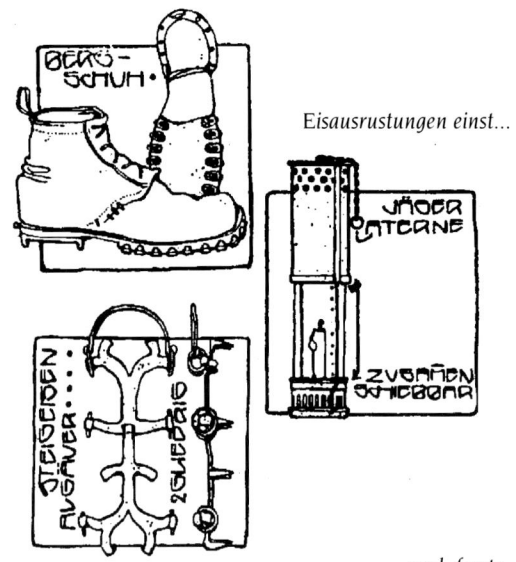

Eisausrustungen einst...

...und heute.

vor allem bei der Kletterei an dünnen Eisglasuren sind noch Steigerungen möglich. Reine Eisfälle können von der Statik her im Prinzip nur senkrecht sein, Überhänge können sich .. beim Ausstieg von Eispilzen bilden, daher wird der 8.Grad nur an extremen Mixedrouten erreicht werden. Die Veränderung in unserem Klima kann natürlich auch eine entsprechende Rolle spielen. Die Eiswände der Alpen unterlagen in den letzten Jahren einer enormen Ausaperung, und ein Ende ist nicht absehbar. Möglich, daß die Wasserfälle eine größere Wasserspeisung im Winter erfahren und Säulen entstehen, die es bisher noch nicht gab. Auch in dieser von Überraschungen geprägten Situationserwartung liegt ein Teil des Reizes, der diese Art des Bergsteigens so faszinierend macht. Thierry Renault, neben Darnilano derzeit einer der führenden französischen Alpinisten und Eiskletterer, meinte anläßlich des letztjährigen internationalen Eiskletterertreffens: „Als Alpinist in den Alpen und den Weltbergen bist Du in erster Linie Eiskletterer, dann Ausdauermensch und erst an dritter Stelle Felskletterer".

lich. Es gab aber in den letzten 10 Jahren nie mehr Eis, als zum Zeitpunkt der Erstbegehung. Die zweite und bisher letzte Tour in dieser Schwierigkeit in unserer heimischen Region wurde 1992 im gleichen Sektor weiter links wiederum durch Andi Orgler und Otti Wiedmann erstbegangen. Die „Himmelsleiter" ist vom Charakter her wesentlich anstrengender mit einem stark überhängenden Riß im Fels mit anschließenden dünnen Eisschuppen an senkrechtem Fels mit einem kleinen Abschlußdach, das den Wiedereinstieg ins Eis vermittelt. Eine gertenschlanke Säule, deren Auflage bleistiftdünn ist, bildet den Weiterweg, der sich noch ein gutes Stück durch enorme Steilheit auszeichnet. Die Entwicklung wird natürlich weitergehen, und

Frei wie der Wind: Ballonfahren, Segelfliegen, Drachenfliegen, Paragleiten

von Wolfgang Nairz

Das „Höher-Hinauf-Wollen", der Wunsch, über den Gipfeln zu schweben, war lange Zeit ein unerfüllter Traum. Die verschiedensten Stufen der Luftfahrtsentwicklung bis zur heutigen weltumspannenden Verkehrsfliegerei sind Meilensteine seiner Realisierung.

Der Traum wurde zur Alltäglichkeit, und die Poesie der freien Bewegung über dem Bergraum im Labyrinth der Wolkengebilde ging verloren.

Erhalten blieben einige Spielarten, die Fliegen, Schauen und Wandern eindrucksvoll verbinden.

Energiequelle der Ballonfahrer ist die durch den Gasbrenner erwärmte Luft.

Beginnen wir mit der klassischen Form der Luftfahrt, dem Ballonfahren. Von einem Logenplatz am Himmel die Welt zu sehen heißt, daß die Erde kleiner und die Welt größer wird, wenn man fast lautlos dem Himmel entgegenschwebt. In den Alpen und im besonderen in Tirol hat die Ballonfahrt eine längere Tradition, als man glaubt. Zwischen 1836 und 1856 ließ der „Aeronaut" J.G.Kammermeyer im Hofgarten von Innsbruck Ballone steigen. 1854 war es der „Deutsche Luftschiffer" Peter Meyer aus Nassau, der den ersten „bemannten Ballonflug" durchführte, der allerdings innerhalb weniger Minuten in den Fluten des Inn endete. Durch den Bau des Innsbrucker Gaswerkes im Jahre 1910 wurde Tirol ein Stützpunkt für Alpenballonfahrten. Im Gegensatz zu heute, wo Heißluftballons Verwendung finden, benötigte man seinerzeit Leuchtgas als Auftriebsmedium. In Innsbruck wurde der „Verein für Luftschiffahrt in Tirol" gegründet. Er besaß zwei vereinseigene Ballone namens „Tirol" und „Graf Zeppelin". Bis zum Ausbruch des ersten Weltkrieges wurden von den 440 Vereinsmitgliedern 87 Starts unternommen. Die höchste Höhe betrug 5.800 m, die längste Fahrt dauerte mehr als 12 Stunden. Der Innsbrucker Optiker, Alpinist und Skifahrer Fritz Miller gehörte ebenso wie der Meteorologe Prof.Heinz von Ficker zu den bekannten Piloten. Ficker verwendete den Ballon zur Erforschung des Föhns. Einmal entging er nur mit viel Glück einem Absturz im Karwendel. Die Aktivitäten mußten mit Beginn des Weltkrieges 1914 eingestellt werden. Die Landung des Stratosphärenballons von A.Piccard und P.Kipfer am 27.Mai 1931 am Gurgler Ferner (Ötztal) war zwar sensationell, hat aber mit Alpinismus nichts zu tun.

Inzwischen hat das Ballonfahren in den Alpen und in Tirol Tradition. Im September 1989 wurde der Ballon „Tirol", ein wunderschöner blauer Heißluftballon, mit ca. 4.000 Kubikmeter Inhalt und der Weltkarte auf der Hülle am Landhausplatz in Innsbruck getauft. Als Werbemittel und Symbol zugleich will die betreibende Tirol Werbung den Ballon verstanden wissen. Internationale Bedeutung hat der „Internationale Ballon Cup" in Kirchberg erlangt. Über 40 Ballone schweben seit 1990 jeweils eine Woche im September über der herrlichen Gebirgswelt der Kitzbüheler Alpen und kämpfen um Wettkampfpunkte.

Sehen wir vom Motorfliegen ab, das durch seine aufwendige Technik nur für wenige Menschen zugänglich ist, so hat das Segelfliegen neue Dimensionen im Innsbrucker Bereich erschlossen. Es begann im Jahre 1930 mit der Gründung der „Segelflieger Gruppe 701 im österreichischen Aero Club" durch Ing.Karl Frena. Frena erhielt seine Ausbildung im damaligen Fliegerzentrum Wasserkuppe in der Rhön. Die ersten Versuche begannen am Flugplatz Reichenau. Der Start der selbstgebauten Flugzeuge erfolgte händisch, d.h. zwei Gruppen von je 5 Personen mußten ein Gummiseil ausspannen, so lange, bis das Flugzeug in die Luft abhob. Dementsprechend gering waren die Flugdauer und die zurückgelegten Strecken. Großes Aufsehen erweckte im Jahre

Segelflugzeug vor dem Start

Paragleiter über einem Schneefeld

1933 ein Föhnflug vom Hafelekar nach Innsbruck. Das zusammengelegte Fluggerät war mit der Seilbahn zur Bergstation transportiert worden, und man wartete wochenlang auf die geeigneten Flugbedingungen. Ab 1937 wurde eine Segelfliegerschule betrieben, und es bestand damit die Möglichkeit zur Ablegung der vorgeschriebenen Prüfungen A, B, C und der Leistungsnachweise. Im Winter übte man im Gebiet von Sistrans. Die Startbedingungen wurden durch die Verwendung von Autos anstelle menschlicher Zugkraft verbessert. Im Jahre 1944 übersiedelte man nach Kranebitten. In diesen Jahren begannen die Föhnflüge, die durch die ungewöhnlich günstigen Luftverhältnisse an der Nordkette in den 50er und 60er Jahren erfolgreich fortgeführt wurden. Gelang im Jahre 1935 eine Startüberhöhung von 2.000 Höhenmetern, so erreichten im Oktober 1966 18 Piloten Höhen über 5.000 m, und der Höhenrekord wurde auf 8.700 m gesteigert. Zahlreiche Auszeichnungen für fliegerische Leistungen wurden vergeben.

Es ist bemerkenswert, daß besonders Bergsteiger vom Segelfliegen begeistert waren: „Bergsteigen und Segelflug über den Bergen sind zwei scheinbar ganz verschiedene, ja fast gegensätzliche Arten, die Berge zu erleben. Denn gibt es einen größeren Gegensatz als zwischen dem Bergsteiger, der Schritt für Schritt, Griff um Griff um die Höhe ringt und dem Segelflieger, der sich scheinbar mühelos zur Höhe tragen läßt? Aber die Äußerlichkeiten täuschen. In Wahrheit ist es derselbe Geist, der beide zur Höhe treibt", schreibt S.Hohenleitner, der mit der Schilderung eines Föhnfluges im Nordkettenbereich den Beweis dafür liefert: „Es war bei einem Föhnflug über Innsbruck. Ich war bis nahezu an die 4.000 m gekommen und segelte zwischen rasch treibenden Wolken, die eilig an mir vorüberzogen. Von unten sahen sie aus wie gewöhnliche graue Wolkenballen, als ich aber höher kam, da fand ich mich in einer Traumlandschaft weißer Skiberge mit runden weichen Kuppen versetzt, die blendend weiß in der Sonne glänzten. Ich hatte keine Verbindung mehr mit der Erde ... . Erfahrungsgemäß verliert man im Flugzeug in Wolken ohne Erdsicht noch schneller die Orientierung als etwa auf einem ebenen Gletscher. Man kann dabei unwillkürlich in recht gefährliche Fluglagen kommen . So blieb mir ohne Blindfluginstrumente nichts übrig, als mit ausgefahrenen Bremsklappen möglichst schnell nach unten durchzustoßen. Aber es dauerte eine kleine Ewigkeit, bis das dunkle Grau, das immer düster zu werden schien, sich etwas lichtete. Zu meiner Beruhigung wußte ich, daß die Wolken auf den Berggipfeln nicht auflagen, denn in einer Wolkenhaube, die sich die Gipfel übergezogen haben, zu fliegen, ist nicht ratsam. Aber was ich unter mir sah, jagte mir doch einen leichten Schrecken ein. Wo war das grüne Inntal, das ich soeben noch durch Wolkenlücken hin und wieder gesehen hatte? Graue Felskare, dunkelgrüne Latschenfelder, schroffe Felsgrate! Wo war ich hingeraten? Doch das sind ja bekannte Gestalten, Grubreisentürme, Kumpfkar, usw. Der kurze Sturzflug durch die Wolke hatte genügt, um durch den mit 80 Stundenkilometer strömenden Wind von der Mitte des Inntales, über dem ich in die Wolken eintauchte, bis hinter die Nordkette versetzt zu werden. Nun ging es um Sekunden, denn hinter der Nordkette fällt der Wind stark ins Mandltal ab. Also schnell um 180 Grad herum und mit 3 Sekundenmeter Fallen kämpfte ich mich gerade noch beim Gleirschjöchl (etwa 2300 m) wieder über die Kammhöhe nach vorne durch. Das war mehr als Glück! Denn die Landeplätze in den inneren Karwendeltälern sind auch für die bescheidenen Ansprüche des Segelfliegers nicht allzu häufig."

Das Segelfliegen, das 3 Clubs (ASKÖ, ISV und Schwazer Segelflieger) am Innsbrucker Flughafen betreiben, wird weiter gepflegt, auch wenn es durch die starke Zunahme der Verkehrsfliegerei Einschränkungen hinnehmen mußte.

In den 70er Jahren kam das Drachenfliegen auf. Das Hanggleiten nahm von Amerika und Australien seinen Ausgang. Bei uns wurde es durch den Superflug des Amerikaners W. Harker allgemein bekannt, der am 15. April 1973 von der Zugspitze (2964 m) nach Ehrwald flog. Es ergaben sich Rekordzahlen von 1980 m Höhenunterschied und 12 km Distanz. Das Drachenfliegen wurde in der Folge ein Modesport. Leider ereigneten sich infolge der ungenügenden Ausbildung und der mangelnden Erfahrung im Nordkettenbereich mehrere tödliche Unfälle. Erst allmählich wurde das Training verbessert, ein Pilotenschein gefordert, Absprungrampen wie z.B. jene auf der Hinterhornalm gebaut, und vor allem die Konstruktion der Flugdrachen sicherer. Ein Nachteil des auch im verpackten Zustand sperrigen Fluggerätes war die Notwendigkeit, mit dem Auto oder

Plakat der Innsbrucker Flugtage *1912; Farblithographie, Originalgröße* 100 x 70 cm

der Seilbahn zum Ausgangspunkt fahren zu müssen. Die Mitglieder des Innsbrucker Drachenfliegerclubs entwickelten kompakte Geräte („Bergfex"), die in zerlegtem Zustand nur 1.8 m Länge aufwiesen. Damit wurde es möglich, Bergsteigen und Fliegen in idealer Weise zu verbinden. Im Jahre 1976 startete eine Innsbrucker Gruppe mit Wolfgang Nairz, Horst Bergmann und Rupert Gaiswinkler im Hindukusch unterhalb des Noshaq (7.492 m) in 7.000 m Höhe. Im gleichen Jahr wurde die 1. inoffizielle Weltmeisterschaft im Drachenfliegen in Kössen, Tirol, veranstaltet.

Anfang der 80er Jahre kam von Frankreich aus eine neue Variante des Spiels mit der Luft zu uns, nämlich der Paragleiter, eine Mischform von Fallschirm und Gleitsegel. Es begann der Siegeszug des „Paraalpinismus", der sich in der Folge rasch über den ganzen Alpenraum verbreitete. Die Faszination dieser Sportart ist kaum zu übertreffen. Mit einem 5 - 7 kg schweren, klein zusammenfaltbaren Schirm aus Polyester im Rucksack, ist praktisch jede Wander-, Kletter- oder Eisroute zu begehen. Nach dem Aufstieg kommt das Erlebnis des Zutalschwebens mit dem lenkbaren Flugschirm. Erst nach schweren Unfällen wurde deutlich, daß der Luftraum kein luftleerer Raum ist und der Gleitschirm leicht zum Spielball unerwarteter Turbulenzen und Luftlöcher werden kann. Bergerfahrung allein ist für diese Sportart zu wenig. Zu einer hervorragenden körperlichen Kondition kommen noch die Kenntnisse der Flugtheorie, der Navigation, des Luftrechts und die sichere Beherrschung der Technik hinzu. Kundige wissen, daß der Paraalpinismus zwar eine großartige Synthese von Bergsteigen und Fliegen ist, aber auch doppelte Risiken beinhaltet; daher ist doppeltes Training, doppeltes Können und doppelte Aufmerksamkeit unerläßlich.
Durch die zunehmenden Erfahrungen der „Leichtigkeit des Seins" beim erdgebundenen Auf- und luftgebremsten Abstieg sind weitere Entwicklungen möglich. Sie zeichnen sich durch den Tandemflug von 2 Personen (Seilschaft) und dem Para-Solo-Streckenflug, d.h. die Ausnützung der Thermik, um weite Strecken zu überwinden, bereits ab. „Die Fortsetzung des alpinen Spiels mit anderen Mitteln" nennt der Franzose Oliver Guenay das Gleitschirmfliegen. Sicher scheint, daß ein Motor- bzw. Hubschrauberflug zwar eindrucksvoll, und bei Rettungsaktionen auch unbedingt nötig ist, daß aber alle übrigen Arten der Bewegung im Luftraum umsomehr Faszination der Ungebundenheit ausstrahlen, je kleiner der technische Aufwand ist. Ausgenommen wohl das Ballonfahren, das ein unbeschreibliches Gefühl der Lautlosigkeit und des schwerelosen Verweilens vermittelt.

Die Eindrücke, die Dr. Brökelmann im Jahre 1908 anläßlich einer Fahrt über den Brenner niederschrieb, beweisen die Sonderstellung der Ballonfahrt: „Ganz senkrecht hebt sich die Augusta empor, Morgensonnenschein liegt über Innsbruck, das sich in entzückender Schönheit vor unseren Augen ausbreitet. Bewundernd schweift unser Blick über die Stadt, er eilt an dem grünen Inn dahin, fliegt zu den Bergen und Schlössern hinüber, die das jenseitige Ufer zieren, und bleibt in Bewunderung an den steilen, zackigen Bergwänden haften, die das Bild harmonisch abschließen. Doch Innsbruck, ich muß dich lassen! Ein leichter Nordostwind treibt uns in 1.200 m Höhe in der Richtung gen Natters. In Ruhe ergötzt sich das Auge an der lieblichen Lage von Igls und Lans.

Fast in gleicher Höhe mit dem Patscherkofelhaus angekommen, eröffnen sich herrliche Ausblicke ins Stubaital mit den Stubaier Alpen im Hintergrund und gen Osten nach der Riffler- und Olperergruppe. Schon haben wir Matrei in stolzem Höhenflug erreicht. Über St.Jodok schwimmen wir dem Brennerpaß entgegen. Hinter Brennerbad sperrt die Amthorspitze mit ihrem steilen Absturz unseren Weg. Um nicht weniger als 500 m überragt der Gipfel unsere Fahrbahn. Da heißt es Ballast geben, um sich über das Hindernis hinwegzusetzen. Immer drohender schiebt sich das Ungetüm heran - nur noch 50 m trennen uns...

Die Innbrücke aus der Vogelperspektive

Da schweben wir halblinks ab und gleiten knapp vorüber. Tief zu unseren Füßen breitet sich jetzt die Anmut des Pfitschertales aus: grünende Matten, tosende Wasserfälle, Sennhütten mit steinbeschwerten Dächern. In 3.000 m Höhe treiben wir dem Eisacktal zu. Im Nordosten ragen die ungeheuren Gipfel der Zillertaler Alpen mit dem Hochfeiler zum blauen Äther auf. Hinter ihnen stehen in unerbittlicher Schroffheit die monumentalen Schneepyramiden der Dreiherrnspitze, des Großvenedigers und des Großglockners. Im Westen türmen sich Eisberge der Ötztaler Alpen. Darüber hinaus starrt der Ortler und aus dem Schleier der Ferne schimmert gar die Bernina. Vor uns aber klettern die grotesk gezackten Gipfel und Türme der Dolomiten am Horizont hin. Jetzt noch über die Vorberge der Sarntaler Alpen! Waldungen breiten sich unter uns aus. Der Ballon fällt. Herbeieilende Leute dirigieren ihn zur Landung auf einer Bergwiese."

Alpines Vereinswesen in Innsbruck

Von Klaus Oberhuber

In der folgenden Übersicht werden einige wichtige Daten der in Innsbruck bestehenden alpinen Vereine aufgelistet. Bemerkenswert ist die Vielfalt der Organisationen und die Summe der Mitglieder, die 14.000 Personen überschreitet. Der Österreichische Alpenverein und die Naturfreunde stellen zahlenmäßig den größten Teil. Für die eigentlichen alpinen Aktivitäten sind die auf der Basis langjähriger Bergkameradschaft und Zusammengehörigkeit wirkenden alpinen Gesellschaften, Klubs und Bünde von großer Bedeutung. Die lange Tradition führte dazu, daß manche dieser Gesellschaften in Zeiten veränderter Umstände aufgelassen wurden. Beispiele dafür sind die „Wilde Bande" (gegründet 1878) und die verschiedenen Bergsteigerriegen der in der ersten Hälfte unseres Jahrhunderts sehr aktiven Turnvereine. So findet man neben der noch bestehenden Bergsteigerriege des Innsbrucker Turnvereins (ITV) die Riege des Deutschen Turnvereins Innsbruck (DTI), die Riege des Turnvereins Jahn in Wilten, jene des Turnvereins Friesen in Hötting u.ä. In den Hütten- und Tourenbüchern der zwanziger und dreißiger Jahre sind eine ganze Reihe von „Alpinen Gesellschaften" verzeichnet wie z.B. Großglockner, Tribulauner, Schröfler, D'Jöchler usw. In den Kalkkögeln gibt es einen BBE Turm, so genannt nach dem Berglerbund Edelraute (BBE). Bekannt ist der RAC Turm, der dem Realalpenklub seinen Namen verdankt. Dies war eine Mittelschülerverbindung, die im Jahre 1895 an der damaligen Realschule, später Bundesoberrealschule in Innsbruck Adolf Pichler Platz, gegründet wurde. Das Gegenstück am Gymnasium war die B.G.E. (Bergsteigergesellschaft Edelweiß), die zur gleichen Zeit entstand. Viele spätere Mitglieder der akademischen alpinen Vereine gehörten diesen Bünden an.

Keine Angaben waren über die Kärntner Bergsteigerriege, den Berg- und Skisportverein Hötting, den Club Hechenbergler und die Rumer Bergfreunde aufzufinden.
Die vorliegende Zusammenstellung der alpinen Vereine wird durch die Angabe der drei in Innsbruck tätigen Bergsteigerschulen ergänzt.

125 Jahre Zweig Innsbruck des ÖAV

Man schreibt den Juni 1869. Eine Anzahl von Herren folgt dem Aufruf des Deutschen Alpenvereins, demselben beizutreten. Vorerst hatte man die definitive Bildung einer Sektion noch nicht ins Auge gefaßt. Am 1.November 1869 war es dann aber soweit. Als Gründer fungierten die Herren Dr.Leopold Pfaundler, Universitätsprofessor und Anton Schumacher, Besitzer der Wagner'schen Universitätsbuchhandlung. Die Zahl der Mitglieder, zuerst 12, stieg im Laufe des Jahres 1870 auf 20. Begreiflicherweise beschränkte sich die Tätigkeit der jungen Sektion zunächst ganz auf interne Angelegenheiten. Insbesondere ist hier das Erscheinen einer Bergführer-Ordnung für Tirol und Vorarlberg am 4.September 1871, durch welche das Führerwesen im Lande Tirol und Vorarlberg geregelt wurde, zu erwähnen. In Folge erschien am 18.Juli 1872 der erste Bergführer-Tarif für den politischen Bezirk Innsbruck. 10 Jahre später wurde der erste, vom Zweig Innsbruck veranstaltete Bergführerkurs durchgeführt. Der Zweig Innsbruck versah früher auch die Führeraufsicht über weite Teile des Landes.
Leider fand die alpine Idee aber nur wenige begeisterte Anhänger, sodaß die am 5.Mai 1874 im Physikhörsaal der Universität von 4 Mitgliedern besuchte Generalversammlung sich wegen mangelnden Interesses an der alpinen Sache auflöste.

Aber schon am 15.Mai desselben Jahres begann der bisherige Schriftführer der Sektion, Dr.Adolf Hueber, Professor an der k.k. Oberrealschule in Innsbruck, aufgrund der Anregung von Dr.Th.Petersen, sowohl die Mitglieder der aufgelösten Sektion als auch neue zum Eintritt in die Sektion einzuladen.

Schon nach wenigen Tagen waren 30 Mitglieder zu verzeichnen, darunter der Landeshauptmann Dr.Fr.Rapp, der Bürgermeister von Innsbruck, Dr.F.Tschurtschenthaler, u.a.m.

Bald nach der Gründung der Sektion wurden Vortragsabende, als Familienabende bezeichnet, abgehalten, wobei anfangs mehr wissenschaftliche und kulturelle, später aber mehr und mehr bergsteigerische Themen behandelt wurden. Starken Anklang fanden stets die anfangs als Winterfeste, später dann als Alpenvereinsbälle bezeichneten Faschingsveranstaltungen der Sektion, zunächst in der Ausstellungshalle, später dann immer in den Stadtsälen abgehalten.

Erst im 20.Jahr seines Bestehens erwarb der Zweig mit der nach dem Mitbegründer des ÖAV benannten Franz-Senn-Hütte das erste Schutzhaus. Bereits im Jahre 1909 mußte infolge des starken Besuchs ausgebaut werden. 1931/32 stand bereits eine Bettenkapazität in der Höhe von 150 zur Verfügung. Heute weist die Hütte 240 Schlafplätze auf und wird Sommer wie Winter offen gehalten.

Bemerkenswert erscheint, daß sich die junge Sektion unter dem ab 1887 nachfolgenden Vorstand Univ.Prof.Dr.Karl von Dalla Torre vornehmlich mit Problemen befaßte, die heute eher für die Fremdenverkehrsverbände typisch sind. Im Jahr 1894, also genau vor 100 Jahren, wurde das zweite Schutzhaus des Zweiges Innsbruck, die Bettelwurfhütte, erbaut. Auch hier war nach kurzer Zeit, nämlich 1907, ein Zusatzbau notwendig geworden. Heute verfügt die Hütte über 70 Schlafplätze.

Unter dem folgenden Vorstand Univ.Prof.Dr.Karl Ipsen (1897-1900) stieg die Mitgliederzahl beachtlich an. Die folgenden acht Jahre waren durch einen raschen Vorstandswechsel geprägt.

Vermutlich war dies auf Meinungsverschiedenheiten bzw. die Verschuldung der Sektion durch den Ankauf der Samoarhütte und des Hochjochhospizes in den Ötztaler Alpen zurückzuführen. Trotzdem hatte man im Jahre 1908 die Mitgliederzahl von 1.400 überschritten.

Im gleichen Jahr übernahm die wohl markanteste Persönlichkeit Dr. Karl Forcher-Mayr die Leitung der Sektion, welche er auch 30 Jahre behielt. Dank seines Geschicks konnte er die diversen Meinungsverschiedenheiten schlichten, die Schulden abbauen und mittels seines propagandistischen Talents der Sektion einen gewaltigen Mitgliederzuwachs bescheren. In seine Amtszeit fällt die Errichtung des Solsteinhauses auf dem Erlsattel im Jahre 1914. Die Hütte ist bis heute nur unwesentlich verändert worden. Bemerkenswert erscheint die Installation einer Photovoltaikanlage, welche die Hütte mit Strom aus Sonnenenergie versorgt. Ein besonderer Herzenswunsch des Vorstandes war es, auf der Pfeisalpe eine Schutzhütte zu errichten. 1926 konnte dieses Vorhaben verwirklicht werden. Mit der Erbauung von Schützhütten ist für die besitzende Sektion zwangsläufig auch der Wegbau im Gebiet der Hütten verbunden. So legte der Zweig Innsbruck im Laufe seines Bestehens Wege in den Ötztaler Bergen, in den Stubaiern (vornehmlich im Gebiet der Franz Senn Hütte), auf der Nordkette und zum Bettelwurf an. Zur Zeit werden etwa 360 km Bergwege, welche durch verschiedene alpine Vereine, besonders aber von den Jugendgruppen, unter sachkundiger Leitung des Wegwartes, instandgehalten werden, betreut. Die Bedeutung dieser unentgeltlichen Leistung für den Verein und die zahlreichen Bergwanderer aus aller Herren Länder kann jeder selbst ermessen.

Der Erste Weltkrieg brachte natürlich einen jähen Rückgang der Mitgliederzahlen. In diesem Zeitraum erwarb sich das Ehrenmitglied Hugo Ragattini besondere Verdienste. Dem rührigen Vorstand gelang es, nach dem Krieg, dank der Unterstützung durch die Presse, die Vorkriegsmitgliederzahl zu überschreiten. Bereits 1920 wurden vom Zweig „Führungstouren", von Mitgliedern der verschiedenen alpinen Vereine geleitet, ausgeschrieben. Mit den Führungstouren eng verbunden sind Schulungskurse in Fels und Eis. Hier hat sich in den letzten Jahren besonders Otto Finger viel Ruhm und Ehre erworben.

Da der D.u.Ö.Alpenverein (die Verschmelzung des ÖAV mit dem DAV hatte 1873 zu Bludenz stattgefunden) ein zwischenstaatlicher Verein war, ergaben sich nach 1934 staatspolitische Schwierigkeiten. Nach dem im Jahre 1938 erfolgten Anschluß Österreichs an Deutschland wurde der Alpenverein dem „Reichsbund für Leibesübungen" unterstellt und mußte dessen Satzungen annehmen. Dadurch war der durchaus großdeutsch denkende Vorstand schwer getroffen. Sein mutiges Zurückweisen aller Anfechtungen von seiten der NSDAP führte dazu, daß die Partei 1939 seinen Rücktritt verlangte. Seine Erfolge spiegeln sich im Mitgliederstand, welcher Ende 1938 auf 5.600 gestiegen war.

Anstelle Forcher-Mayrs wurde über Einfluß des DAV-Führers Dr.Knöpfler der damalige Student Herbert Kuntscher zum kommissarischen Leiter der Sektion bestimmt, ein dem Alpenverein treues Mitglied unseres Zweiges. In Folge eines Wohnungswechsels mußte er die Leitung schon nach kurzem an Dr.Franz Hörtnagl abgeben, welcher aber auf eheste Neuwahlen drängte. Die damals noch mögliche Vollversammlung wählte Dr.Karl Krall im Jahre 1941 zum Vorstand, welche Position er auch bis 1946 behielt. Während dieser Jahre bedurfte es großer Geschicklichkeit, alle Gefahren zu meistern. Gegen die Vorstandschaft von Dr.Krall nach dem Kriege gab es keine Einwände. Ihm folgten Dipl.Ing.Schneider, Prof.Dr.Wolfgang Erlacher, und 1948 wiederum Dr.Krall. Durch die Übersiedlung in die von der Stadtgemeinde freundlicherweise zur Verfügung gestellten Räume am Burggraben war für die Kanzlei eine bessere Arbeitsmöglichkeit gegeben. Die Mitgliederzahl stieg bis Ende 1950 auf 6.907 an. Im Jahre 1955 übernahm Obermagistratsrat Dr.Eduard Angerer die Leitung der Sektion, ehe 1958 Dr.Krall ein drittes Mal die Führung des Vereins inne hatte. Ihm gelang es auch, das heute noch

erscheinende Mitteilungsblatt ins Leben zu rufen. Auch die Gründung der „Alpinen Auskunftsstelle" im Landesreisebüro fiel in seine Amtszeit, eine Einrichtung, welche sich zu einer wertvollen Institution für Einheimische und Touristen entwickelte.

1961 übernahm der bisherige 2.Vorstand Dr.Rudolf Pfeningberger die Leitung der Sektion.

Dem scheidenden Dr.Krall wurde die Ehrenmitgliedschaft verliehen. Mit Dr.Pfeningberger verbindet die Sektion vor allem die Übersiedlung der Geschäftsstelle in das Alpenvereinshaus sowie die Errichtung des Jugendheimes Obernberg, welches auch im Jahre 1990 nach ihm benannt wurde. Auch die Mitgliederzahl stieg weiterhin an. Im Jahre 1966 erreichte man den bisherigen Höchststand von 12.521. Bei der Hauptversammlung im März 1968 übernahm

Dr.Gert Waizer die Vorstandschaft im Zweig Innsbruck. Ihm folgten im Jahre 1977 Oberrat Anton Platzer, welcher das Vorstandsamt bis zum heutigen Datum in umsichtiger Art und Weise ausübt. Der Zweig Innsbruck kann aber auch auf eine erfolgreiche Zusammenarbeit mit dem Gesamtverein zurückblicken. Mag dieses Verhältnis in den letzten Jahren auch etwas getrübt worden sein, so können wir doch mit Stolz darauf verweisen, daß Personen wie Martin Busch, Univ.Prof.Dr.Raimund von Klebelsberg, Dr. Richard Knöpfler, Dipl.Ing.Franz Angerer, Univ.Prof.Dr.Hans Kinzl, Univ.Prof.Dr.Felix Ermacora sowie Dr.Pfeningberger dem Gesamtverein ihre Dienste erwiesen haben. Gegenwärtig stellt der Zweig Innsbruck mit Univ.Prof.Dr.Christian Smekal den 1.Vorsitzenden des Gesamtvereins sowie mit Dr.Heinz Haidegger den Schatzmeister und mit Dipl.Ing.Martin Posch den Sachverwalter für Hütten und Wege. Überaus verdienstvoll agierte der Präsident der Handelskammer Dr.Hansjörg Jäger bis 31.12.1993 als 2.Vorsitzender des Verwaltungsausschusses. Eine Reihe von wissenschaftlichen Elaboraten, Führerwerken, alpinen Lehrschriften usw. stammen aus der Feder von Mitgliedern des Zweiges Innsbruck. Auch bei der Erschließung der Weltberge waren Mitglieder des Zweiges Innsbruck beteiligt. Stellvertretend seien hier nur Hermann Buhl, Erwin Schneider, Ernst Senn und Matthias Rebitsch erwähnt. Um auch in Zukunft auf eine ebenso erfolgreiche Vereinsgeschichte verweisen zu können, muß im gleichen Idealismus und mit gleicher Intensität von den Ausschußmitgliedern aber auch von den Vereinsmitgliedern weiter gearbeitet werden.

Mit unserem Dank verbinden wir daher auch die Bitte, unseren Verein weiterhin tatkräftigst zu unterstützen, sich zur Mitarbeit zu melden, um den Wünschen und Idealen des alpinen Gedankens weiter folgen zu können.

Vereine und Institutionen im Überblick

Name:	Österreichischer Alpenverein ÖAV, Verwaltungsausschuß
Gründungsjahr:	1862
Mitgliederzahl:	230.000
Ehrenmitglieder:	1 (Prof.Oberwalder)
Vereinslokal:	Österreichischer Alpenverein Verwaltungsausschuß, Wilhelm-Greil-Str. 15 6020 Innsbruck
Hütten:	Rudolfshütte, die anderen 270 Hütten sind im Besitz der Sektionen, und werden von diesen betreut.
betreutes Wegenetz:	Wegenetz im Bereich der Rudolfshütte
Veröffentlichungen:	Mitteilungen des ÖAV (6x pro Jahr), Jugendzeitschrift „Gipfelwind", (6x im Jahr) in Zusammenarbeit mit dem DAV, Alpenvereinskalender, Alpenvereinskarten, Verzeichnis der Selbstversorgerhütten (sporadisch), Alpenvereinsführer, Alpenvereinslehrschriften (beides in Zusammenarbeit mit dem DAV und AVS), Fachbeiträge des AV (seit 1988)
Aktivitäten und Schwerpunkte:	Förderung des Bergsteigens in all seinen Formen, Natur- und Umweltschutz, Bergsteigerkurse, Alpinausbildung, Gletschermessungen, Herstellen von Hochgebirgskarten, AV-Museum
Anschrift:	wie Vereinslokal

144

Name:	Österreichischer Alpenverein (ÖAV) Zweig Innsbruck
Gründungsjahr:	1869
Mitgliederzahl:	10.590
Ehrenmitglieder:	1 (Prof.Oberwalder)
Vereinslokal:	Österreichischer Alpenverein, Alpenvereinshaus, Zweig Innsbruck
	Wilhelm-Greil-Straße 15
	6020 Innsbruck

OEAV
Oesterreichischer Alpenverein

Hütten:	Bettelwurfhütte, Pfeishütte, Solsteinhaus, Aspachhütte, Franz-Senn Hütte, Rudolf Pfeningbergerheim (Jugendheim)
betreutes Wegenetz:	ca. 360 km in den Stubaier Alpen und im Karwendel
Veröffentlichungen:	Mitteilungsheft für die Mitglieder (4x pro Jahr) seit 1950, Festschrift zur 100 Jahrfeier.
Aktivitäten und Schwerpunkte:	Gemeinschaftstouren, Exkursionen, Ausbildungskurse, Vorträge, Bücherei-und Videoarchiv, Ausrüstungs-, Führer- und Kartenverleih, Alpine Auskunft der Mitglieder. Im Rahmen des Zweiges Innsbruck bestehen Kindergruppen (85 Mitglieder), Jugendgruppen (6 Jugend gruppen mit insgesamt 90 Mitgliedern: Riegelbande, Elche, Hauptschule Axams, HS Höttinger Au, SOS Egerdach, Jugendgruppe Seefeld) und eine Jungmannschaft (40 Mitglieder). Aktivitäten: Ski-, Berg- und Wandertouren, Sportklettern, Heimabende, usw.
Anschrift:	wie Vereinslokal

Name:	Österreichischer Alpenverein Akademische Sektion Innsbruck
Gründungsjahr:	1902
Mitgliederzahl:	1900
Vereinslokal:	Rechengasse 5
	6020 Innsbruck
Hütten:	Naviser Hütte, Skihütte im Weertal
betreutes Wegenetz:	ca. 360 km in den Stubaier Alpen und im Karwendel
Veröffentlichungen:	Mitteilungen der Akademischen Sektion Innsbruck, 2 x jährlich
Aktivitäten und Schwerpunkte:	Jugendbetreuung, Gemeinschaftsfahrten (10 x jährlich) Hochtouristengruppe HG Trans (Auslandsbergfahrten)
Anschrift:	wie Vereinslokal

Name:	Österreichischer Alpenverein
	Sektion Touristenklub Innsbruck des ÖAV
Gründungsjahr:	1883
Mitgliederzahl:	720
Vereinslokal:	Sektion Touristenklub
	Wilhelm Greil Straße 15
	6020 Innsbruck

Hütten: Peter-Anich Hütte, Innsbrucker Hütte, Edmund Graf Hütte, Patscherkofelhaus

betreutes Wegenetz: Rietz - Rietzer Grieskogel - Kühtai, Kreuzjoch - Stamser Alm - Stams, Neder - Innsbrucker Hütte, Innsbrucker Hütte - Bremer Hütte, Innsbrucker Hütte - Habicht, Ilmspitz Klettersteig, Pettneu - Edmund Graf Hütte, Kappl - Edmund Graf-Hütte, Hoher Riffler

Veröffentlichungen: **Mitteilungen für die Mitglieder seit 1990 (2x pro Jahr)**

Aktivitäten und Schwerpunkte: Berg- und Skitouren, Führungstouren, Alpinausbildung, Teilnahme an Expeditionen, Führung von 3 Jugendgruppen mit ca. 30 Jugendlichen, seit 1970 eine Hochgebirgsgruppe mit ca. 15 Mitgliedern, 1 Ortsgruppe in Pfaffenhofen gegründet 1963 mit derzeit ca. 100 Mitgliedern (Treffpunkt Schwarzer Adler in Pfaffenhofen)

Anschrift: wie Vereinslokal

Name:	Akademischer Alpenklub Innsbruck (AAKI)
Gründungsjahr:	1893
Mitgliederzahl:	135, Ehrenmitglieder: 3
Vereinslokal:	Körnerstraße Nr.9 (Keller)
	6020 Innsbruck
Hütten:	Adolf Pichler Hütte in den Kalkkögeln

Veröffentlichungen: Jahresberichte

Aktivitäten und Schwerpunkte: Gemeinschaftsbergfahrten im Sommer und Winter im In- und Ausland, Vortragsabende, Gesellschaftliche Veranstaltungen

Anschrift: 6020 Innsbruck
Wilhelm-Greil-Straße 15

146

Name:	Akademisch Alpiner Verein Innsbruck
Gründungsjahr:	1901
Mitgliederzahl:	100
Vereinslokal:	Gasthof Weißes Kreuz
	6020 Innsbruck

Hütten: Private Skihütte im Fotschertal

Aktivitäten und Schwerpunkte: Gemeinschaftsbergfahrten im Sommer und Winter im In- und Ausland, Vortragsabende, Stiftung eines Forschungs- förderungspreises an der Universität Innsbruck

Anschrift: Gasthof Weißes Kreuz
Herzog Friedrich Straße
6020 Innsbruck

Name:	Bergrettungsdienst Ortsstelle Innsbruck
Gründungsjahr:	1903 unter anderem Namen, 1946 in den Österreichischen Bergrettungsdienst eingegliedert
Mitgliederzahl:	87 (davon 20-25 aktive)
Ehrenmitglieder:	3
Vereinslokal:	Bergrettungsdienst Österreich Ortsstelle Innsbruck, Sillufer 3a 6020 Innsbruck

Veröffentlichungen: Bezirksblatt des Österr.Bergrettungsdienstes

Aktivitäten und Schwerpunkte: Durchführung sämtlicher Bergrettungen, jede Woche Schulungen für die Bergrettungsmänner

Anschrift: Bergrettungsdienst Österreich
Landesleitung Tirol
Andreas-Hofer-Straße 6/1
6020 Innsbruck

Name:	Naturfreunde Österreich, Ortsgruppe Innsbruck
Gründungsjahr:	1902
Mitgliederzahl:	1500
Ehrenmitglieder:	1
Vereinslokal:	Naturfreunde Paddlerheim Pradlerplatz 6b 6020 Innsbruck
Hütten:	Tribulaunhütte (1921 bzw. 1978), Alte Birgitzköpflhütte (1946), Birgitzköpflhaus (1963)
betreutes Wegenetz:	Tribulaungebiet, Birgitzköpfl - Nockspitze
Veröffentlichungen:	Informationen für Mitglieder (5x pro Jahr), Festschrift zur 50-Jahr-Feier
Aktivitäten und Schwerpunkte:	Berg- und Skitouren, Wandertouren, Lawinenseminare, Diavorträge, Fotosektion, Paddelsektion (seit 1973) mit ca. 60 Mitgliedern - Ausbildungszentrum, Wildalpen-Paddellehrwarte, Paddeltouren, Skitouren, Kinder- und Jugendbetreuung.
Anschrift:	Naturfreunde Österreich Ortsgruppe Tirol Salurner Straße 1 6020 Innsbruck

Name:	Alpine Gesellschaft „Alpeiner" Innsbruck
Gründungsjahr:	1906
Mitgliederzahl:	25
Ehrenmitglieder:	
Vereinslokal:	Gasthof Rumerhof Neu-Rum, Bundesstraße 11 6064 Rum
betreutes Wegenetz:	Gasperlsteig
Veröffentlichungen:	Festschrift (maschingeschrieben) zur 75-Jahr-Feier, Vereinschronik,
Aktivitäten und Schwerpunkte:	Berg- und Skitouren, Winterbergsteigen, Familienabende, Diaabende, Teilnahme an hochalpinen Läufen, Paragleiten, Mountainbiketouren, Führungstouren für den Zweig Innsbruck
Anschrift:	Alpine Gesellschaft Alpeiner Dietmar Knapp Scheidensteinstraße 23 6060 Hall in Tirol

Name:	Alpine Gesellschaft „Gipfelstürmer"
Gründungsjahr:	1911
Mitgliederzahl:	60
Ehrenmitglieder:	4
Vereinslokal:	Gasthof Engl
	Innstraße 22
	6020 Innsbruck

betreutes Wegenetz: Gipfelstürmersteig an der Nordseite der Nordkette

Veröffentlichungen: Festschrift 50 Jahre Gipfelstürmer, Festschrift 55 Jahre Gipfelstürmer, Festschrift 60 Jahre Gipfelstürmer, Festschrift 70 Jahre Gipfelstürmer, Festschrift 75 Jahre Gipfelstürmer, Festschrift 80 Jahre Gipfelstürmer

Aktivitäten und Schwerpunkte: Berg- und Skitouren, extreme Klettertouren, Expeditionen, gesellschaftliche Veranstaltungen, Mitarbeit beim Bergrettungsdienst, Führungstouren für den Zweig Innsbruck, Skirennen, Teilnahme an hochalpinen Staffelläufen im Winter, Veranstalter eines Staffellaufes in der Schlick

Anschrift: Österreichischer Alpenverein
Zweig Innsbruck
Alpine Gesellschaft Gipfelstürmer
Wilhelm-Greil-Straße 15
6020 Innsbruck

Name:	Alpine Gesellschaft Melzerknappen
Gründungsjahr:	1919
Mitgliederzahl:	34
Ehrenmitglieder:	
Vereinslokal:	Gasthof Ferrarihof
	Brennerstraße 8
	6020 Innsbruck

betreutes Wegenetz: Kreuzjöchl-Rumer Alm

Veröffentlichungen: Festrede zur 75-Jahr-Feier (maschingeschrieben)

Aktivitäten und Schwerpunkte: Berg- und Skitouren, Damenausflug im Herbst, Führungstouren für den Zweig Innsbruck, Totengedenkstätte am Gleirscher Brandjoch, Unterstandshütte am Gleirscher Brandjoch, zahlreiche Erstbegehungen in den 20er Jahren in den Lechtaler Alpen, Ötztaler Alpen und auf Korsika.

Anschrift: Alpine Gesellschaft Melzerknappen
Herrn Kurt Pöll
Berg-Isel-Weg 1a
6020 Innsbruck

Name:	Alpiner Klub "Karwendler"
Gründungsjahr:	1904
Mitgliederzahl:	50
Ehrenmitglieder:	2
Vereinslokal:	Gasthof Dollinger
	Hallerstraße 7
	6020 Innsbruck

betreutes Wegenetz:	Pfeishütte - Kaskarspitze

Veröffentlichungen:	Festschrift 25 Jahre Karwendler, Festschrift 40 Jahre Karwendler, Festschrift 50 Jahre Karwendler, Festschrift 70 Jahre Karwendler, Festschrift 75 Jahre Karwendler, Festschrift 80 Jahre Karwendler

Aktivitäten und Schwerpunkte:	Berg- und Skitouren, Teilnahme an alpinen Wettbewerben, Expeditionen in allen Teilen der Welt, An- und Abklettern, Sportklettern, Mountainbiketouren, Sonnwendfeier am Kemacher, Gedenkbuch an der Kaskarspitze

Anschrift:	Alpiner Klub Karwendler
	z.Hd. Hansjörg Köchler
	Österreichischer Alpenverein
	Wilhelm-Greil-Straße 15
	6020 Innsbruck

Name:	Tiroler Berglerbund Nordkette
Gründungsjahr:	1938
Mitgliederzahl:	27
Ehrenmitglieder:	4
Vereinslokal:	Gasthof Dollinger
	Hallerstraße 7
	6020 Innsbruck

Hütten:	Betreuung der Aspachhütte für den Zweig Innsbruck

betreutes Wegenetz:	Aspachhütte-Achselkopf-Hohe Warte

Veröffentlichungen:	Festschrift zum 50- jährigen Bestehen

Aktivitäten und Schwerpunkte:	Berg- und Skitouren, Skirennen, 3 Familienausflüge pro Jahr, Führungstouren für den Zweig Innsbruck,

Anschrift:	Tiroler Berglerbund Nordkette
	Hansjörg Winkler
	Markt 388
	6361 Hopfgarten

Name:	Alpine Gesellschaft Wettersteiner
Gründungsjahr:	1907
Mitgliederzahl:	34
Vereinslokal:	Gasthof Sailer, Adamgasse 8, 6020 Innsbruck
Veröffentlichungen:	Festschrift 40 Jahre, Festschrift 50 Jahre, Festschrift 75 Jahre
Aktivitäten und Schwerpunkte:	Berg- und Skitouren, Familienausflüge, Gesellschaftliche Veranstaltungen, Führungstouren für den Zweig Innsbruck, Mitarbeit im Ausschuß des Zweiges Innsbruck, Erinnerungsdenkmal am Rinnennieder,
Anschrift:	wie Vereinslokal

Name:	Bergvagabunden
Gründungsjahr:	1958
Mitgliederzahl:	40
betreutes Wegenetz:	Wege im Bereich der Bettelwurfhütte
Aktivitäten und Schwerpunkte:	Berg- und Skitouren, Führungstouren für den Zweig Innsbruck, Mitarbeit im Ausschuß des Zweiges Innsbruck, Familienausflüge, Gedenktour zum Zwieselbacher Roßkogel, Gipfelkreuz am Zwieselbacher Roßkogel, Teilnahme an Expeditionen, Sonnwendfeuer am Salfeinser Kopf
Anschrift:	Österreichischer Alpenverein Zweig Innsbruck - Bergvagabunden Wilhelm-Greil-Straße 15 6020 Innsbruck

Name:	Alpiner Club „Kalkkögler"
Gründungsjahr:	1912
Mitgliederzahl:	19
Vereinslokal:	Tiroler Weinstube Gumppstraße 38 6020 Innsbruck
Hütten:	Privathütte im Nordkettengebiet
betreutes Wegenetz:	Gleirschsattel - Samertal
Veröffentlichungen:	Festschriften zur 25, 70, und 75 Jahrfeier Kalkkögler.
Aktivitäten und Schwerpunkte:	Berg- und Skitouren, Führungstouren für den Zweig Innsbruck, Familienausflüge.
Anschrift:	wie Vereinslokal

Name:	Alpine Gesellschaft „Lustige Bergler"
Gründungsjahr:	1920
Mitgliederzahl:	50
Ehrenmitglieder:	2
Vereinslokal:	Leipziger Hof
	Körnerstraße 1
	6020 Innsbruck

Veröffentlichungen: Keine, jedoch langjährige Chronik

Aktivitäten und Schwerpunkte: Eis- Fels- und Sportklettern, Bergsteigen in allen Varianten. In- und Ausland, Wintertouren usw.

Anschrift: wie Vereinslokal

Name:	Innsbrucker Turnverein - Bergsteigerriege
Gründungsjahr:	1896
Mitgliederzahl:	30
Ehrenmitglieder:	
Vereinslokal:	Vereinshaus des Innsbrucker Turnvereins
	Fallmerayerstraße 12
	6020 Innsbruck

Veröffentlichungen: Jahresbericht zur Hauptversammlung

Aktivitäten und Schwerpunkte: Eis-, Fels- und Sportklettern im In- und Ausland, Wintertouren usw.

Anschrift: Innsbrucker Turnverein 1863 (1849)
Fallmerayerstraße 12
6020 Innsbruck

Bergsteigerschulen: Alpinschule Innsbruck Ges.m.b.H.
Prof. Hannes Gasser
In der Stille 1
6161 Natters

Bergsteigerschule des ÖAV
Hansjörg Köchler
Wilhelm-Greil-Straße 15
6020 Innsbruck

Hochgebirgsschule Tyrol
Werner Krainz
Fiegerstraße 28
6060 Absam

Bergrettung in Tirol

von Walter Spitzenstätter

Ein kurzer Ruck - und Stop. Trotz Kreiselkarabiner am Ende des Stahlseiles, an dem ich hier hänge, dreht es mich ganz langsam um die eigene Achse. Gut einen Meter bin ich vom Fels entfernt, unter mir Luft, viel Luft - 900 m hoch ist die Laliderer Wand in diesem Bereich.

Die Hektik des ganzen Tages im Juni 1979 mit all seinen Mühen und Strapazen beim Aufbau der neuen Abseilstelle in metertiefem Schnee am Gipfel ist jetzt einer absoluten Ruhe gewichen. Ich baumle am Stahlseil mitten in der winterlich verschneiten Laliderer Nordwand. Jetzt, bei diesem Stop ist auch das Singen des Stahlseiles verstummt, und momentan höre ich auch kein Rauschen einer Neuschneelawine. Ich muß es wieder und wieder versuchen - ich schreie nach rechts in die Wand, doch das leichte Schneetreiben dämpft den Schall gewaltig. Dieser Tag geht nun auch wieder zu Ende, es ist bereits düster, langsam geht es weiter mit der Fahrt in die Tiefe. Angestrengt schaue ich nach jeder Volldrehung gleich wieder und wieder jeden Riß und jede Verschneidung entlang, die mir von meiner Begehung der Schmid - Krebsführe bekannt vorkommen. Doch heute sieht alles ganz anders aus - es ist einfach grausig: Kalt, winterlich, die dritte Nacht für die in Bergnot befindlichen zwei jungen Kletterer ist im Anzug. Da - plötzlich, gerade als ich wieder Fels mit meinen Füßen berühren kann, sehe ich auf einem Pfeilerkopf eine Bewegung! Ich schreie noch ein-

Eines der umfangreichsten Rettungsunternehmen fand im Juni 1979 in der Laliderer Wand statt.

153

mal so laut ich kann - ja, tatsächlich, der Punkt bewegt sich, er winkt zu mir herüber, er kann stehen, er befindet sich ca. 80 m rechts von mir, fast auf gleicher Höhe. Sofort schieße ich eine Rakete - Stop. Wir schreien uns zu, die Verständigung ist sehr schwach, zu arg ist der Wind wieder aufgekommen, und der Nebel besorgt den Rest. Ich erkenne bald, daß die beiden wohl nicht schwer verletzt, jedoch nicht in der Lage sind, zu mir herüber zu queren, auch nicht durch schräges Abseilen etwa - es ist aussichtslos.

Die Situation war zum Verzweifeln: Schon der zweite Versuch, die Kletterer zu bergen, war damit gescheitert, auch der zweite Tag der Groß-Bergungsaktion ohne Erfolg zu Ende gegangen. Ich mußte wohl oder übel den Rest der 900 Höhenmeter am Stahlseil alleine bis zum Wandfuß abfahren. Dennoch: Ein wesentlicher Beitrag für den späteren Erfolg war geleistet. Ich hatte die beiden in der riesigen Wand gefunden! Wir hatten am richtigen Fleck aufgebaut, ich war nur eine Rinne zu weit links abgestiegen - jetzt konnte ich über Funk vom Wandfuß aus die nächste Aktion leiten und die Retter genau zu den in der Wand blockierten Kletterern dirigieren.

Am dritten Tag, nachdem das letzte 900 m lange Stahlseil während der Nacht unter Mithilfe von ca. 100 Mann vom Kasten auf die Laliderer Wand getragen wurde, gelang die Bergung der beiden unterkühlten jungen Männer in einer einmaligen Aktion. Erstmals sind zwei Retter an einem Stahlseil über eine 900 m hohe Wand abgefahren und haben dabei beide Verletzten bei dieser Fahrt mitgenommen. Zu viert an einem 5 mm starken Stahlseil!

Alle Beteiligten haben dabei etwas gewonnen, das einen unschätzbaren Wert darstellt: Die beiden jungen Kletterer haben ihr Leben erhalten, und wir anderen sind um ein Erlebnis reicher geworden, das keiner, trotz aller Mühen und Gefahren, missen möchte!

Wenn man die Geschichte des Bergrettungswesens in Tirol betrachtet, so kann man die Entwicklung in 3 große Abschnitte teilen.

Am Beginn stand ganz einfach die Erkenntnis, daß durch die explosive Verbreitung des Alpinismus um die Jahrhundertwende auch die Unfälle im Gebirge zunahmen und daß zur Bergung der Verunfallten wieder nur Alpinisten in Frage kamen. Im Alpenverein wurde deshalb versucht, Freiwillige zu finden, die bereit waren, Menschen zu Hilfe zu eilen, egal wo sie sich in Not befanden, und egal, zu welcher Zeit das Unglück passierte.

Der früher übliche Verletztenabtransport mittels Akja wurde von der Flugrettung abgelöst.

Veranlaßt durch ein Lawinenunglück am Fuß der Nockspitze im Jahre 1897, dem Max Peer, ein Gründungsmitglied des Akademischen Alpenklubs Innsbruck, und einer der ersten Skifahrer Tirols zum Opfer fiel, gründete der AAKI eine freiwillige alpine Rettungsgesellschaft und verfaßte einen ersten Satzungsentwurf. In enger Zusammenarbeit mit anderen Vereinen und deren Mitgliedern wurde lange Jahre hindurch ein Bereitschaftsdienst an den Wochenenden eingerichtet. Robert und Karl Zeuner haben sich um dessen Organisation ab 1918 sehr verdient gemacht. Vor 1940 bestanden 250 Ortsstellen mit 4.000 freiwilligen Helfern des „Alpinen Rettungsdienstes" in Österreich.

Aus einer losen Arbeitsgemeinschaft von Rettungsmännern aus Deutschland, Frankreich, Italien, der Schweiz und Jugoslawien entstand 1955 die „Internationale Kommission für alpines Rettungswesen" (IKAR).

Der Österreichische Bergrettungsdienst wurde im Jahre 1946 als Verein gegründet und stellt in jedem alpinen Bundesland eine eigene Landesleitung, die als Rechtspersönlichkeit

Seilbahnen kam auch eine Häufung von Unfällen aus diesem Bereich. Die Bergrettung versah lange Zeit den Pisten-Rettungsdienst freiwillig. Auch heute noch fällt der größte Anteil an geborgenen Personen beim jährlichen Einsatzbericht aus der Tätigkeit der Pistenrettung an.

Rettungshubschrauber werden von erfahrenen Piloten gesteuert und von einem Bergrettungsarzt bzw. einer Ärztin begleitet

nach dem Vereinsgesetz auftritt. Übergeordnet gibt es noch den Bundesverband, der aber nur freiwillig koordinativ zwischen den eigenverantwortlichen Landesleitungen tätig ist.

In diesem 2.Abschnitt unserer Bergrettungsgeschichte wurde - immer unter eindeutiger Hauptrolle Tirols - die Bergrettungstechnik entwickelt und perfektioniert. In vielen Übungen und Einsätzen wurden Geräte und Technik erprobt und verbessert. Ständige Kontakte mit dem Ausland brachten uns Erfahrungen in anderen Gegenden - und wir konnten auch einiges für uns mitnehmen und bei Einsätzen wieder testen. Es entstand eine schlagkräftige Einsatzmannschaft in immer mehr Orten Tirols. Bis heute gibt es in Tirol 93 BR-Ortsstellen mit insgesamt 3500 Bergrettungsmännern und 69 Lawinenhunden. Mit der Erschließung unserer Skiberge durch Lifte und

In diese 2.Periode fallen viele große Einsätze und Hilfeleistungen. Als spektakulärste Aktion gilt der weltweit einmalige interkontinentale Einsatz der Bergrettung Innsbruck im Jahre 1970 nach Kenya. In einer wahrhaft blitzartigen Aktion wurde damals Dr.Gerd Judmaier aus der Gipfelregion des Mt.Kenya (5200 m) mit schwersten Verletzungen geborgen. Wahrscheinlich mit Schmunzeln wird Gerd heute diese Zeilen lesen, wissend, daß er dies höchstwahrscheinlich nicht mehr könnte, wenn es damals diesen Einsatz von Tirol aus nicht gegeben hätte.

Als dritte Periode sehe ich die Gegenwart. Die einschneidendste Veränderung in der ganzen Struktur des Bergrettungswesens stellt die Entwicklung der Bergrettungsmethoden mittels Hubschrauber dar. Viele hitzige Debatten und manches Mißverständnis liegen hinter uns. Heute sind die Fronten klar. Es gibt niemanden mehr, der die absoluten Vorzüge einer Bergung aus alpinem Gelände per Hubschrauber ablehnt. Im Gegenteil, wir sind heute so weit, daß - im Sinne des Verletzten - soweit irgend möglich, jede Bergung von Schwerverletzten per Hubschrauber durchgeführt wird. Ist eine direkte Bergung nicht möglich, so wird in den meisten Fällen zusätzlich die Hilfe des Helikopters bei der terrestrischen Bergung in Anspruch genommen.

Trotzdem gibt es immer wieder Situationen (Schlechtwetter, Sturm, Nacht, Lawinen), bei denen man auf die bodenständige Bergrettungsmannschaft angewiesen ist. Auch müssen die oft schwierigen Bergungen vom Hubschrauber am Rettungstau ebenfalls von Bergrettungsmännern, die speziell als Flugretter ausgebildet sind, vorgenommen werden. Der Wandel in dieser dritten Periode des Bergrettungswesens geht also hauptsächlich auf die Installation der Flugrettung zurück. Aber auch bei der Pistenrettung ist die Sache heute geklärt: Die Seilbahnwirtschaft muß für die Pistenrettung aufkommen. Daß dafür nach wie vor hauptsächlich BR-Männer tätig sind, liegt nahe.

Nicht in allen Fällen kann die Flugrettung helfen - der Bergrettung bleiben die „harten Nüsse"

Eingeleitet wurde diese jüngste Periode in meiner Zeit als Landesleiter der Bergrettung Tirol. Ich konnte aus einer autokratisch geführten Landesleitung eine demokratisch besetzte und arbeitende Institution machen. Die Einführung von Gebietsvertretern, die mit Sitz und Stimme in der Landesleitung mitarbeiten, war mein Werk, das die heute unbedingt erforderliche überregionale Verwaltung des Bergrettungsdienstes in Tirol für alle Ortsstellen ermöglichte. Heute gilt es, die Ausrüstung am modernen Stand zu halten, die Ausbildung ständig voranzutreiben, die Einsatztätigkeit zu koordinieren - und schließlich alles zu finanzieren.

Wenn man die Einsatztätigkeit im Laufe der Zeit betrachtet, so waren es in der ersten Periode hauptsächlich die eigenen Leute, die aus allen

Teilen der Alpen nach Unfällen geborgen wurden. In der zweiten Periode stieg die Anzahl der Geborgenen explosiv durch den Zuwachs des Fremdenverkehrs. Und jetzt in der dritten Periode werden die Einsätze wieder weniger, durch die Mithilfe der Hubschrauber. Allerdings muß die Schlagkraft der BR-Mannschaft ungetrübt bleiben, denn was heute noch an Einsätzen übrig bleibt, sind meistens „harte Nüsse". Bergungen aus überhängenden Wänden, Nacht- und Schlechtwettereinsätze - und die Rettungseinsätze bei Lawinenunfällen.

Meine Vision für die Zukunft: Finden wir zurück zu den Anfängen! Konzentrieren wir uns auf die - Gott sei Dank - seltene Stunde der Not, seien wir alle zur Stelle, wenn es heißt, einen Menschen aus Bergnot zu befreien! Alle, - das heißt egal, ob mit oder ohne Bergrettungsausweis - bereiten wir uns vor, üben wir erste Hilfe, üben wir behelfsmäßige Bergrettungstechnik, trainieren wir den Umgang mit dem Lawinenpieps - irgendwann kann's jeden Bergsteiger einmal erwischen, bei einem Unfall aktiv mithelfen zu müssen.

Zuletzt möchte ich noch eine Facette des Bergrettungswesens aufzeigen, die eigentlich kaum angesprochen wird. Nach jedem größeren Einsatz gibt es eine Schlußbesprechung, bei der alle Details der Bergung diskutiert werden. Nicht alles läuft immer planmäßig, und aus vielen kleinen Schwächen können neue Erfahrungen als Verbesserungen weitergegeben werden. Nur so konnte die Rettungstechnik den heutigen, perfekten Stand erreichen. Nach mehr als 35-jähriger Erfahrung im BR-Wesen kann ich mit Sicherheit sagen: Es sind die Schlußbesprechungen nach großen Einsätzen, bei denen manche Beteiligte, die auf der anderen Seite des Berges tätig waren, oft erst den gesamten Hergang des Ereignisses erfahren, bei denen man jene innere Befriedigung erhält, die zur Mitarbeit im Bergrettungsdienst immer wieder begeistert. Man weiß, was man geleistet hat - und man freut sich über ein gerettetes Menschenleben in einer Art, die man nicht beschreiben kann, sondern selbst erleben muß.

Ich kann dieses Gefühl am ehesten vergleichen mit der Erinnerung an die Durchsteigung einer großen Westalpenwand.

Genau dieser grundsätzliche Geist der Hilfsbereitschaft für den Nächsten im Gebirge hat die Bergsteigerschaft zu einer inneren Verbundenheit geführt, die die Männer an der Wiege des Bergrettungswesens hier in Tirol in besonderer Weise auszeichnet.

Helikopter stürzte bei Rettungsaktion ab – zu Lawinenopfern noch zwei Tote

Der Notarzt Dr. Heiko Fill (45) und der Sanitäter Dietmar Hahn (47) kamen ums Leben

TIROL — Tiroler Tageszeitung - Seite 3

An einem Tag vier Lawinenabgänge in Tirol – drei Frauen und zwei Männer tot, vier überlebten

Neun Menschen unter Schneemassen – Schauplätze: Fotsch, Praxmar, Schmirn, Nauders

Zum Touristenunglück im Karwendelgebirge

In der Presse wird über Alpinunfälle ausführlich berichtet. Hier 3 typische Beispiele: Touristenunglück in der Praxmarerkarspitze - Nordwand und Tod von Otto Melzer und Emil Spötl am 6/7. Oktober 1901; Innsbrucker Nachrichten Nr. 234, 11.10.1901.
Lawinenkatastrophe forderte neun Menschenleben nahe der Kemater Alm am 31. März 1963; TT Nr. 76/77, Apr. 63
An einem Tag vier Lawinenabgänge in Tirol; Tiroler Tageszeitung Nr. 37, vom 15.2.1988.
Helikopter stürzte bei Rettungsaktion ab- zu Lawinenopfern noch zwei Tote: der Notarzt Dr. Fill und der Sanitäter Dietmar Hahn. TT Nr.38 vom 16.2.1988

Das Innsbrucker Klima, beherrscht vom Föhn

Von Karl Gabl

D ie Lage Innsbrucks in der Klimazone der gemäßigten Breiten wird durch sein geographisches Umfeld geprägt. Nach Norden abgeschirmt durch die Kette des Karwendels, umrahmt von den Tuxer Alpen, den Stubaier und Sellrainer Bergen, offen in Richtung des Ober- und Unterinntales und des Wipptales, wird die

Menschen in trübe Stimmung versetzende Hochnebeldecke sich bilden kann, ist die Nebelhäufigkeit in Innsbruck wesentlich niedriger als im Unterinntal oder im Alpenvorland. Der Brennerpaß ist die niedrigste Senke im gesamten Alpenhauptkamm. Kein Wunder, daß nicht nur der Mensch versucht, die Verkehrsströme dem Weg

Im Herbst läßt der warme Föhn den Mais besser reifen und wird deshalb in Tirol als „Türkenröster" bezeichnet.

klimatische Beeinflussung überall spürbar.
Nach Norden zu hält das Karwendel ergiebige Niederschläge der Staugebiete des Alpennordrandes von der Stadt ab. Während dort bis zu 3000 mm (oder 3000 Liter pro Quadratmeter) Niederschlag im Laufe eines Jahres fallen, werden im Stadtgebiet von Innsbruck knapp unter einem Drittel, nämlich 900 mm gemessen. Wenn auch nach Störungsdurchgängen und bei Nordostwind sich im mittleren Inntal eine graue, die

des geringsten Widerstandes folgen zu lassen, auch die Luftströmungen in der Atmosphäre benutzen auf ihrem Weg über die Alpen diesen Transitkorridor. Am Ende dieses Korridors liegt die föhngeplagte Hauptstadt des Landes Tirol. Auch kein Wunder, daß der Föhn einen leichten Zugang nach Innsbruck findet und seit Jahrhunderten Tagesgespräch ist.

Innsbruck war aber auch ein von der Natur vorgegebener Ort, der Wissenschaftler wie Heinz von Ficker, Herfried Hoinkes und in jüngster Zeit Petra Seibert und Michael Kuhn zu meteorologischen Forschungen anregte. Im Stile eines Literaten hat der Innsbrucker Meteorologe, Ballonfahrer und Bergsteiger, Heinz von Ficker, den Föhn im Alpenvereinsjahrbuch 1912 beschrieben: „... Am südlichen Himmel meldet sich der Morgen. Ein feiner Wolkenschleier liegt dort, den die Nacht verbarg. Jetzt glüht er auf im Morgendämmern wie in innerer Glut. Nicht die zarten Wolkenfarben des schönen Wetters sind es, die Boten eines strahlend klaren Wintertages. Nein - voll wilder, kranker Glut ist dieses Farbenspiel ein unheilvolles Wetterzeichen. Noch immer fließt die kalte Luft im Tale. Plötzlich fegt ein warmer Windstoß herab in den Talkessel, schwül, als käme er aus dem Backofen, geht ächzend durch den Wald, singt um die Ecken der Häuser, fegt durch die Straßen und verschwindet. Der Kampf zwischen dem Föhn und dem kalten Wind im Tale hat begonnen ... Nur oben auf den höchsten Kämmen, da wirbelt noch der lockere Schnee im Flügelschlag des Südwindes. Dort oben bleibt der Frost Herrscher, und eiskalt fegt der Sturm über die Grate. Und ein gewaltiger Maler ist der Föhn: Nah wie nie zuvor ragen die Berge: schwarzblau und violett die Wälder, stahlblau die Schatten im Schnee, tiefblau der

Instrumente zur Erforschung des Föhns vor 100 Jahren: Thermometer und Hygrometer zur Messung der Lufttemperatur und der relativen Luftfeuchtigkeit.

Himmel, an dem blendend weiße Wolken ziehen. Die feinen Zirrusschleier sind verflogen. Im Süden nur steht nach wie vor die Wolkenmauer über dem Gebirge, unbeweglich trotz des Sturmes: Die Föhnmauer."

Es verwundert nicht, daß Dichter und Schriftsteller sich mit der eigenartigen Strahlkraft des Föhns beschäftigt haben. Georg Trakl tat es in seiner ihm eigenen schwermütigen Art, Conrad Ferdinand Meyer nennt ihn „rauschenden und wütenden Föhn", Eugen Roth einen „Dämon, der sich heimlich rührt", sogar Friedrich Schiller bezieht sich im Wilhelm Tell auf diesen Wind, wenn er den Sturm am Vierwaldstättersee beschreibt: „Der Föhn ist los, ihr seht, wie hoch der See geht." Vom „Süßen Föhnfieber" handelt eine Stelle im Roman Peter Kamenzind von Hermann Hesse: „... Es gibt nichts Seltsameres und Köstlicheres als das süße Föhnfieber, das in der Föhnzeit die Menschen der Bergländer und namentlich die Frauen überfällt und den Schlaf raubt und alle Sinne streichelnd reizt...".
Kehren wir von der Literatur zu den Naturwissenschaften zurück.
Das Wort Föhn stammt wahrscheinlich vom lateinischen Wort Favonius, milder Frühlingswind. Möglich wäre auch eine Namensgebung vom griechischen Wind Phoenix, der mild und warm war und aus dem Süden wehte. Heutzutage wird der Favonius mit allerlei Attributen versehen. In Nordtirol, speziell im Inntal, wird er als Türkenröster bezeichnet, als Trockner des angebauten Futtermais. Auch die wenig schmeichelhafte Titulierung Schneefresser existierte schon lange vor Inbetriebnahme der ersten Schneekanonen. Aber auch zum Leidwesen der Schneekanoniere setzt die warme Föhnströmung in den Tälern der Schneedecke am meisten zu, erreicht doch der turbulente Energieaustausch zwischen Luft und Schnee Rekordwerte. Als Traubenkocher wird er in Graubünden in der Schweiz von der Weinlese im Herbst freundlich aufgenommen. Die volle Reifung der Trauben und Erhöhung des Zuckergehaltes sind willkommene Geschenke und

erhöhen die Weinqualität beträchtlich. Dies gilt auch für den Zirler Weinberg und die wenigen Rebstöcke in unmittelbarer Umgebung von Innsbruck.

Föhntheorien

Im Laufe der Erforschung wurden verschiedene Theorien aufgestellt. Die „Erfinder" der ersten Erklärungen der Wärme des Föhns glaubten, daß durch Reibung des Windes an der Erdoberfläche die Wärme in den Föhntälern zustande komme. Nicht lange konnte sich diese unsinnige Theorie über den warmen Südföhn halten. Schon vor fast 150 Jahren wurde eine weitere falsche Föhntheorie, die Föhnwärme stamme von Luftmassen aus der Sahara, widerlegt, weil Winde aus der Sahara durch die rotierende Erde abgelenkt (die sogenannte Corioliskraft) und letztlich im Kaspischen Meer landen würden und nicht in Innsbruck. Die klassische, seit Jahrzehnten in den Schulen und an allen Universitäten gelehrte Föhntheorie ist nach vielen Untersuchungen im vergangenen Jahrzehnt überholt und gehört der Vergangenheit an. Trotzdem wird die „alte", antiquierte, von vielen sogar verstandene Föhntheorie später noch einmal kurz skizziert, damit Überlegungen zur aktuellen Föhntheorie besser und leichter verstanden werden.

Die Wetterlage spielt eine besondere Rolle. Für Innsbruck können verschiedene Wetterlagen einen Südföhn hervorrufen. Die größte Wahrscheinlichkeit für Südföhn herrscht natürlich bei einer Großwetterlage mit einem Tiefdruckgebiet über Westeuropa oder über Norddeutschland und einem Hochdruckgebiet über dem Balkan oder in Osteuropa. Zwischen diesen Druckzentren bildet sich nach den meteorologischen Steuerungsregeln eine Südströmung auf. Je stärker das Druckgefälle über den Alpen ausgebildet ist, also je enger die Linien gleichen Luftdrucks (Isobaren) beieinander liegen, umso stärker wird die Südströmung und damit der Südföhn sein. Typisch ist auch die Ausbuchtung der Isobaren über dem Alpenbogen, die man als Föhnnase, in der Schweiz auch als Föhnknie, bezeichnet. Manchmal reicht die Südströmung bis Nordafrika und bis zur Sahara. Dort kann es einem Tiefdruckwirbel gelingen, Sand in größere Höhe zu schaffen. Von dort wird der „Saharastaub" bis zu den Alpen transportiert, wo er sich im Winter als gelblich-rote Färbung auf der Schneedecke niederschlägt. Aber auch bei vielen anderen Wetterlagen, insbesondere bei starkwindigen Westwetterlagen, kommt es vielfach zu Föhnsituationen in Innsbruck; eine derartige Situation brachte z.B. am 24.Jänner 1993 ein Jahrhundertmaximum der Lufttemperatur von 20 Grad Celsius und einen Tagesmittelwert entsprechend einem Tag im Monat Mai.

Bei den wenigen Fällen von Nordföhn in Innsbruck herrscht in Deutschland oder in Nordeuro-

Eine ungewöhnliche Art der Föhnnutzung: „Föhnskatebordsurfen"

pa höherer, über dem Mittelmeer oder Südeuropa niedriger Luftdruck. Dieser Druckverteilung ist die Entstehung der Bora, des Mistrals oder auch der Bisenströmung in der Schweiz zu verdanken.

Klassische Föhntheorie

Nach dieser strömen Luftmassen aus der Poebene in Richtung Alpen. Diese Luftmassen weisen eine bestimmte Lufttemperatur und einen

höhe nur noch um 0,6 Grad C pro 100 m (feuchtadiabatischer Gradient). Die fehlenden 0,4 Grad C pro 100 m können gewissermaßen als Beitrag angesehen werden, der durch die bei der Kondensation freiwerdende Wärme geliefert wird. Allerdings müssen Stauniederschläge fallen, damit die freiwerdende Kondensationswärme nicht wieder zum Verdunsten der Wolkentröpfchen in der Föhnmauer verwendet wird und die

Ein vertrautes Bild für Skitourengeher. Föhnlinsen am Himmel deuten einen starken Südwind an.
In der Höhe ist der Föhn immer kalt.

bestimmten Feuchtigkeitsgehalt auf. Eine Hebung der Luftmassen bewirkt eine Abkühlung der Luftmassen. Solange keine Kondensation einsetzt, kühlt sich die Luftmasse „trockenadiabatisch" um 1 Grad C pro 100 m ab, nach Erreichen des Kondensationsniveaus bis zur Kammchen des Kondensationsniveaus bis zur Kamm-

Rechnung aufgeht. Ab Kammhöhe bis zum Tal nimmt die Temperatur der Föhnluft um 1 Grad C pro 100 m Höhendifferenz wieder zu und gleichzeitig wird eine deutliche Abnahme der relativen Feuchte (Föhntrockenheit) zu bemerken sein. Allerdings wird, wie schon mehrfach erwähnt, die

161

Wolken- und Niederschlagsentstehung im Luv (Stau) eines Gebirges und die Zufuhr von Wärme durch die Kondensation des Wasserdampfes nicht mehr als für eine Föhnströmung zwingende Bedingung angesehen. Es regnet nicht immer in Südtirol an Tagen mit Südföhn in Innsbruck, vielmehr trifft dies nur in 60% aller Fälle zu.

Wo liegt nun der Unterschied zwischen der klassischen Föhntheorie mit feucht- und trockenadiabatischem Temperaturgradienten und der „aktuellen Föhntheorie"? Die Erklärung ist geradezu verblüffend einfach.
Bei vielen wissenschaftlichen Untersuchungen zeigte sich, daß die über die Alpen wehende Luft nicht direkt über die Poebene heranströmt, sondern diese in einer Höhe von rund 2 Kilometer überquert. An der Alpensüdseite, von Südtirol über das Trentino und die Poebene bis zum Apennin, liegt eine von dieser Luftströmung nicht betroffene, ruhige, stabil geschichtete und kaum bewegte Luft. In dieser Totluft herrschen nur geringe Windgeschwindigkeiten, höchstens in der Poebene können stärkere Ostwinde vorkommen. Eine Parallele zum Überströmen von einem „Kaltluftsee" findet sich auch bei Südföhn an der Alpennordseite, wenn der Südföhn im Inntal oder im angrenzenden Alpenvorland in Bayern wegen einer Kaltluftschicht in den Niederungen nicht durchgreifen kann.

Der wesentliche Unterschied zwischen dem neuen Föhnverständnis und der klassischen Föhntheorie besteht darin, daß die von Süden anströmende Luft ihren Weg nicht über die Niederung der Poebene nimmt, sondern diese in größeren Höhen überquert. Nach einer weitaus geringeren Hebung durch die Alpen strömt die Luft an der Nordseite trockenadiabatisch ins Tal hinunter. Das wichtigste ist die Temperaturzunahme vom Alpenhauptkamm bis in die Föhntäler von 1 Grad Celsius pro 100 m Höhendifferenz. Alpenhauptkamm heißt aber auch, daß der Brennerpaß als niedrigste Senke der ganzen Alpen für einen speziellen Föhnfall in Innsbruck den „seichten Föhn"

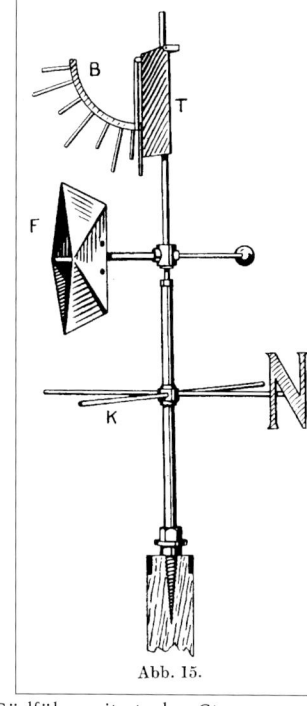

„Wild'sche Windfahne", die Auslenkung der Platte T diente zur Feststellung der Stärke des Föhnwindes nach der Beaufortskala.

Abb. 15.

bewirkt. Seichter Föhn tritt in ca. 10% aller Föhnstunden in Innsbruck auf und stellt oft die Vorstufe zu einer markanten, alle Höhen umfassenden Südströmung dar. Bei schwachen Höhenwinden am Patscherkofel kann die über den Brenner in tieferen Schichten anströmende Luft, verstärkt durch die Einengung des Wipptales, in Innsbruck, vor allem im Stadtteil Wilten, einen Südföhn mit starker Sturmmesstärke bewirken. Seichter Föhn ist in Innsbruck im Gegensatz zu Föhn, der über die Kämme der Stubaier oder Zillertaler kommt, um mindestens 5 Grad kälter.

Nach diesen Erläuterungen stellen sich einige Fragen. Warum greift der Föhn in den Tälern überhaupt durch? Wie schafft er die stabile, kältere und schwerere Luft aus den Tälern? Ehe der Föhn durchbricht, weht er über die Kaltluftseen in den Tälern. Schwerewellen regen diese zu Schwingungen im 5-Minuten-Rhythmus an und diese Schwingungen fördern sein Durchkommen. Der Föhndurchbruch erfolgt, wenn die in den Tälern liegende Kaltluft - aufgrund eines Druckgefälles zum Alpenvorland hin - aus den Tälern ausfließt. Außerdem wird durch die Bewegungsenergie des Föhns die Kaltluftschicht in den Tälern mechanisch ausgeräumt. Wenn die Kaltluft zusätzlich durch Sonneneinstrahlung aufgeheizt wird, kann der Föhn leichter ins Tal durchkommen. In der Nacht hingegen treten Föhnpausen auf, wenn sich durch Wärmeabstrahlung in den Tälern wieder eine Kaltluftschicht ausbildet und die Föhnströmung vom Tal abgehoben wird.

Auswirkungen des Föhns

Viele Bewohner und Besucher Innsbrucks klagen über die windige Stadt. Ihre Meinung wird mit dem häufigen Auftreten des Föhns begründet. Dennoch ist der Ruf einer windigen Stadt nicht gerechtfertigt, hat doch Innsbruck im Jahresdurchschnitt nur ein Drittel der mittleren Windgeschwindigkeit von Wien. Geschützt durch die Alpen weht in Innsbruck jahraus jahrein ein mittlerer Wind von ca. 4 km/h. Verstärkt wird der Wind durch den Taleinwind, der im Hochsommer am späten Nachmittag Durchschnittswerte von 20 km/h erreicht.

Allerdings beeinflußt der Föhn Innsbruck in vielfältigster Weise. Positiv vermerkt werden muß die Klarheit der Luft, besonders aber die reinigende Wirkung der von diversen Schadstoffen wie Schwefeloxid, Stickoxiden, Kohlenmonoxid, bodennahes Ozon, Staub usw. belasteten Luft. Ihre Konzentrationen werden um ein vielfaches auf sehr geringe, kaum meßbare Werte reduziert. Neben dem Ausblasen der Schadstoffe verursacht der Föhn durch hohe Windspitzen Schäden an Bauwerken, durch herabfallende Dachziegel werden Autos demoliert, Menschen verletzt. Windbruchschäden an Bäumen ereignen sich häufig. Am 9.Dezember 1954 gegen 20 Uhr wurde zwischen Innsbruck und Hall die "Haller" Straßenbahn durch eine heftige Föhnböe aus den Schienen geworfen und umgestürzt.

Die größten Windgeschwindigkeiten kommen nicht im Zentrum der Stadt, sondern in Wilten, der Reichenau, im Olympischen Dorf vor. In der Regel schwächer wirkt er sich am Flughafen und im Westen der Stadt, auch in den Stadtteilen Sadrach und Allerheiligen aus. Auch im Anströmungsgebiet in Patsch und Aldrans ist der Föhn deutlich stärker als auf der gegenüberliegenden Talseite in Kreith.

Der Föhn teilt die Stadt. Er "beglückt" nicht alle

Innsbrucker zur selben Zeit und gleich lange. Während sich der Flughafen und die angrenzenden Stadtteile in einer mehrere hundert Meter hohen Kaltluftschicht in einer schwachen Westströmung befinden, rüttelt der Föhnsturm mit Windspitzen von oft 100 km/h an den Häusern in der Reichenau und im Olympischen Dorf. Diese Zonen der Windscherung, die durch unterschiedliche Strömungen gekennzeichnet ist, bereiten den Piloten der Flugzeuge im Landeanflug Probleme, weil die Maschinen von einer starken Südströmung durchgerüttelt, plötzlich in eine schwache Westwindzone eintauchen. Der Kaltluftsee

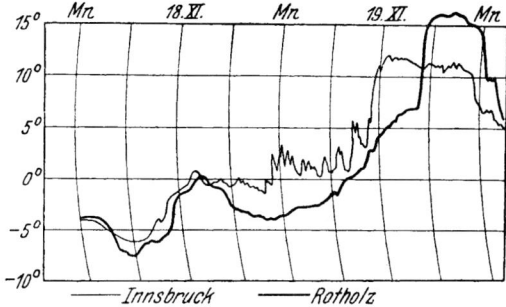

Abb. 20. Temperaturverlauf bei Föhn.

Die Temperaturkurven von Rotholz und Innsbruck zeigen einen Föhneinbruch am 18. November im Inntal bei Innsbruck. Noch wärmer ist der Föhneinbruch am 19. November in Rotholz.

im Westen der Stadt und im oberen Inntal zeigt sich auch bei einem Temperaturausgleich mit der Osthälfte. Nicht selten werden die im Rundfunk verlautbarten Werte der Lufttemperatur des Flughafens von den Bewohnern im Osten mit Lächeln, Mißtrauen, manchmal sogar mit Ärger zur Kenntnis genommen, vor allem, wenn es dem Föhn gelungen ist, im Laufe der Nacht im Osten der Stadt durchzubrechen. Anstatt der gemeldeten Temperaturen sind die Temperaturen im Föhnstrich (Reichenau, Olympisches Dorf, Mühlau, Arzl, teilweise auch im Saggen und auf der Hungerburg) um ein Vielfaches, nicht selten um 10 Grad höher, als am Flughafen. Natürlich ist die Luftfeuchtigkeit in den Föhnstrichen deutlich niedriger als außerhalb davon. Manchmal gar nicht oder nicht selten mit einer Verspätung bis zu 12 Stunden erreicht der Föhn den Westen der Stadt. Sein Duchgreifen wird durch die Aufheizung der bodennahen Kaltluft durch die Sonne wesentlich erleichtert. Bei dem geschilderten Temperaturunterschied zwischen dem Olympischen Dorf und dem Flughafen handelt es sich also nicht um eine Falschmessung oder Fehlmeldung. Falsch ist auch die Meinung, daß der Südföhn in Innsbruck immer und überall aus Süden kommt. Abgesehen von den bei turbulenten Störungen vorkommenden Abweichungen ist die Südrichtung im unmittelbaren Einflußbereich und Verlängerung des Wipptales vorhanden, im Olympischen Dorf ist schon fast eine Südwestrichtung erreicht, am Flughafen weht der Südföhn aus Südosten, manchmal aus Osten, bei der Martinswand aus Osten, um schließlich über den Hechenberg und die Seefelder Senke seinen weiteren Weg zu nehmen. Vom Oberland kommend kann in den meisten Fällen bemerkt werden, daß der Föhn erst in Zirl oder knapp östlich von Zirl beginnt.

Der Föhn fördert bei hoher Schneelage durch die plötzliche Erwärmung den Abgang von Dachlawinen.

Der Föhn in der Talsohle des Inntales ist warm, in der Höhe aber wird ihn der Bergsteiger als sehr kalt empfinden. Höhere Windgeschwindigkeiten und die deutlich niederen Temperaturen sorgen für einen turbulenten Wärmeentzug. Am Gipfel des Patscherkofels, dem Hausberg der Innsbrucker, werden seit einigen Jahrzehnten Windmessungen durchgeführt. Der Südföhn erhöht die Windgeschwindigkeit beträchtlich. Im Durchschnitt eines Jahres wehen die Winde dort mit rund 20 km/h, bei Föhn erhöhen sich die mittleren Geschwindigkeiten oft auf mindestens

Der Föhn kündet oft Kaltfronten an, welche mit Gewittern entlang der Nordkette und im südlichen Mittelgebirge über Innsbruck hinwegziehen.

Föhnwellen über dem Inntal werden von den Segelfliegern genützt um große Höhen zu erreichen.

60 km/h und die Windböen bis 100 km/h. Die größte Windspitze lag bei 218 km/h. Wenn der Föhn vom Patscherkofel her in Richtung Inntal braust, bildet sich meist mitten im Inntal eine Föhnwelle aus, die durch eine Wolkenbank deutlich sichtbar ist. Nachdem der Föhn das Inntal überquert hat, prallt der Föhn auf die Nordkette und kann in manchen Fällen dort eine weitere Staubewölkung erzeugen. Die Windgeschwindigkeiten sind aber auf dem in gleicher Seehöhe wie der Patscherkofel liegenden Hafelekar deutlich niedriger als im Inntal. Manchmal bilden sich bei Föhn am Prallhang der Nordkette auch Rotoren, die von den Segelfliegern sehr gefürchtet sind. Ansonsten sind der Föhnflug und die Ausnützung der bis in große Höhen hinausreichenden Föhnwellen bei Segelfliegern beliebt. Die Wellen erreichen Höhen von mehreren Kilometern und entstehen bevorzugt bei Höhenwinden senkrecht zum Alpenhauptkamm mit Anströmungsgeschwindigkeiten von mindestens 70 km/h.

Kein Wunder, daß das Föhnende, der Zusammenbruch in Innsbruck von vielen Leuten mit Freude begrüßt wird, wenn auch die Dramatik nichts zu wünschen übrig läßt und erst eine Kaltfront eines Tiefs seinem Treiben ein Ende bereitet.

Nomenklatur des Föhns

Zum besseren Verständnis dieser Wettererscheinung folgen einige Anmerkungen über die Bezeichnungen. Zunächst die Föhnskala. Nach einer dreiteiligen Skala unterscheidet man zwischen verschiedenen Föhnstufen:

0-föhnig: Die auf den Bergen wehenden Südwinde greifen nicht im Tal durch. Für den Südföhn sprechen aber deutliche Anzeichen wie eine Föhnmauer am Alpenhauptkamm, der Wolkenzug aus Süd bis Südwest und die Bildung von flachen, linsenförmigen Wolken. Die Sichtweiten sind auffallend gut aber das Himmelsblau ist

165

dunkler und leuchtet in satteren Farben.

1-leichter Föhn: Der Südwind greift im Tal durch und führt zu einem Temperaturanstieg und Rückgang der relativen Feuchte, die Windstärken erreichen aber noch nicht Beaufort 6.

2-starker Föhn: Er wirkt sich mit lebhaften bis stürmischen, stark böigen Südwinden mehrere Stunden lang aus.

Föhnwolken (Föhnfische, Föhnlinsen, Altocumulus lenticularis-Bewölkung) nennt man die flachen, linsenförmigen, nach Art der Flugzeugtragflächen geformten Wolken. Sie zeigen sich über dem Inntal bei Föhnstimmungen und sie bilden sich quer zu einer starken Höhenströmung und im Bereich stehender Wellen. Es sind keine am Himmel fixierten Wolken, sondern sie werden ständig durch neu einsetzende Kondensation neu gebildet und am der Strömung entgegengesetzten Ende der Wolke wieder aufgelöst.

Die Föhnmauer

stellt den obersten Rand der an der Luvseite (bei Südföhn in Südtirol) entstandenen Staubewölkung dar und kann südlich von Innsbruck meist über den Alpenhauptkamm, also über den Stubaier Alpen, der Serles, in seltenen Fällen sogar über dem Glungezer und dem Patscherkofel beobachtet werden. Bei einer vorhandenen Föhnmauer müssen die Dolomiten nicht immer in der Staubewölkung sein, Niederschläge in Südtirol müssen auch nicht unbedingt fallen. Im Ötztal in Obergurgl wird die Föhnmauer als Timmelwurm bezeichnet, weil die Föhnmauer, über das Timmelsjoch herüberfließend, als solcher zu sehen ist. An der Ostseite des Arlbergs in St.Anton wird die durch an der Westseite emporsteigende, feuchte und kondensierende Luft als Maiennebel bezeichnet, weil sie über den wenige Quadratmeter großen Maiensee oberhalb von St.Christoph hinwegstreicht und in der früheren Volksmeinung den Feuchtigkeitsgehalt aus diesem See beziehen sollte ...

Am Schluß noch ein Wort zur

Föhnkrankheit

Mattigkeit, Beklommenheit, Reizbarkeit (auch beim Autofahren), Konzentrationsschwäche, Migräne, Schlafstörungen, etc. setzen dem Innsbrucker sichtlich und spürbar zu, wobei sich angeblich die „Föhnanfälligkeit" mit zunehmendem Alter erhöht. Ursache sind wahrscheinlich die Schwingungen, die durch Luftdruckschwankungen im Infraschallbereich hervorgerufen werden, u.z. auch in Vorföhnsituationen, wenn der Föhn im Tal noch nicht durchgegriffen hat.

Weil das Innsbrucker Klima untrennbar mit dem Föhn verbunden ist, der gemeinhin „Blasius" oder „warmer Wind" heißt und den Meteorologen genug Arbeit und Ärger macht, möge ein Gedicht von Franz Abler den Abschluß bilden.

Der warme Wind

Innsbrugg ist a schiane Stadt,
Dös woaß a niades Kind,
Und was sie ganz besunders hat,
Dös ist der warme Wind.

Die Bam im Wald kriagn au und au
A dunkle Farb, und gschwind
Hat d'Nordwand ganz a anders Gschau,
Es kimmt der warme Wind.

Auf oamal ziachts und reißts und stichs
Vom Zeachn bis zum Grind,
Magst tian, was willst, es hilft dir nichts,
Dös macht der warme Wind.

Und gach dahin ist Schnea und Eis,
Der Dröck weard woach und lind,
Die Trafn rinnen bachlweis,
Es geaht der warme Wind.

Geologie rund um Innsbruck

von Rainer Brandner und Fridl Purtscheller

Die Landschaft in ihrer heutigen Form ist das Ergebnis einer geologischen Entwicklung, die einige hundert Millionen Jahre angedauert hat. Als jüngste Ereignisse in dieser langen Kette sind die Entwicklung der Pflanzen- und Tierwelt und schließlich die Besiedelung durch den Menschen anzusehen.

Wir möchten anhand der geologischen Übersichtskarte eine Einführung in den Bau des Gebirges rund um Innsbruck geben. Eine geologische Karte zeigt auch die an der Erdoberfläche auftretenden Gesteine und den Aufbau des Gesteinsverbandes bis in einige Kilometer Tiefe, sowie den tektonischen Werdegang des dargestellten Gebietes. Die abgebildete Karte ist ein Ausschnitt aus der Karte von Gesamt-Tirol. Sie wurde im Jahre 1980 von R.Brandner aufgrund der Arbeiten zahlreicher Geologen zusammengestellt und entspricht dem neuesten Stand der Forschung. Von den älteren Geologen sind die Innsbrucker Otto Ampferer (1875-1947), der in den Nördlichen Kalkalpen arbeitete, und Wilhelm Hammer (1875-1942), der kartographische Aufnahmen des geologischen Baues der Stubaier und Ötztaler Alpen machte, hervorzuheben. Sie waren Mitglieder des Akademischen Alpenklubs Innsbruck und zählen zu jenen Forschern, die Wesentliches zum Bau der Alpen beitrugen.

Ampferer gilt als einer der Pioniere der "Plattentektonik", jener wichtigen Theorie, die in den letzten 30 Jahren das geologische Weltbild dramatisch veränderte. Er erkannte, daß die Erdoberfläche aus beweglichen Platten bestehen muß, die in der Erdgeschichte - im Vergleich zu heute - verschiedene Positionen einnahmen. So wird es auch verständlich, daß an der Nordkette z.B. Reste von 230 Millionen Jahren alten tropischen Korallenriffen zu finden sind.

Die der Karte beigefügte Legende geht auf Einzelheiten ein. Sie gliedert die Gesteine zuerst einmal nach der Zugehörigkeit zu den großen tektonischen Einheiten, nämlich zum Penninikum (Zentralgneis der Hohen Tauern, Untere Schieferhülle, Obere Schieferhülle) zum Unterostalpin (Innsbrucker Quarzphyllit) und zum Oberostalpin (Nördliche Kalkalpen, Ötztaler Altkristallin). Diese Großeinheiten sind durch tektonische Linien voneinander getrennt: die Brennerlinie trennt den Innsbrucker Quarzphyllit und das Penninikum im Osten von der Ötztaler Masse im Westen. Beide waren im Norden durch die Inntallinie von den Nördlichen Kalkalpen abgetrennt. An diesen Linien haben während der alpidischen Gebirgsbildung gewaltige Vertikal- und Horizontalbewegungen stattgefunden, die sich über mehrere Kilometer erstreckten. Auch innerhalb der einzelnen Einheiten gab es Bewegungsbahnen, von denen die wichtigsten in der Karte eingetragen wurden. Das Ergebnis dieser Bewegungen ist eine Übereinanderstapelung der verschiedenen Gesteine in Decken. Die Abb.2 zeigt einen Querschnitt durch die Alpen (R.Brandner, 1980). Diese Strukturen entstanden während der alpidischen Gebirgsbildung vor rund 40 bis 95 Millionen Jahren in mehreren zeitlich getrennten Phasen. Auch in jüngerer Zeit, vor ca. 20 Millionen Jahren, erfolgten noch kräftige Veränderungen.

Geologisch gesehen liegt Innsbruck an einem Knotenpunkt: die beiden großen tektonischen Linien Brennerfurche und Inntallinie bilden Schwächezonen im Gesteinsverband. In diesen konnte die Erosion bevorzugt wirksam werden, so daß sich die beiden Taleinschnitte Inntal und Sill- bzw. Wipptal bildeten. Es sind die seit jeher bevorzugten Verkehrswege, angefangen von der Römerstraße bis zur Autobahn. An der Kreuzung

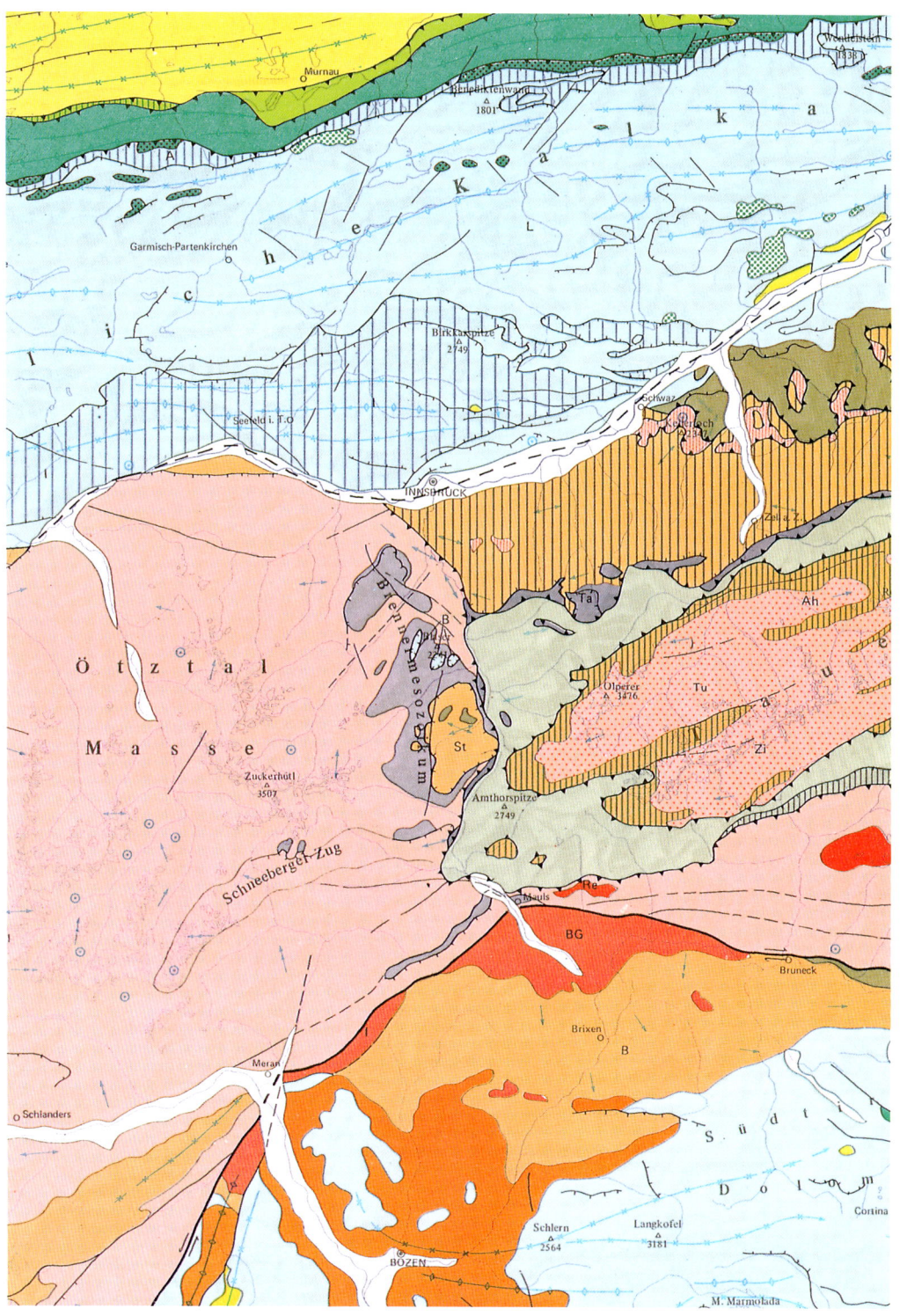

Profilschnitt durch die Alpen knapp östlich von Hall.

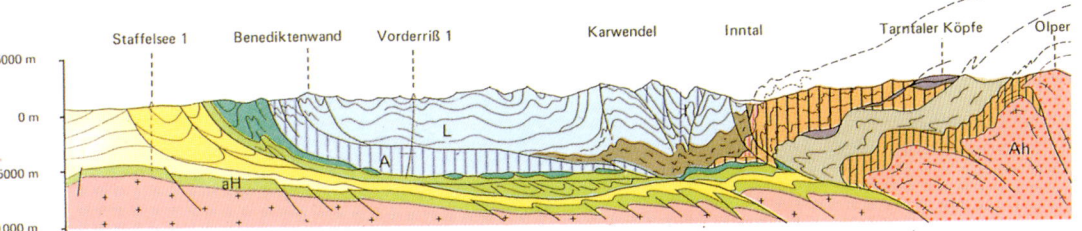

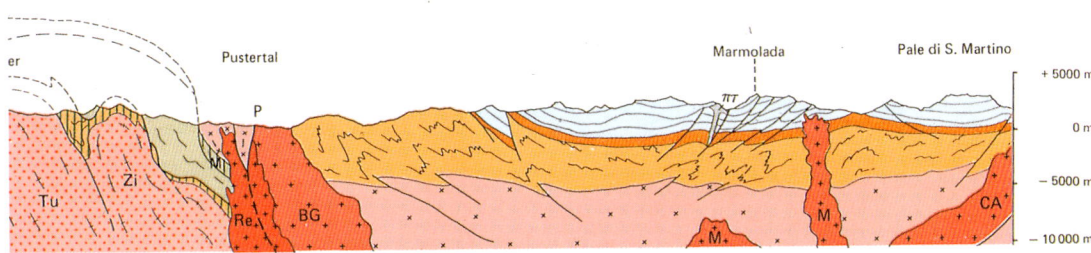

Legende zur geologisch-tektonischen Übersichtskarte

MOLASSE

Vorlandmolasse

Faltenmolasse

HELVETIKUM

Helvetikum, autochthones Helvetikum (aH)

FLYSCH, PENNINIKUM

Rhenodanubischer Flysch

Matreier Schuppenzone, Südpenninikum, Reckner Decke d. Tarntaler Zone

(Par)autochthones „Altes Dach" und Untere Schieferhülle mit „Altkristallin", Altpaläozoikum und Permo- Mesozoikum.

Zentralgneis des Tauernfensters mit Ahorn Kern (Ah)

Juvavikum

Tirolikum, „Inntaldecke" (I)

Bajuvarikum: Allgäudecke (A), Lechtaldecke (L)

Paläozoikum der nördlichen Grauwackenzone

Quarzphillit (z.T. Altpaläozoikum); Landecker Qu. (La), Qu. der Steinacher Decke (St)

Zentralalpines Permo-Mesozoikum; Blaser-Decke (B)

Altkristallin der Ötztal-Decke, Silvretta-Decke

OSTALPIN

Unterostalpin
Sedimente (Permo-Mesozoikum) der Tarntaler Zone (Ta)

Innsbrucker Quarzphyllit-Decke mit Altkristallin unsicherer tektonischer Stellung

Kristallin

Oberostalpin
Inntaltertiär

Oberkreide (Gosau)

Mittelkreide

SÜDALPIN

permische Ergußgesteine (Quarzporphyr)

Paläozoikum der südlichen Grauwackenzone

Quarzphyllit (z.T. Altpaläozoikum); Brixener Quarz (B); Cormelico Quarz (C)

Kristallin

TIEFENGESTEINE

tertiäre Plutone: Rieserferner Tonalit (Ri), Rensen-Granit (Re)

triassische und permische Plutone: Iffinger- u. Brixener Granit (I,BG)

Abb. links: Geologisch-tektonische Übersichtskarte. Ausschnitt aus der „Tektonischen Karte von Tirol", 1:600.000 von BRANDNER, 1980, (Tirol-Atlas, Hrgb. Amt der Tiroler Landesregierung)
Abb. oben: Profilschnitt durch die Alpen, knapp östlich von Hall i. Tirol, und Legende zur geologisch-tektonischen Übersichtskarte.

169

beider Täler entstand Innsbruck.

An den tektonischen Linien finden immer wieder Bewegungen statt, die sich gelegentlich in schwachen Erdbeben äußern. Aber auch schwere Erdbeben verzeichnet die Chronik, so z.B. im Raum Innsbruck-Hall in den Jahren 1571, 1572 und 1672 Erdstöße der Stärke 7-8 der 12-gradigen Mercalli-Skala. Die Wahrscheinlichkeit, daß auch in Zukunft Erdbeben bis zur Stärke 8 im Raum Innsbruck stattfinden, ist wissenschaftlich begründet. Im einzelnen sind die Verhältnisse besonders an der Brennerlinie äußerst kompliziert und in die Tiefe des Gebirges hinein kaum vorhersehbar. Dieser Umstand läßt für den Bau eines Brennertunnels sehr große Schwierigkeiten erwarten. Rein geologisch beurteilt ist der Brennerpaß die ungünstigste Stelle für einen Nord-Süd-Tunnel in den Ostalpen!

Die Gesteinsbildung der Nördlichen Kalkalpen erfolgte im Erdmittelalter vor 300 Millionen Jahren und darunter. Die Gesteine südlich des Inns sind 500 bis 300 Millionen Jahre alt. Sie werden in den Kalkkögeln von wesentlich jüngeren Schichten des Erdmittelalters überlagert. In den tieferen Baueinheiten des ost- und westalpinen Deckensystems, z.B. dem Penninikum, das durch die Aufwölbung des Tauernfensters an die Oberfläche gelangte, sind wiederum Gesteine des Erdmittelalters anzutreffen. Sie wurden ehemals am tiefen Boden des Ozeans abgelagert und später, bei der alpidischen Gebirgsbildung, in noch größere Tiefen hinabgezogen. Hohe Drucke und Temperaturen veränderten die Sedimente und die vulkanischen Gesteine zu metamorphen Schiefern und Serpentiniten.

So durchfährt man auf der Brennerautobahn oberhalb von Matrei die Gesteinsserie eines etwa 150 Millionen Jahre alten Ozeanbodens. Ihrer Entstehung nach sind die Schichten nördlich der Inntallinie Sedimente (Kalke, Dolomite, Mergel, Tonschiefer), während südlich dieser Linie nur metamorphe Gesteine vorkommen.

Die Schichtfolge der Ablagerungen in den Nördlichen Kalkalpen kann aus den Sedimenten abgelesen werden. Entsprechend dem Vorkommen von typischen Fossilien und dem Vergleich mit anderen Sedimentationsräumen, z.B. den Bahamas, können sie als marine Riffe oder Flachwasserablagerungen u.ä. gedeutet werden.

Die Umwandlungsgesteine südlich des Innflusses sind ehemalige Sedimente (Sandstein, Tonschiefer, Kalk, usw.), die lange nach ihrem Absetzen in größere Tiefen gebracht wurden.

Dabei wurden sie deformiert, erwärmt und einem erhöhten Druck ausgesetzt. Die Gesteine reagierten auf die geänderten Bedingungen durch eine Veränderung der Mineralgesellschaften und des Gefüges. Aus diesen Kriterien kann man die oft recht komplexe Entstehungsgeschichte ableiten. Eine Sonderstellung im Innsbrucker Bergraum kommt den Kalkkögeln zu. Die Adolf Pichler Hütte steht auf dem Ötztalkristallin, und zwar dort, wo auf diesem alten Grundgebirge die erdmittelalterlichen Sedimente der Kalkkögel aufliegen. Diese jüngere Sedimentdecke erstreckte sich ursprünglich über das ganze Altkristallin. Sie wurde aber durch Erosion abgetragen und blieb nur am Ostrand bestehen. Durch die Bewegungen an der Brennerlinie ist die Sedimentdecke grabenartig abgesunken und blieb daher von tiefergreifender Erosion bewahrt.

Die Grenze der Sedimente im Osten, zum Altkristallin im Westen verläuft vom Hoadlsattel zum Seejöchl. Der Weg zum Sonntagsberg führt durch grobkörnigen Granatglimmerschiefer. In diesen Gesteinen gibt es keine Fossilien. Sie sind Metasedimente, d.h. alte, sandige und tonige Ablagerungen, die im Zuge der Gebirgsbildung deformiert und aufgeheizt wurden. Ihr Alter kann durch physikalische Datierung und Vergleiche mit anderen Serien ermittelt werden. Man nimmt mehr als 500 Millionen Jahre an. In einer darauffolgenden Periode (Kaledonische Metamorphose, 440 - 410 Mio. Jahre) wurden die Gesteine umgewandelt. Die damals entstandenen Strukturen und metamorphen Gesteine wurden durch die variszische Gebirgsbildung vor ca. 350 bis 280 Mio. Jahren verändert, sodaß heute nur mehr diese in Form großer von Ost nach West streichenden Falten und der charakteristischen Minerale

(Granat, Staurolit, Sillimanit, Biotit, usw.) vorhanden sind. Der gesamte Kristallinblock wurde durch die variszische Gebirgsbildung gehoben und teilweise durch Erosion abgetragen. Im Perm, dem letzten Abschnitt des Erdaltertums, entstand eine Meeresbucht. Es setzte eine marine Sedimentation ein. Sie formte in der Trias, dem Erdmittelalter, vor mehr als 200 Mio. Jahren die mächtigen Dolomitstöcke der Kalkkögel. Bei der darauffolgenden alpidischen Gebirgsbildung (100 - 50 Mio. Jahre) wurde das Altkristallin einschließlich der darauf lagernden Sedimente nochmals umgewandelt und als mächtige Decke nach Nordwesten transportiert. Aus den mesozoischen Ablagerungen, die z.B. in den Raibler-Schichten der Nockspitze Biotit führen, kann man schließen, daß die Temperaturen dieser letzten Metamorphose rund 450 Grad Celsius betrugen.

Das heutige Erscheinungsbild der Landschaft entstand durch die Hebung des gesamten Alpenkörpers in den letzten 40 Mio. Jahren und der damit verbundenen Erosion. Vor 30 Mio. Jahren waren die Alpen noch ein Hochgebirge mit Gipfelhöhen von vielleicht 6000 m. Die Abtragung erfolgte nicht überall gleichmäßig, sondern war an die unterschiedliche Verwitterbarkeit der Gesteine gebunden. In mehreren Etappen bildeten sich die Taleintiefungen und die Oberflächensysteme.

Das letzte geologische Ergebnis der Erdgeschichte bildete die eiszeitliche Vergletscherung. Die Eisansammlung über Innsbruck durch den Inngletscher war so bedeutend, daß das Eis über den Erlsattel (1804 m) und über das Lafatscherjoch (2058 m) in die Karwendeltäler abfloß und die dortigen Eigengletscher verstärkte. Eine geologische Besonderheit Innsbrucks bildet die Höttinger Breccie, die aus verkittetem Gehängeschutt besteht. In ihr findet man Pflanzenreste der sogenannten „Höttinger Flora". Die pontische Alpenrose, die es jetzt im Alpenraum nicht gibt, ermöglicht einen Hinweis auf südländisch warme Klimaperioden während der Zwischeneiszeiten. So bildet die scheinbar leblose Geologie das Fundament für unser heutiges Dasein und die Formenvielfalt der Berge

Aus Wettersteinkalk bestehen die senkrecht aufgestellten Schichten der Kumpfkarspitze (2375 m).

Zur Pflanzenwelt der Innsbrucker Hausberge

Von Georg Gärtner

Wie kaum eine andere Alpenstadt bietet der Innsbrucker Raum ein Fülle botanischer Feinheiten. Sie werden von extremen Gegensätzlichkeiten gekennzeichnet, deren Ursachen im Gesteinsuntergrund, in der Vielfalt der Lebensräume zwischen Tal und Hochgipfel und der jahrtausendealten Geschichte der Alpenflora liegen. Es wäre vermessen, auf wenigen Seiten die Pflanzenwelt um Innsbruck umfassend zu beschrei-

zung und Verteilung der heimischen Pflanzenwelt: Die Höhenunterschiede von mehr als 2500 Metern bewirken eine vertikale Höhenzonierung der Pflanzendecke. Die West-Ost verlaufenden Gebirgsketten der Nördlichen Kalkalpen schirmen das Inntal gegen die regenbringenden Winde aus Nordwest ab, so daß wir von einem inneralpinen Klima kontinentaler Tönung sprechen können. Schließlich liegt Innsbruck an einer geo-

Die Innsbrucker Küchenschelle (Pulsatilla oenipontana) ist eine Seltenheit und steht unter strengem Naturschutz

ben. Wir müssen uns auf einige botanische Wanderungen im Nahbereich der Stadt beschränken. Ein Blick auf die Landkarte zeigt uns eine der wesentlichen Ursachen für die Zusammenset-

logischen Grenze zwischen Kalk- und Silikatgestein. Ein Rundblick z.B. vom Stadtturm läßt an den steil aufragenden Flanken der Nordkette und den gegenüber liegenden sanften Hängen des Patscherkofels diesen markanten Unterschied der Vegetation erkennen. Während am Kofel über dem dunklen Fichtenwald ein Zirben-Lärchenwald vorherrscht, ziehen an der Nordkette bis weit hinauf Latschenfelder. Noch deutlicher wird der Unterschied, wenn wir die Zonen über der Waldgrenze vergleichen: Über den sanft gerundeten Patscherkofel erstreckt sich eine mehr oder weniger geschlossene Vegetationsdecke, während auf der Nordkette mit ihren Felswänden und Schutthalden weniger Bewuchs zu sehen ist. Einen wesentlichen Faktor im Erscheinungsbild der heutigen Pflanzendecke bilden die erdgeschichtlichen Ereignisse. Die heutige Flora ist das Ergebnis jahrmillionenlanger Entwicklungen und Veränderungen, wie sie im Beitrag über die Geologie der Innsbrucker Umgebung nachzulesen sind. Zuletzt wanderten in den spät- und nacheiszeitlichen Epochen wieder Pflanzenarten in den Alpenraum ein, so etwa die Zirbe

Weißer Germer, Lauswurz

von Osten aus Sibirien, die Tanne vom Westen und die Buchen aus den Randgebieten der Alpen. Neben den erdgeschichtlichen, eiszeitlichen und klimabedingten Ereignissen dürfen wir den Einfluß des Menschen nicht vergessen. Die großen Waldrodungen bis herauf in das 16.Jahrhundert blieben nicht ohne Wirkung auf die alpine Pflanzendecke. Salinen und Bergbau schädigten die Wälder in ungeheurem Maße. Zudem drückten Almwirtschaft und Waldweide die heutige Waldgrenze nach unten.

Um den Patscherkofel

Dieser echte Innsbrucker Hausberg ist schon von weitem durch seine Form ein Wahrzeichen der Stadt. Von der Eiszeit rundgehobelt, kontrastiert sein regelmäßiger breiter Kegel mit den dahinterliegenden scharfen Spitzen des Rosenjochs und der Viggarspitze, die über den gewaltigen Eisströmen und Gletschern emporragten und gleich grönländischen Nunatakkern (eisfreie Gipfel) von der zerstörenden Kraft des Eises verschont blieben. An den Nordhängen ziehen mächtige Blockfelder zu Tal, die ebenfalls Zeugnis der eiszeitlichen Verwitterung geben. Klimatisch gesehen ist die West- und Südseite des Patscherkofels bereits dem zentral-alpinen Föhren- und Zirbenklima zuzurechnen, wobei zusätzliche Föhntage die Trockenheit noch verstärken. Dies zeigt sich eindrucksvoll im Winter, wenn an einigen Föhntagen die Südhänge bis in Gipfelnähe schneefrei werden und dafür an den nordseitigen geschützten Mulden der Schnee oft bis in den Sommer hinein liegenbleibt. Wohl am schönsten sind die Zirbenbestände am Patscherkofel, die mit Recht schon seit den Vierzigerjahren unter Naturschutz gestellt wurden (GAMS 1937). Wandern wir durch diesen Zirbenwald gegen den Gipfel zu, so fallen uns beim Übergang vom Wald über die lichte Waldgrenze hinauf in die baumfreien Flächen sofort die dichten, teppichartigen Zwergstrauchheiden auf, die vor allem im Herbst eine wunderbare Buntheit ihres Laubes zeigen. Zu diesen Zwergsträuchern gehört an erster Stelle die Alpenrose (Rostrote Alpenrose mit rost-

Blauer Eisenhut

173

färbigen Blattunterseiten). Sie besiedelt vor allem die schneereicheren Mulden und Rinnen, wo sie unter der winterlichen Schneedecke unbeschädigt über die kalte Jahreszeit kommt. Dort, wo der Schnee abgeblasen wird, erleidet sie regelmäßig Trockenschäden (Frosttrocknis). Wie ein roter Teppich leuchten im Frühsommer die Alpenrosenbestände am Übergang vom Zirbenwald in die waldfreie Zwergstrauchheide, die noch von weitern, niederwüchsigen Gehölzen aus der Verwandtschaft der Almrosen gebildet wird. Hier wären die Heidelbeere, die Rauschbeere, die Krähenbeere und die Preiselbeere zu nennen. Diese Vegetationszone (Höhenstufe) bezeichnet der Botaniker als untere "alpine" Stufe, wobei wir ganz allgemein als "alpine" Zone jene über dem Wald, also über der Waldgrenze, bezeichnen. Es ist dies die eigentliche Zone der "Alpenflora", wie sie SCHRÖTER (1926) genannt hat.

Doch kehren wir zurück auf den Patscherkofel und bleiben wir noch ein wenig in der Zwergstrauchheide: es ist ein bekanntes Phänomen, daß sich in der waldfreien alpinen Stufe der Pflanzenwelt weit mehr den Kleinstandorten anpaßt, sich an Mulden und unter Überhänge schmiegt, also dem Kleinrelief des Standortes sich einfügt und damit die kleinklimatischen Vorteile (Nord- oder Südseite an einem Felsen, Mulde mit Schnee, Kuppe ohne Schnee, usw.) ausnützt, beziehungsweise eben nur dort überhaupt zu überleben vermag.
(Dies hat der Alpenbotaniker Helmut FRIEDL 1961 als „relieforientiert" bezeichnet, im Gegensatz zur Waldvegetation, die sich nach Eigenheiten des Großklimas und der Höhenlage orientiert („niveauorientiert"). Diese Besonderheiten einer Niveauorientierung in der Vegetation läßt sich beim Bergwandern z.B. am Patscherkofel an den Unterschieden im Bewuchs einer Mulde und

Kohlröserl, Brunelle

einer windverblasenen Kante (Windkante oder Windecke) ablesen. In der Mulde siedelt die Almrose, frostsicher unter dem winterlichen Schneeschutz. An der Windkante wächst ein eigenartiger, flächig dem Boden angepaßter Kleinstrauch, die Gemsheide, die unter ihren spalierartig an den Boden gepreßten Blättern sich ein weitaus günstigeres Mikroklima schafft, als ihr unwirtlicher Standort im Hochwinter bietet. Als charakteristischer Spalierstrauch ist sie ein Markenzeichen für Windkanten. Ihre rosaroten Blüten im Frühsommer zeigen uns eindeutig an, daß an diesen Stellen im Winter kein Schnee liegt! (Bei genauer Untersuchung eines solchen Gemsheideteppichs, der quadratmetergroße Flächen einnehmen kann, wird man ein paar weitere typische Zeiger für Windkantenverhältnisse finden: ein paar eigenartige Flechten wie "Totengebein" oder "Wurmflechte" und Windbartflechte sind immer Begleiter der Gemsheide und leicht zu erkennen. Schließlich bleibt uns noch die Gipfelflur, mit ihren offenen, schuttbedeckten Bodenstellen, zwischen denen sich Zwergprimeln und lückige Rasenpolster der Krummsegge vor den stürmischen Winden eng an den Boden pressen. Neben den vom Schneegebläse regelrecht zerfressenen Spalieren der Gemsheide entdecken wir noch Polsterpflanzen wie Moos-Steinbrech und Krummblättrige Miere, gelegentlich auch Rosetten der Hauswurz und andere Hochalpenpflanzen. Erst gegen den Glungezer in Richtung Osten entdecken wir typische Schneebodenpflanzen, wie Zwergheide und Eisglöckchen, die in langen, schneebedeckten Mulden oft nur wenige Wochen im Jahr die Sonne genießen können. An feuchten Stellen im offenen Silikatschutt blüht hier oben der Gletscherhahnenfuß, eine der höchststeigenden Alpenpflanzen überhaupt.

Das Karwendel

Es ist der schroffe Gegensatz zu den sanfteren Kuppen der Silikatberge südlich des Inn und bietet mit seinen Ketten, Längstälern und Wänden dem Bergsteiger wie dem Pflanzenfreund eine Fülle wunderbarer Eindrücke. Ein Musterbeispiel für dieses in Ost-West-Richtung fast 35 km lange Gebirge mag die Bettelwurfkette sein, mit ihren Wettersteinkalkwänden, die nach Norden gegen das Vomper Loch und Hinterautal steil abfallen, während die südwärts gerichteten Hänge durch ausgeprägte Karnischen gegliedert sind. Bereits eine Wanderung durchs Halltal über St.Magdalena und die Herrenhäuser zum blumenreichen Ißanger macht uns mit vielen Vertretern der Kalkalpenflora bekannt. Schon bei PÖLL (1910) und später bei BERGER (1927) wird die bunte Mischung kalk- und kiesselliebender Pflanzen erwähnt, die sich z.B. auf den mergeligen Raibler Schichten des Hirschangers und Ißjöchls ausbreitet. Von besonderem Interesse für den Pflanzenfreund ist das Emporsteigen vieler wärmeliebender Pflanzen an den Südhängen des Halltales und Vomper Loches bis auf 1400 m, während im Gegenzug viele alpine Gewächse im Schuttmantel der Wände und Köpfe weit herabwandern oder mit den Wassermassen des Salzbergbaches herabgeschwemmt werden. Schließlich verändern gewaltige Lawinen etwa vom Bettelwurf herab fast jedes Jahr den Florenaspekt, lassen manche Blüten erst spät im Sommer austreiben und führen Stöcke (Wasen) mit Alpenpflanzen weit hinunter ins Tal. Während im unteren Bereich des Halltales bis St.Magdalena noch ein artenreicher Bergmischwald mit Buchen, Fichten, Tannen, Bergahorn und Eiben anzutreffen ist, folgen weiter oben ausgedehnte Legföhrenbestände (Latschen, Zuntern - der Gipfel des Zunterkopf weist

Arnika

darauf hin), mit Alpenrosen (Behaarte Alpenrose), Felsenbirne, Weiden und Heckenkirschen, gelegentlich durchsetzt von Polstern der Silberwurz, die hier den Schutt regelrecht staut. An geschützten Alpenblumen sind Türkenbund, Frauenschuh und andere Orchideen, Steinrösl oder Platenigl erwähnenswert. Ein Kleinod für sich ist der Ißanger, wo noch im Sommer am Rande von Lawinenschnee Crocus und Eisglöckel neben großblütigen stengellosen Enzianen zu bewundern sind. Wer als Bergsteiger vom Lafatscher Joch gegen den Bettelwurf oder westwärts dem Wilde-Bande-Steig folgend zum Stempeljoch wandert, wird kaum Zeit haben, die bemerkenswerten botanischen Kostbarkeiten der verschiedenen Schuttböden näher zu betrachten. Während im ruhenden Schutt schöne Polster des stengellosen Leimkrautes auffallen, trifft man in lockerem, beweglichem Schutt sehr viele Spezialisten der Alpenflora, die sich in solch unwirtlichem Substrat behaupten können. Hier wären etwa Schildampfer und das Täschelkraut zu nennen, die mit dem Schutt regelrecht „mitwandern" und sich immer wieder neu bewurzeln. Im Gegensatz dazu staut die Silberwurz mit ihren kräftigen holzigen Trieben allmählich die Schuttmassen und bringt eine Halde so zum Stillstand. Eine ganze Reihe solcher Schuttspezialisten unserer Flora findet sich in den Karen um den Bettelwurf, wer sich näher dafür interessiert, möge zur ausführlichen Studie von BERGER (1927) greifen.

Für den Pflanzenfreund bietet nicht nur der Steilabfall der Martinswand gegen Martinsbühel im Westen Innsbrucks viel Interessantes, sondern der gesamte Eckpfeiler des südlichen Karwendels mit Hechenberg, Solstein und Brandjoch ist botanisch recht ergiebig. Es sind wiederum die Gegensätze zwischen dem nackten, hellen Wettersteinkalk der Gipfel und den fruchtbaren

Der Frauenschuh (Cypripedium calceolus) gehört zu den geschützten Orchideen und kommt in lichten Wäldern auf kalkreichen Lehmböden vor.

Böden der Almen (Erl-Alm, Zirler Mähder, usw.) auf den wasserführenden Raibler Schichten, die zu einer abwechslungsreichen Flora führen. Zusätzlich schneiden tiefe Klammen (Kranebitter Klamm, Zirler Schloßbach, Ehnbachklamm) durch die Felsabstürze gegen den Inn und beherbergen eine feuchtigkeits- und schattenliebende Pflanzenwelt mit besonderer Prägung. Diese eiszeitlich geformte Landschaft mit ihrem reichgegliederten Relief trägt somit auf kleinem Raum eine höchst gegensätzliche Pflanzenwelt. Vom Südföhn begünstigt siedeln unter dem Hechenberg und der Martinswand bis zur Ruine Fragenstein bei Zirl einige südliche Arten, wie Kronwicke, Mannaesche, Hopfenbuche und Blasenstrauch. An den nach Norden abfallenden Hängen des Hechenbergs reichen Latschen, Alpenrosen, Silberwurz oft bis unter 700 m herunter. Am Solstein ist die Alpenaster und auch das Edel-

weiß zu entdecken. Schließlich bleibt uns noch die Pflanzenwelt der nur scheinbar so kahlen Kalk- und Dolomitenwände, die bei näherem Hinsehen von einer Reihe winziger „blütenloser" Pflanzen, wie Moose, Flechten und Algen besiedelt werden. Schon von weitem auffällig sind bei feuchtem Wetter die schwarzen „Tintenstriche" am hellen Fels, die von Blaualgen (Cyanobakterien) herrühren. Unter den bemerkenswerten Pflanzen der Klammen sind an den Felspartien im Frühjahr unzählige Platenigl, weiter gegen den Hechenberg zu die Maiglöckchen und der Frauenschuh, am Solstein schließlich Brunellen und Steinrösl zu nennen, allesamt unter Naturschutz stehend, doch immer noch zu den gefährdeten Kostbarkeiten unserer Flora gehörend.

Die bereits weiter oben erwähnten Klammen mit ihren gewaltigen Felswänden und den stark schüttenden Quellbächen beherbergen eine Unzahl höchst interessanter und seltener Moose, Farne und Flechten, wie kalktuffbildende Laubmoose, Streifenfarn und andere, die wichtige Glieder dieser Pflanzengemeinschaft der Nördlichen Kalkalpen sind.

Die Flora des Roßkogels

Der 2646 m hohe Schieferberg schirmt gleichsam als Wächter den Eingang ins Sellraintal ab und ist nicht nur als Ski- und Aussichtsberg, sondern auch botanisch berühmt geworden. Dies hängt mit seinem Reichtum an Niederschlägen zusammen, stauen sich hier doch an seiner Nord- und Ostflanke die feuchtigkeitsbringenden Wolken und zeugen die zahlreichen Quellen, Moore und Sümpfe. Während die Rundkuppe des Rangger Köpfls noch von eiszeitlichen Gletschern abgehobelt wurde, ragte der

Alpenmannstreu

Roßkogel über den Eisstrom hinaus, sodaß sich eine Reihe von Pflanzen wohl schon seit der letzten Eiszeit dort halten konnten. Dazu gehören einige seltene Moose und Flechten, die heute meist auf regenreiche milde Küstengebirge Eurasiens und Amerikas beschränkt sind und deren Verwandte auf „unserem" Roßkogel entdeckt wurden. Eine der merkwürdigsten Arten dabei ist ein Lebermoos, Herberta sendtneri mit Namen, welches zwischen den mächtigen Gneis- und Schieferblöcken in den Karen an der Nordflanke des Roßkogels wächst. Das Moos trägt seinen Namen nach dem Entdecker, dem Münchner Botanikprofessor Otto Sendtner, der es 1832, noch als Gymnasiast, im Hundstal entdeckte.

Ein zweiter Münchner Botaniker war übrigens an der Erforschung der Flora des Roßkogels maßgeblich beteiligt. Ferdinand ARNOLD, von Beruf Oberlandesgerichtsrat, besuchte zwischen 1851 und 1876 mehrmals Tirol und erforschte dabei die Flechtenflora. Seine Funde am Roßkogel konnten 140 Jahre später nicht nur bestätigt, sondern auch beträchtlich erweitert werden (WULZ 1992). Doch nicht nur bemerkenswerte Moose und Flechten lassen sich am Roßkogel finden, auf seinen Höhen wie auch auf den benachbarten Berggipfeln kreuzen sich Pflanzen der West- und Ostalpen mit hochalpinen Sippen der Zen-

Erklärung von links nach rechts:

Oben: Zwerg-Glockenblume, Gemskresse, Alpenlöwenmaul, Steinbrech, Niederer Mannsschild

Mitte: Edelraute, Platenigl, Spinnwebenhauswurz

Unten: Himmelsherold, Gletschermannstreu, Zwerg-Leimkraut

Entnommen aus „Die Pflanzenwelt der Alpen", 1909 v. Heinrich Marzell

tralalpen (Beispiele wären der blaue Speik-Primula glutinosa, der westalpine Seguiersche Steinbrech-Saxifraga seguieri und andere, siehe dazu auch GAMS 1972). Die Pflanzenwelt der Gipfelflora des Roßkogels (d.h. Blütenpflanzen) weist allgemein eine ähnliche Zusammensetzung wie die des Glungezers oder weiterer Sellrainer Gipfel auf.

Pflanzenvielfalt in den Kalkkögeln

Erdgeschichtlich gehören die Kalkkögel, der Serlesstock und die Tribulaungruppe zusammen. Der vielfache Gesteinswechsel und die klimatischen Verschiedenheiten der tief eingeschnittenen Talungen sind Ursache der reichen Pflanzenwelt dieser Berge, die unter anderem schon Anton von KERNER mehrfach beschrieben hatte. Der Gegensatz zwischen kristallinem Untergrund und darauf liegendem Dolomit schafft eigenartige Vegetationsbilder, so zum Beispiel in der Umgebung der Adolf-Pichler-Hütte oder beim Burgstall, die tatsächlich mit dem Lärchen-Zirbenwald, dem Almrosenunterwuchs und den Latschenfeldern im Geröll an die Grödner Dolomiten erinnern. Der Mensch hat auch im Gebiet der Kalkkögel in jahrhundertelanger Nutzung die Wälder gelichtet, heute sind viele ursprüngliche Zirbenbestände zu blumenreichen Lärchwiesen gerodet, die für jeden Pflanzenfreund vom Frühjahr bis zum Herbst ein wohltuender Anblick sind. Größere Zirbenbestände sind noch im Senderstal und in der Schlick vorhanden, in Lawinenstrichen herrscht die Grünerle (Lutterstauden), in trockeneren Dolomitschuttreisen die Latsche vor. In der Region der eigentlichen Alpenflora kommt es entlang der Kontaktzone der unterschiedlichen Gesteine zu bemerkenswerten Kreuzungen von Primeln, Läusekräutern, Orchideen und einigen Habichtskräutern. Von den Besonderheiten der Flora sind der gelbe Alpenmohn und das Edelweiß zu nennen. An Naturschönheiten und Kulturschätzen reich, stellen die Kalkkögel somit für den Bergsteiger und Pflanzenfreund ein Paradies dar, welches mit

Recht verdient, in seiner Ursprünglichkeit und Schönheit auch kommenden Generationen erhalten zu bleiben. Das Land Tirol hat mit der Errichtung des Ruhegebietes Kalkkögel 1983 einen wesentlichen Beitrag dazu geleistet.
Unsere Rundwanderung durch die Bergwelt um Tirols Landeshauptstadt ließe sich um vieles noch erweitern, doch sollten die hier vorgestellten Naturschönheiten nur Beispiele aus dem Reichtum an Pflanzenschätzen sein, den unsere Bergwelt in nächster Umgebung zu bieten hat. Vielleicht erlebt der eine oder andere Bergsteiger mit diesen Zeilen die Natur in der Innsbrucker Bergwelt ein wenig bewußter und trägt dazu bei, sie noch mehr als bisher zu schonen und zu bewahren.

Krautweide

Literaturhinweise
ARNOLD, F. (1868): Der Roßkogl. Lichenologische Streifzüge in Tirol III. Verh.zool.bot.Ges.Wien 18:950-960. BERGER, R. (1927): Das Halltal. Verh.zool.bot.Ges.Wien 77:119-155. FRIEDL, H. (1961): Schneedeckendauer und Vegetationsverteilung im Gelände. Mitt.Forstl.Bundesversuchsanstalt Wien, 59. GAMS, H. (1937): Der Patscherkofel, seine Naturschutzgebiete und sein Alpengarten. Jb.Ver.Schutz Alpenpfl.u.-tiere, 9:7-21. GAMS, H. (1972): Beiträge zur Kenntnis der Flora und Vegetation des Sellraintales. Mitt.Forstl.Bundesversuchsanstalt Wien, 96: 223-284. PÖLL, J. (1910): Das Halltal; eine Skizze für Naturfreunde und Botaniker. Jahresber. d. Innsbrucker Bürgerschule 1910. SCHRÖTER, C. (1926): Das Pflanzenleben der Alpen. Raustein, Zürich. WULZ, Ch. (1992): Beitrag zur Flechtenflora Tirols, 6: Der Roßkogel und Umgebung (Äußeres Sellraintal). Diplomarbeit Univ.Innsbruck.

Die Tierwelt im Alpenzoo

von Michael Martys

Mehr als tausend Kilometer weit erstreckt sich der Alpenbogen quer über den europäischen Kontinent. Von den französischen Zentralalpen im Westen bis zur Pannonischen Tiefebene vor den Toren Wiens im Osten reicht diese größte und höchste Gebirgslandschaft Europas. Von schneebedeckten Berggipfeln bis zu mediterranen Regionen offenbart sich eine vielgestaltige Landschaft mit einer ebenso vielfältigen Pflanzen- und Tierwelt.

Doch Alpentiere im eigentlichen Sinn gibt es gar nicht. Die meisten in den Alpen beheimateten Tierarten, so wie der Steinbock, die Gemse oder das Murmeltier, kommen auch in anderen Gebirgsregionen Europas, ja sogar Asiens vor. Auch die meisten Gebirgsvögel, wie Schneefink, Ringdrossel, Wasserpieper, Alpenbraunelle und Alpendohle, stammen ursprünglich aus zentralasiatischen Gebieten und gelangten erst im Zuge der Eiszeiten zu uns in den Alpenraum. In gleicher Weise wanderten Schneehase und Schneehuhn von Norden her in unser Gebiet ein und gelten heute als typische Vertreter der hochalpinen Lagen, während Elch und Wisent nacheiszeitlich ihr Hauptvorkommen nach Norden hin verschoben haben. Der Steinadler wiederum, früher auch in Niederungen weit verbreitet, hat wegen der massiven Verfolgung durch den Menschen erst in den unzugänglichen Felsregionen eine letzte Zufluchtsstätte gefunden. Wenn wir dennoch von Alpentieren sprechen, so sind all jene Tierarten gemeint, die in den Alpen heimisch sind, unabhängig davon, ob sie während der Eiszeiten zu uns gelangt sind, oder zu anderen Zeiten ihr ursprüngliches Verbreitungsgebiet in Richtung des Alpenraumes ausgedehnt haben. Einen umfassenden Einblick in die Vielfalt der alpinen Tierwelt bietet der Alpenzoo Innsbruck, der als Themenzoo internationale Anerkennung für seine erfolgreiche Haltung und Nachzucht von einheimischen Wildtieren erlangt hat.

Seine Berühmtheit verdankt der Alpenzoo insbesondere den einzigartigen Zuchterfolgen bei Fischotter, Waldrapp, Bartgeier und zahlreichen anderen Vertretern der alpinen Tierwelt. Allein die mehr als 120 im Alpenzoo nachgezüchteten Schneehasen könnten als Weltrekord in erfolgreicher Tierhaltung gelten. Insgesamt werden heute mehr als 2.000 Tiere in den Gehegen und Aquarien des Alpenzoos gepflegt.

Am Fuße der Nordkette auf 700 m Seehöhe präsentiert sich Europas höchstgelegener Zoo in einem parkähnlichen Gelände von 4 ha Größe in unmittelbarer Nachbarschaft der Weiherburg, einem Herrensitz aus dem 15. Jahrhundert.

Wer heute den Alpenzoo besucht und Mauerläufer, Wasseramsel, Murmeltier und Steinbock bewundert, dem wird vielleicht nicht bewußt, daß die Gründung dieser Bildungsstätte dem Wirken von Professor Hans Psenner zu verdanken ist, der schon in Jugendjahren begeistert die Idee vertrat, einen Zoo mit thematischer Beschränkung auf Alpentiere zu errichten. Der 1962 gegründete Alpenzoo ist mit jährlich mehr als 300.000 Besuchern die bedeutendste kulturelle Einrichtung Tirols und erfreut sich bei der einheimischen Bevölkerung wie bei den zahlreichen Gästen aus dem Ausland größter Beliebtheit.

Abgesehen von seiner Funkion als Naherholungsgebiet und Freizeiterlebnis hat sich der Alpenzoo zum Ziel gesetzt, seinen Besuchern die Schönheit, Einzigartigkeit und Vielfalt der alpinen Lebensgemeinschaft möglichst vollständig vor Augen zu führen.

Vogelwelt

In keinem anderen Zoo der Welt werden so viele verschiedene Vogelarten der engeren Heimat gepflegt: Vom Goldhähnchen, dem mit 5 g Körpergewicht leichtesten Vogel unserer Breiten, über Eisvogel, Specht und Uhu bis hin zum mächtigen Bartgeier, der mit einer Flügelspannweite von fast 3 m wahrlich der "König der Lüfte" ist. Gezeigt werden auch Rauhfußhühner, wie der Auerhahn, der besonders während der Frühjahrsbalz Aufmerksamkeit erregt, weiters das Birkhuhn und das Schneehuhn, das im Winter bis auf einen schwarzen Zügel über dem Auge und einer schwarzen Schwanzfeder tatsächlich ein schneeweißes Federkleid trägt. Daß auch das Alpensteinhuhn, so lebhaft gefärbt und ausgesprochen stimmfreudig, Teil unserer alpinen Fauna ist, mag so manchen Besucher erstaunen. Tatsächlich ist dieser Hühnervogel inzwischen äußerst selten geworden und in seinem typischen Lebensraum, den hochalpinen Lagen, nur mehr vereinzelt anzutreffen. Eine Berühmtheit ist der Kolkrabe "Jakob", der sich nicht nur selbst beim Namen nennt und die Frage stellt: "Ja, was ist denn?", sondern auch die überraschten und belustigten Besucher mit den Worten "Gib ma's" dazu auffordert, ihm ein Stöckchen durch das Gitter zu reichen. Wer ihm allerdings stattdessen seinen Finger hinhält, dem fügt er mit seinem kräftigen Schnabel eine schmerzhafte Wunde zu. Deshalb warnt ein Schild an der Kolkrabenvoliere "Vorsicht bissig" - oft genug vergeblich. Die Alpenkrähe, von der allseits

Alpenschneehuhn, Männchen

bekannten Alpendohle durch den tiefroten Schnabel deutlich zu unterscheiden, ist seit Jahrzehnten aus unserem Alpenraum verschwunden.

Kolkrabe

Hier im Alpenzoo ist die Nachzucht erstmalig geglückt, die Jungen wurden allerdings von Menschenhand aufgezogen und an den Freiflug gewöhnt. Sie haben sich im Stadtgebiet von Innsbruck einer Schar von Dohlen angeschlossen, kehren aber immer wieder unverhofft auf Besuch in den Alpenzoo zurück. Eine weitere Welt-Erstzucht glückte beim Tannenhäher. Dieser „Zirbengratschn" genannte Rabenvogel legt für seine Lieblingsspeise, die Zirbennüsse, Verstecke im Boden an und trägt damit zur Aufforstung unserer alpinen Zirbenwälder maßgeblich bei.

Der Schutz der gefährdeten Tierarten und die Erhaltung intakter Natur ist für den Alpenzoo ein besonderes Anliegen. Als Paradebeispiel für ein erfolgreiches Projekt im Natur- und Artenschutz kann die Wiederansiedelung des Bartgeiers in den Europäischen Alpen gelten. Dank einer internationalen Kooperation von wissenschaftlichen Institutionen und Naturschutzorganisationen in

lig die Brut des Bartgeiers. Die weiteren Nachzuchterfolge waren so vielversprechend, daß engagierte Naturschützer und Biologen den Versuch wagten, ein internationales Programm zur Wiederansiedelung zu starten. Zumindest für diese eine Tierart konnte das Rad der Geschichte noch angehalten werden: Der Bartgeier fliegt wieder in den Alpen, grenzenlos, als Botschafter eines Lebensraumes, in und von dem wir alle leben. Für den Waldrapp hat die Geschichte kein so glückliches Ende gefunden. Daß dieser exotisch anmutende Ibis-Vogel mit seinem länglichen, nach unten geschwungenen Schnabel und der nackten Stirn überhaupt zu unserer alpinen Fauna zählt, ist vielen Besuchern unbekannt. Tatsächlich war der Waldrapp einst Brutvogel in den Alpen, doch bereits Ende des 16. Jahrhunderts wurde er ein Opfer der menschlichen Verfolgung. Eine kleine Restpopulation von 200 Vögeln hat bis heute in Marokko überlebt. Trotz guter Zuchterfolge in Zoologischen Gärten, die sich zu einem vom Alpenzoo koordinierten „Europäischen Erhaltungs-Zuchtprogramm" zusammengeschlossen haben, werden diese Vögel niemals wieder in die Alpen zurückkehren können. Alle in Zoos gehaltenen Waldrappe stammen von wenigen marokkanischen Vögeln ab, die im Gegensatz zu ihren ausgestorbenen Artgenossen im Alpenraum den herbstlichen Zug ins südliche Winterquartier nicht kennen. Wenn schon nicht bei uns, so sollen die nachgezüchteten Waldrappen nach einer vom Alpenzoo

Schneehase

Frankreich, Schweiz, Deutschland, Österreich und Italien ist es innerhalb der letzten 10 Jahre gelungen, den Bartgeier in seinem angestammten Lebensraum wieder heimisch werden zu lassen. Seinen Anfang nahm dieses Projekt in einer Voliere des Alpenzoos. 1973 glückte dort erstma-

entwickelten Methode in geeigneten Gebieten im südlichen Europoa wieder angesiedelt werden.

Säugetiere

Wer in den Gehegen des Alpenzoos neben den typischen Schalenwildarten wie Rothirsch, Reh,

Gamsrudel

Gams und Alpensteinbock auch den Elch und den Wisent zu Gesicht bekommt, mag sich wundern, daß auch diese Tierarten einst in grauer Vorzeit im Alpenraum beheimatet waren. Zwar kommt das Wildschwein gerade in Tirol nicht vor, doch können wir es entsprechend seinem Verbreitungsgebiet auch zu den Alpentieren zählen. Unter den Huftieren einzigartig ist seine Eigenart, sich aus Gräsern und Zweigen ein riesiges Bodennest zu errichten, in dem die Bache mit ihren Frischlingen Unterschlupf findet. Als Zeugen einer von Menschenhand um die Mitte des vorigen Jahrhunderts ausgerotteten Tierwelt können Luchs, Wolf, Braunbär und Wildkatze gelten, von denen zumindest der Luchs, eventuell auch der Bär, in Tirol sein angestammtes Heimatrecht mit unser aller Hilfe wieder erlangen sollte. Auch der Fischotter, der in seiner modernen Freianlage im Alpenzoo die Besucher mit seinen Schwimmkünsten begeistert, sollte uns Mahnmal sein, daß wir Menschen in falsch verstandenem Konkurrenzdenken diesen possierlichen Wassermarder

durch rücksichtslose Verfolgung an den Rand des Aussterbens gebracht haben. Aus gutem Grund ziert das Alpenzoo-Plakat, gemalt vom Jagdmaler Hubert Weidinger aus Innsbruck, ein Fischotter.

Fische

Einen besonderen Stellenwert genießt das mit 70.000 Litern weltweit größte Kaltwasseraquarium. Hier werden über 50 einheimische Fischarten gehalten und zum überwiegenden Teil auch nachgezüchtet. Erwähnenswert sind vor allem solche Arten, die aufgrund der Verunreinigungen und Veränderungen unserer Fließwässer stark gefährdet sind und um deren Erhalt das Alpenzoo-Aquarium bemüht ist: Strömer, Gründling, Hasel und Nase, aber auch Bachforelle, Seesaibling, Inn-Äsche und Huchen. Einer wissenschaftlichen Studie über den Fischbestand im Inn ist zu entnehmen, daß dort

Fuchsbau

Anfang der 30er Jahre noch mehr als 25 Arten vorgekommen sind, während gegenwärtig gerade noch 7 nachgewiesen werden konnten. Von denen sind noch dazu 2 Arten, nämlich die Regenbogenforelle und der Bachsaibling, gar nicht einheimischen Ursprungs, sondern im vorigen Jahrhundert aus Nordamerika zu uns importiert worden.

Natur- und Artenschutz

Unter den aufgezeigten Gesichtspunkten sollte klar werden, daß ein moderner, nach wissenschaftlichen Richtlinien geführter Zoo kein Vergnügungspark ist, auch wenn er der Erholung und der Freizeitgestaltung von gestreßten Zeitgenossen dient. Ein Zoo hat auch längst nichts mehr gemein mit Vorstellungen einer Tierschau in der Art einer Menagerie oder gar eines Kuriositätenkabinetts. Vielmehr sind Zootiere Stellvertreter ihrer wilden Artgenossen und werben für einen umfassenden Natur- und

Artenschutz in einer gefährdeten Umwelt. Zootiere sind mittlerweile zu wertvollen Reservepopulationen für bedrohte Tierarten geworden, deren Überleben in freier Wildbahn nicht mehr gesichert oder nicht mehr möglich ist. Der Alpenzoo versteht sich auch als Bildungsstätte. Mit der vom Land Tirol finanzierten Zooschule ist es möglich, Schülern und Jugendlichen ebenso wie interessierten Erwachsenen im Rahmen von Unterrichtseinheiten Wissen über biologische und ökologische Zusammenhänge zu vermitteln und damit das Bewußtsein für unsere Verantwortlichkeit gegenüber der belebten Natur zu festigen.

183

Das alpine Museum in Innsbruck

von Verena Habel

Mit dem Begriff "Alpines Museum" verbindet sich die Erinnerung an das einstige Museum des Deutschen und Österreichischen Alpenvereins (DuÖAV) in München. Der Weg von der Isar in die Stadt am Inn war lange und von Zufällen bestimmt. Schon 1907 stellte die Sektion Hannover anläßlich der Generalversammlung des Vereins in Innsbruck einen Antrag zur Errichtung eines Museums. Beinahe gleichzeitig arbeitete die Sektion Austria-Wien ähnliche Vorschläge aus. Aufgrund dieser Vorarbeiten wurde dem DuÖAV von der Stadt Innsbruck ein ehemaliges Schulgebäude mit Garten zur Einrichtung eines Museums angeboten.

Den Wettbewerb gewann laut Beschluß der Generalversammlung vom 18.Juli 1908 München.

Glanzstücke der Bildersammlung sind die Ölgemälde und Zeichnungen von Edward Theodore Compton (1849 - 1921). Hier als Beispiel „Hohe Munde von Finsterfiecht". Der gebürtige Engländer ließ sich später in Feldafing am Starnbergersee nieder. Viele Bergbilder waren Illustrationen für die „Zeitschrift des DuÖAV".

Denn die königliche Haupt- und Residenzstadt überließ dem Alpenverein in großzügigster Weise die Prunkvilla "Isarlust" auf der Praterinsel u.z. ausdrücklich "auf ewige Zeiten zur Eigentumsgleichen Benützung". Ein geeigneteres Quartier konnte man sich kaum vorstellen. Landesgerichtsrat a.D. Carl Müller wurde mit dem Auf- und Ausbau beauftragt. Am 17.Dezember 1911 konnte der DuÖAV mit dem Italienischen (CAI) und Schweizer Alpenclub (SAC) gleichziehen und in Anwesenheit von königlichen Hoheiten und Staatsministern das Museum eröffnen.

Der erste Weltkrieg unterbrach das begonnene Werk. Viele Voraussetzungen veränderten sich, Hütten und Arbeitsgebiete gingen verloren und die finanziellen Möglichkeiten wurden enger. Die Katastrophe ereignete sich gegen Ende des 2.Weltkrieges. Im Jahr 1944 wurde das Museum durch Bomben völlig zerstört. Gerettet konnte nur ein Teil der Objekte, vor allem Bilder und Reliefs, werden, die man vorsorglich vorher nach Tirol ausgelagert hatte.

Nach behördlicher Auflösung des Deutschen Alpenvereins (DAV) gingen diese Restbestände in den Besitz des Österreichischen Alpenvereins (ÖAV) über. Diese Vorgangsweise wurde nach Normalisierung der Verhältnisse beiderseits bestätigt und vereinbart, daß München sich auf den Aufbau einer alpinen Fachbibliothek konzentrieren sollte.

In Innsbruck dauerte es aber noch lange Zeit, bevor ein Nachfolgemuseum Gestalt annahm. Daß dies schließlich gelang, ist Dipl.Ing.Ernst Bernt zu verdanken. Er sammelte die in verschiedenen Depots verstreut lagernden Bestände und betrieb energisch das Museumsprojekt. Im Gartenhaus des Palais Trapp in der Innsbrucker Maria Theresienstraße fand man geeignete Räume. Nach mühevoller Kleinarbeit und Restaurierung konnte man viele Exponate und einige Neuerwerbungen ab dem Sommer 1973 wieder der Öffentlichkeit zugänglich machen. Platzmangel war die Ursache, daß man im Jahre 1977 in den 3.Stock des Alpenvereinshauses in der Wilhelm Greilstraße übersiedelte. Jetzt wurde es möglich,

die Museumsziele deutlich zu machen und von anderen Sammlungen abzugrenzen: die Darstellung der Erschließung der Ostalpen und die Sammlung der Geschichtsquellen des Alpenvereins in seiner früheren und gegenwärtigen Form

Pickel und zusammenlegbare Kerzenlaterne

(DAV, ÖAV, AVS). Dementsprechend umfangreich sind die Sachgebiete, die von der Ausrüstung und Alpintechnik über naturwissenschaftliche Themen bis zu Hütten und Grundbesitz reichen. Eine Sonderstellung nimmt die alpine Kunst ein. Bei der Neugestaltung der Räume 1993 wurde dieser Sammlung eine bevorzugte Stellung eingeräumt. Warum? Die Antwort gibt Dr.Magdalena Hörmann, die Sonderbeauftragte für das Museum: "Der Alpenverein war nie und konnte nie ein Kunstverein sein. Aber es ist doch höchst bemerkenswert, daß in seinem Rahmen eine bedeutende Sammlung von Bildern, Zeichnungen, Graphiken, Photographien angelegt worden ist, die weit mehr ist als eine solide Dokumentation zur Alpingeschichte. Zu einem guten Teil ist unser Alpenvereinsmuseum in Innsbruck auch ein kleines Kunstmuseum."

Wer im Innsbrucker Bergraum lebt und wandert,

sollte dieses Kleinod kennen.

Die Bilder stammen, von einigen älteren Ausnahmen abgesehen, aus einem Zeitraum von ca. 200 Jahren. Der Bogen spannt sich von Portrait Deodat de Dolomieus aus dem 18.Jahrhundert bis zu jungen zeitgenössischen Tiroler Künstlern.

Bei einem Streifzug durch die Bilderwelt des Alpenvereinsmuseums stoßen wir z.B. auf Entwürfe der Kammermaler Erzherzog Johanns: Mathias Loder (1781-1828) und Thomas Ender (1793-1875) zeigen uns in ihren Entwürfen und

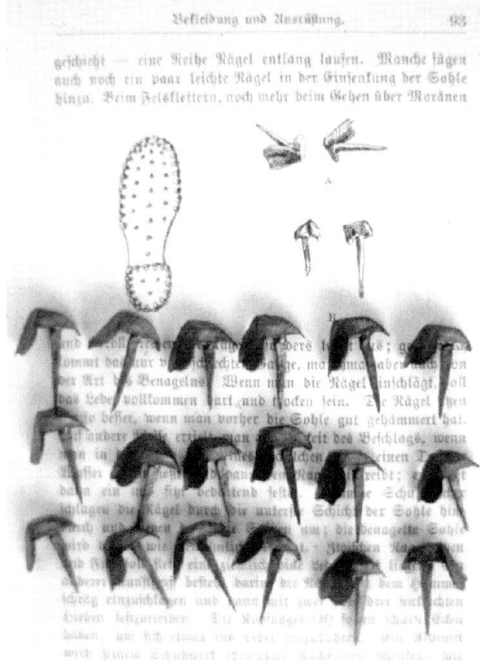

Flügelnägel für den Schuhbeschlag

Aquarellen, wie man die Bergwelt zu ihrer Zeit empfunden hat. Thomas Ender, der als "einer der brillantesten Aquarellisten des 19.Jahrhunderts" gilt, reiste im Auftrag des Erzherzogs 1829-1849 mehrmals nach Tirol, wo er Motive von topographischer und patriotischer Bedeutung skizzierte bzw. aquarellierte. In Wien wurden vom Erzherzog bestimmte Motive ausgewählt, die der Künstler dann oft mehrmals ausführte. Das Alpenvereinsmuseum erhielt solche "originale Repliken" aus dem Besitz des Grafen Meran. Sie

gehören heute zu den größten Schätzen des Museums.

Der Niederösterreicher Johann Fischbach (1797-1871) wandte sich auf dem Weg zur Natur der poetischen Alpenmalerei zu. Seine "Jagdszene am Untersberg bei Salzburg" ist typisch für die Verquickung von sensibler Landschaftsschilderung mit romantischem Blickfang. Romantisch sind auch die Bilder "König Maximilian I. von Bayern nach der Jagd", der sich in einem Schlitten zu Tal bringen läßt, von Philipp von Foltz und die Szene aus den Dolomiten aus dem Tiroler Freiheitskrieg von 1809 von Heinrich Heinlein aus Düsseldorf. Diese Bilder erzählen Geschichten und lassen die Berge etwas in den Hintergrund treten.

Das Gegenteil zur oben genannten Art der Malerei sind die Skizzen und Bilder der Illustratoren der Zeitschrift des DÖAV aus der Zeit vor der Fotografie, von denen das Museum eine sehr große Auswahl besitzt. Anton Heilmann (1830-1912) z.B. aus Salzburg gilt als scharf beobachtender realistischer Landschaftsmaler des alpinen Hochgebirges und als einer der ersten, der die Grisailletechnik entwickelte, die vom Engländer Edward Theodore Compton, dem wohl berühmtesten alpinen Maler, in ausführlicher Weise übernommen wurde.

Das Museum besitzt von Compton ca. 300 Originale: Ölbilder, Aquarelle, Zeichnungen, Guachen, und damit eine der größten öffentlichen Sammlungen von Comptons Werken. Der 1849 in Stoke Newington bei London geborene und 1921 in Feldafing in Bayern verstorbene Künstler schuf die meisten der im Museum befindlichen Werke zwischen 1883 und 1912 für die Zeitschrift des DÖAV. Diese vor allem kleinformatigen Grisaillebilder entstanden meist an Ort und Stelle, da E.T.Compton auch ein hervorragender Bergsteiger war.

Compton führte zu einer Zäsur in der Bergmalerei, er wird von Kennern als "Maler der Wende" bezeichnet. Er räumte mit dem heroischen Pathos auf, mit dem geheimnisumwitterten Erschauern vor der Natur und der wirklichkeitsfremden Romantik. Es gelang ihm die Verbindung von künstlerischer Phantasie mit Exaktheit, und sein unverwechselbarer Stil verhalf ihm zu Berühmtheit. Compton hat allerdings sehr selten zeitgenössische Stilmerkmale aufgenommen, nur vereinzelt kann man in den Bildern impressionistische Merkmale feststellen.

Sein Sohn Edward Harrison Compton (1881-1960), der auch mit einigen Bildern im Alpenvereinsmuseum vertreten ist, trat in die Fußstapfen seines Vaters, er konnte aber dessen Leistung nach Meinung der Kritiker nie erreichen.

Weitere erfolgreiche Illustratoren der „Zeitschrift" waren Ernst Platz (1867-1940) und Rudolf Reschreiter (1868-1938). Sie brachten in ihre Bilder, wie schon E.T.Compton, Erfahrungen und Erleben des Bergsteigers mit ein, konnten alle jene Situationen wiedergeben, die nur extreme Alpinisten erleben.

Auch die beiden Wiener Bergsteigerfreunde Gustav Jahn (1879-1919) und Otto Barth (1876-1916) sind mit einigen Werken präsent, Barth unter anderem mit seinem wohl bekanntesten, dem "Morgengebet der Kalser Bergführer auf dem Großglockner", das viele Bergsteiger kennen. Jahn, ein guter Bergsteiger und Skisportler, hinterließ mit seinem Sportkatalog ein wichtiges Dokument über Sportmode, Kletter- und Skitechniken vom Beginn des 20.Jahrhunderts. Das Museum besitzt Originalzeichnungen aus diesem Katalog, die von hohem künstlerischem Wert sind, sowie das Ölbild "Monte Pelmo", das als eines seiner reifsten Werke gilt.

Den Tiroler Maler Albin Egger-Lienz (1868-1926) interessierten Landschaften nur am Rande, als Staffage für seine Menschen-Visionen. Sein wohl berühmtestes Landschaftsbild „Bergraum I" wurde zur Eröffnung des Museums auf der Praterinsel 1911 gestiftet, eine braungetönte Impression tiefster Einsamkeit

im Ötztal, und ist heute einer der größten Schätze des Alpenvereinsmuseums.

So lassen sich noch viele berühmte und weniger berühmte Namen aufzählen, wie Franz von Defregger, der Schweizer Hans Beat Wieland, Edo von Handel-Mazzetti, Johann Stüdl, Friedrich Simony und noch viele andere mehr, die ihren verdienten Platz in den Sammlungen des Alpenvereinsmuseums haben. Alle die genannten und ungenannten Maler tragen dazu bei, den Stellenwert des Museums als Kulturstätte im Kreise anderer Museen zu heben und zu festigen.

Ergänzt wird die Kunstsammlung von einer repräsentativen Auswahl an Reliefs aus dem gesamten Alpenraum. Unter anderem kann man das älteste

Das AV-Museum besitzt auch Bilder unbekannter Maler. Hier das Aquarell „Ersteigung der Tribulaunspitze" (Inv. Nr. 97)

Relief der Alpen bewundern: ein Teilstück des Ende des 15.Jahrhunderts für Kaiser Maximilian I. angefertigten Reliefs des Wettersteinkammes.
„Wandern in Sachen Kunst: mit Staffelei und Skizzenblock am Busen der Natur" heißt ein Kapitel im Buch von Christine Schemann über das Alpine Museum (Rother Verlag 1987), das von den dortigen Schätzen und den Geschichten, die sich damit verknüpfen lassen, berichtet. Wäre das nicht ein Grund für einen Besuch?

Das liebenswerte Innsbrucker Museum ist ganzjährig geöffnet.
Montag bis Freitag von 10 -17 Uhr
Auskunft: Tel.59547/19.

Das Bild „Memento mori" des Malers Ernst Platz (1867 - 1940) war eine Sensation auf der Kunstausstellung 1893 im Münchner Glaspalast. Das Original ist verschollen, eine Kopie hängt im Alpenvereinsmuseum in Innsbruck. Die einst erschreckende Darstellung von Bergsteiger und Tod läßt uns Heutige zwar erstaunen, berührt uns aber nicht wirklich. Das Zeitalter des „heroischen Alpinismus" (H. v. Barth: „Wer mit mir geht, der sei bereit zu sterben") ist vorbei. Bergsteigen hat sich durch die Kenntnis der Gefahrenquellen, die verbesserte Ausrüstung, die vervollständigte Technik und das systematische Training geändert: Sicherheit ist oberstes Gebot! Das Bildmotiv „Gedenke des Todes" ist ein Anlaß, sich der Toten zu erinnern. Ihnen, den namentlich genannten und den unbekannten Pionieren und Epigonen von hundert Jahren Innsbrucker Alpingeschichte gebührt fernerhin unser Respekt.

188

Innsbruck Alpin und die Zukunft

Die Wort- und Bildbeiträge dieses Buches über 140 Jahre lokaler Alpingeschichte zeigen deutlich, wie sich Ziele, Gegebenheiten und Motive innerhalb von 4 Generationen verändert haben. Wenn Zeitgenossen berichten, daß man um die Mitte des vorigen Jahrhunderts "nichts über das wußte, was hinter der Frau Hitt war", so klingt das wie ein Märchen. Heute informiert eine kaum übersehbare Vielfalt von Auskunftsstellen, Führerwerken, Zeitschriften und Landkarten über alle Einzelheiten von Wegen, Steigen, Unterkünften, Markierungen, Versicherungen, Schwierigkeit und Tourenzielen. Wer wissenschaftliche Daten sucht, staunt über den Kenntnisstand. Die Technik hat den Bergraum erobert. Das Kraftfahrzeug ist ein universelles Transportmittel geworden. Seilbahnen und Lifte ermöglichen zu allen Jahreszeiten ein müheloses Erreichen der Bergregion. Die Ausrüstung des Bergsteigers hinsichtlich der Orientierungsbehelfe, des Schuhwerks, der Kleidung und der Sicherheitsbehelfe läßt kaum Wünsche offen.

Die skizzierte Entwicklung ist in ein Jahrhundert Zeitgeschichte eingebettet, das von 4 Staatsformen, 2 Weltkriegen, dem Sprung in das Atomzeitalter und der Eroberung aller Achttausender gekennzeichnet ist. Zahlenmäßig sind die Unterschiede von einst und heute gewaltig. Innsbruck hatte vor 1900 etwa 26.000 Einwohner, jetzt sind es 120.000. Verkehrsmäßig hatte ab 1858 die Eisenbahn Vorrang, nunmehr beherrschen Straßen und Autobahnen das Land. Dem kleinen Häuflein von Bergbegeisterten und Skifahrern vor Jahrzehnten stehen heute allein 15.000 eingetragene Mitglieder alpiner Vereine gegenüber! Aus diesen Angaben ergibt sich die wachsende Bedeutung der vielen Spielarten des Sammelbegriffs Bergsteigen. Der Alpinismus in seiner ursprünglichen Bedeutung, nämlich der "Erforschung und Erschließung der Alpenwelt" ist vom Tourismus, dem "zeitlich begrenzten Aufenthalt von Gästen und deren Aktivitäten" überlagert und verändert worden. Einheimische sind schon lange nicht mehr in "ihren" Bergen allein. In Tirol werden gegenwärtig 45 Millionen Nächtigungen im Jahr verzeichnet. Das führt neben der Bevölkerungszunahme dazu, daß die Dauersiedlungen in den Tälern zu einem städtischen Lebensraum zusammenwachsen. Die damit verbundene Spannung zwischen Bodenverbrauch und Wirtschaftsinteressen - der Tourismus steuert 27 %, die Landwirtschaft 5 % und Industrie und Gewerbe 28%, bei - erfordert einen wirksamen Schutz und eine Begrenzung aller Ressourcen. Nur Vorausdenken, Schonung und behutsames Vorgehen können die Erhaltung der Urlandschaft sichern. Unterschiedliche Auffassungen von Naturerlebnis, Sport, Kultur, Existenzsicherung, Ökologie und Ökonomie zwingen zu einem langfristigen Landschaftserhaltungsprogramm. Schutz muß vor weiterer Erschließung und rücksichtslosem Verbrauch stehen!

Die Bergkulisse Innsbrucks prägt die Stadt, die ein ideal gelegener Ausgangspunkt für Berg- und Skifahrten jeder Geschmacksrichtung ist. Die Freude an den Unternehmungen in den Hausbergen, im Karwendel, den Sellrainern, den Stubaiern und Kalkkögeln, den Tuxerbergen und den Zillertalern wird ergänzt durch die Möglichkeit, auch Gipfel der Hohen Tauern und der Dolomiten schnell zu erreichen. Innsbrucks Bergsteiger sind in allen Gruppen der Alpen, in den europäischen Gebirgen und in den Weltbergen Amerikas und Asiens zu finden.

Aufbruch und Wiederkehr sind, so heißt es, Pole des Lebens. Die Innsbrucker kehren, wie alle Tiroler, immer gerne in ihre heimatlichen Gefilde zurück. Über die Beweggründe des Alpinismus ist viel philosophiert, geredet und geschrieben worden. Allgemein Gültiges ist dabei wenig herausgekommen. Bergsteigen ist ein persönliches Erlebnis, das in der Harmonie zwischen Mensch und Natur seine Wurzeln hat. Planen, wagen, hoffen, leisten, empfinden und denken muß jeder selber. Wer dies nicht kann und will, dem wird Bergsteigen unverständlich bleiben.

Die Zukunft wird vom weltoffenen Bergsteigen, das allen individuellen Möglichkeiten breiten Spielraum läßt, bestimmt werden. "Es ist egal, welchen Berg man besteigt, oben wird man weiter sehen" schreibt Reinhard Karl in seinem Buch „Zeit zum Atmen - Zeit zum Denken". Der Wunsch, „oben" zu sein, ist eine wichtige Triebfeder des Alpinismus. Von „oben" sieht man weit und kann sich im Zusammenklang von Raum und Zeit sein Weltbild formen. Die Antwort auf die Frage, wie es weitergeht, ist leicht zu finden: Der Wunsch nach Natur- und Bergerlebnissen wird auch fernerhin bestimmend für viele Bewohner des Landschaftsjuwels Innsbruck sein. Denn welch andere Stadt kann ähnliches bieten?

Bildnachweis

Aichner, G.,	Seite 115
Alpines Museum Innsbruck,	184, 187, 188
Ansichtskartensammlung Kuntscher	18, 29, 34, 47, 49, 50, 51, 52, 57, 101, 108, 111, 117, 123, 130
Archiv AAKI	10, 12, 14, 15, 16, 17, 18, 19, 24, 32, 33, 49, 58, 59, 61, 75, 80, 95, 100, 171, sowie Alpinliteratur
Archiv Karwendler	11, 13, 14, 60, 84, 106
Ascher, H., Reproduktionen	64, 76, 94
Bergrettungsdienst	154, 156
Gabl, K.,	37, 42, 68, 71, 72, 158, 160, 161, 164, 165
Gärtner, G.,	172, 176
Hayek, I.,	20
Kuntscher, H.	15, 29, 30, 43, 73, 74, 77, 80, 83, 93, 96, 104, 107, 108, 116, 118, 121, 131, 133, 185, 186
Nairz, W.,	40, 69, 97, 113, 124, 135, 136, 140, 155
Naturfreunde Innsbruck	52
Martys, M.,	180, 181, Zeichnungen auf 182, 183
Mayr, R.,	105
Melzer, O., Landesbildstelle Tirol	11, 35, 99, 103
ÖAV Lichtbildsammlung	36, 52, 100, 102, 114
ÖAV, Zweig Innsbruck	38, 55
Orgler, A.,	132
„Pedal" 3/94, Leo Karner Verlag	54
Pizzinini, M., Alttirol im Plakat	53, 65, 67, 138
Riccabona, S.,	98
Scherer, R.	127
Spitzenstätter, W.,	153
Stadtarchiv Innsbruck	31, 41, 65, 66
Steiger, H.,	70
Tirol Werbung, E. Spieß	137
Tourenbuch Adolf Pichler-Hütte, Band 1: 1908-1928, Band 2: 1928-1964	19, 78, 79, 88, 89, 90, 91, 92
Zak, H.,	Titel, 1, 4, 8, 22, 112, 129
Zimmermann, Kalkkögelführer 1922	47, 87, 90